U1008048

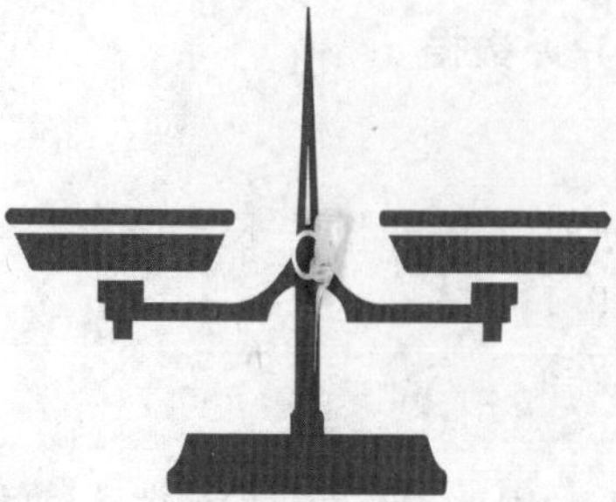

DIANXING MINSHIJIUFEN
DE FALIYANJIU

典型民事纠纷的法理研究

陈轩◎著

吉林大学出版社
·长春·

图书在版编目（CIP）数据

典型民事纠纷的法理研究 / 陈轩著. —长春 :
吉林大学出版社, 2019.11
ISBN 978-7-5692-6017-5

Ⅰ. ①典… Ⅱ. ①陈… Ⅲ. ①民事纠纷－调解(诉讼法)－法理学－研究－中国 Ⅳ. ①D925.114.4

中国版本图书馆CIP数据核字(2019)第298052号

书　　名：典型民事纠纷的法理研究
　　　　　DIANXING MINSHI JIUFEN DE FALI YANJIU

作　　者：陈轩 著
策划编辑：李伟华
责任编辑：李伟华
责任校对：刘守秀
装帧设计：中北传媒
出版发行：吉林大学出版社
社　　址：长春市人民大街4059号
邮政编码：130021
发行电话：0431-89580028/29/21
网　　址：http://www.jlup.com.cn
电子邮箱：jdcbs@jlu.edu.cn
印　　刷：天津雅泽印刷有限公司
开　　本：787mm×1092mm　1/16
印　　张：20.25
字　　数：260千字
版　　次：2020年1月　第1版
印　　次：2020年1月　第1次
书　　号：ISBN　978-7-5692-6017-5
定　　价：76.00元

版权所有　翻印必究

前 言

笔者 2008 年毕业后一直在闽江学院任教，并在外担任兼职律师。教学科研中对法理的研读和追求，加上笔者在实务中对案件的办理经验，每每相互印证，充分说明法律学科的逻辑性和理论性。规则本身除了制定之外，理论逻辑的推理更是充分体现了法律素养的目标。

笔者希望通过这些年亲自办理的一些典型民事案件，对案件中蕴含的法律原则、法律理论、法律规则进行分析和总结，将案件从纯粹的事实层面提升到抽象的权利义务层面进行分析，以期从个案到法理进行逆思维的研究。

另外，笔者在执业中通过和诸多当事人的接触后也发现，我们的社会对法律的渴求已经从简单的一般性普法到法治精神普及的阶段了。民众无论是否受过教育，或者受过什么程度的教育，基本上都知道发生了纠纷、矛盾是有法律规范他们的行为的，要依照法律来处理。但是对于法律的具体规定他们不甚了解，他们不理解法律，不理解为什么法律会有这样的规定，这个规定的意义是什么，为什么会有这样对他们利益不利的规定。有些人能够接受或者能够通过各种渠道去了解、去理解，有一些人则思想出现了偏差，采取不恰当，甚至过激的手段来解决问题。因此，作为一个法学教师、一个法律从业者，笔者更觉得有义务去尽力宣传，为社会主义的法治建设、为社会公众的法治意识尽一分力。

全书的成书过程历时多年，不是信手拈来之物，而是笔者在之前的工作中，在案件的办理过程中，每每遇见每每思考所得，并记录在册，这些年逐渐累积起来的。

陈轩

2019 年 6 月

目 录
CONTENTS

第一章　劳动者个人权利的保护

一、案件简介

原告林×与被告福州×联计算机技术有限公司签订劳动合同，合同期从2012年10月31日起至2015年10月30日，原告林×任UI设计师。2015年10月30日合同到期后，被告未与原告续签劳动合同，但是原告仍在被告处上班。2016年3月15日，被告以原告屡次不在岗为由将原告辞退。而实际上，原告从来没有不在岗。被告辞退原告的理由纯属编造，原告认为被告这一行为系无故辞退，并且，被告拖欠原告2016年3月1日至2016年3月14日的工资尚未结清，2012年10月至2012年12月的社保尚未缴纳。原告遂于2016年诉至鼓楼区劳动仲裁委，仲裁委作出“不予受理”裁定后，原告诉至鼓楼法院，要求：1. 被告支付双倍工资的差额24000元；2. 支付拖欠的工资8000元；3. 支付欠缴的社保费用3736.36元；4. 支付经济补偿金35972.22元，共计71708.58元。

庭审过程中，被告出示多份证据意图说明原告多次违反被告工作制度随意离岗等事实。但被告出示的证据属于被告公司自身系统所生成的，不具有客观性。同时被告出示了一份工资单，对原告被记录为离岗、旷工的月份进行了相应的工资扣发。但因为该份工资单并没有原告签字，且错漏百出、前后矛盾，显然属于被告事后补充的虚假证据，根本无法支持被告的主张。

鼓楼区人民法院于2016年12月12日作出相应判决，支持了原告双倍工资差额和经济补偿金的诉求，驳回了其他诉请。该案件的最终结果基本达到诉讼目标，较好地保护了当事人的权利。

二、本案及同类案件办理中会涉及的主要问题

1. 劳动争议案件的处理程序；
2. 未签订书面劳动合同问题；
3. 用人单位解除劳动合同的合法性；
4. 社保缴纳义务的履行。

三、对上述问题的分析

1. 劳动争议案件的处理程序

劳动争议是指劳动关系的当事人之间因执行劳动法律、法规和履行劳动合同而发生的纠纷，即劳动者与所在单位之间因劳动关系中的权利义务而发生的纠纷。根据争议涉及的权利义务的具体内容，可将其分为以下几类：（1）因确认劳动关系发生的争议；（2）因订立、履行、变更、解除和终止劳动合同发生的争议；（3）因除名、辞退和辞职、离职发生的争议；（4）因工作时间、休息休假、社会保险、福利、培训以及劳动保护发生的争议；（5）因劳动报酬、工伤医疗费、经济补偿或者赔偿金等发生的争议；（6）法律、法规规定的其他劳动争议。

本案的法律关系属于典型的劳动争议纠纷。处理劳动争议纠纷要注意该纠纷属于仲裁前置型程序。《劳动争议调解仲裁法》第五条规定："发生劳动争议，当事人不愿协商、协商不成或者达成和解协议后不履行的，可以向调解组织申请调解；不愿调解、调解不成或者达成调解协议后不履行的，可以向劳动争议

仲裁委员会申请仲裁；对仲裁裁决不服的，除本法另有规定的外，可以向人民法院提起诉讼。"《最高人民法院关于审理劳动争议案件适用法律若干问题的解释》第一条到第十条也规定了劳动争议案件必须先到劳动与人事争议仲裁委员会申请仲裁，对仲裁不服或者仲裁委不予受理的，方可向人民法院提起诉讼。

2. 未签订书面劳动合同的责任

签订书面劳动合同是劳动合同法规定的用人单位必须尽到的法定义务，根据《劳动合同法》第十条规定："建立劳动关系，应当订立书面劳动合同。已建立劳动关系，未同时订立书面劳动合同的，应当自用工之日起一个月内订立书面劳动合同。用人单位与劳动者在用工前订立劳动合同的，劳动关系自用工之日起建立。"第八十二条规定："用人单位自用工之日起超过一个月不满一年未与劳动者订立书面劳动合同的，应当向劳动者每月支付二倍的工资。"可见，没有和劳动者签订书面劳动合同，用人单位需要向劳动者支付双倍工资。但具体情况需要个别讨论。

（1）如果确系不可归责于用人单位的原因导致未签订书面劳动合同，劳动者能否要求用人单位支付二倍工资？

签订书面劳动合同系用人单位的法定义务，但确系不可归责于用人单位的原因导致未签订书面劳动合同，劳动者因此主张二倍工资的，可不予支持。下列情形一般可认定为"不可归责于用人单位的原因"：用人单位有充分证据证明劳动者拒绝签订或者利用主管人事等职权故意不签订劳动合同的；工伤职工在停工留薪期内的，女职工在产假期内或哺乳假内的，职工患病或非因工负伤在病假期内的，因其他客观原因导致用人单位无法及时与劳动者签订劳动合同的。

（2）用人单位超过一个月未与劳动者订立书面劳动合同，但在一年内又补订了劳动合同的，是否应该向劳动者支付二倍工资？

用人单位超过一个月未与劳动者签订书面劳动合同，后在一年内又与劳动者补订了劳动合同，用人单位应向劳动者支付用工之日起满一个月的次日至补订劳动合同的前一日期间的二倍工资。实际补订日期，应根据补订的劳动合同落款日期及其他情形综合认定。

（3）未订立书面劳动合同的，二倍工资的最长支付期限是多少？

《劳动合同法》第十四条第三款和《劳动合同法实施条例》第七条规定，用人单位自用工之日起满一年未与劳动者订立书面劳动合同的，视为双方已订立无固定期限劳动合同。因此，在未订立书面劳动合同情形下，二倍工资的支付期限最长不超过11个月。劳动者请求用人单位支付一年届满后的二倍工资的，不予支持。

（4）二倍工资的时效应该如何理解？

《劳动合同法》第八十二条所称的“二倍工资”中加付的一倍工资并不属于劳动报酬，劳动者申请仲裁的时效为一年。用人单位自用工之日起超过一个月未与劳动者订立书面劳动合同，劳动者要求用人单位支付二倍工资的，仲裁时效应从用人单位与其补订劳动合同之日或者视为双方已订立无固定期限劳动合同之日起计算。

（5）劳动合同期满，但因特殊情形延续导致劳动者在同一用人单位连续工作满10年的，劳动者能否请求与用人单位订立无固定期限劳动合同？

劳动合同期满，因劳动者有下列情形之一而续延，因此达到劳动者在同一用人单位连续工作满10年，劳动者提出订立无固定期限劳动合同的，用人单位应当与劳动者订立无固定期限劳动合同：从事接触职业病危害作业的劳动者未进行离岗前职业健康检查，或者疑似职业病病人在诊断或者医学观察期间的；患病或者非因工负伤，在规定的医疗期内的；女职工在孕期、产期、哺乳期的。

（6）劳动合同期满后，依照《劳动合同法》第四十二条的规定双方合同关系依法延续，劳动者能否请求用人单位支付延续期间未签订劳动合同的二倍工资?

按照《劳动合同法》第四十二条的规定劳动合同关系依法延续的，在延续期间双方未订立书面劳动合同，劳动者请求用人单位支付二倍工资，一般法院不予支持。

（7）劳动合同期满后，劳动者继续在用人单位工作，用人单位超过一个月不与劳动者订立书面劳动合同的法律后果是什么?

签订书面劳动合同系用人单位的法定义务，用人单位应该规范用工。劳动合同期满后，劳动者继续在用人单位工作，用人单位超过一个月不满一年未与劳动者订立书面劳动合同，劳动者请求用人单位支付二倍工资的，应予支持。用人单位超过一年未与劳动者订立书面劳动合同的，视为双方已订立无固定期限劳动合同。

结合本案情况，原告和被告劳动合同期限届满后，继续在被告公司工作，但被告没有和原告签订书面劳动合同，因此原告诉请被告要求其支付双倍工资，符合法律规定。

3. 用人单位解除劳动合同的合法性

《劳动合同法》是用以调整用人单位和劳动者关系的重要法律，是用以平衡两者间的权利义务，特别是为保护劳动者的权利需要对用人单位解除劳动合同的行为进行相应的限制。《劳动合同法》第三十九条规定："劳动者有下列情形之一的，用人单位可以解除劳动合同：（一）在试用期间被证明不符合录用条件的；（二）严重违反用人单位的规章制度的；（三）严重失职，营私舞弊，给用人单位造成重大损害的；（四）劳动者同时与其他用人单位建立劳动关系，对完成本单位的工作任务造成严重影响，或者经用人单位提出，拒不改正的；（五）因本法第二十六条第一款第一项规定的情形致使劳动合同无效的；

（六）被依法追究刑事责任的。”《劳动合同法》第四十条规定：“有下列情形之一的，用人单位提前三十日以书面形式通知劳动者本人或者额外支付劳动者一个月工资后，可以解除劳动合同：（一）劳动者患病或者非因工负伤，在规定的医疗期满后不能从事原工作，也不能从事由用人单位另行安排的工作的；（二）劳动者不能胜任工作，经过培训或者调整工作岗位，仍不能胜任工作的；（三）劳动合同订立时所依据的客观情况发生重大变化，致使劳动合同无法履行，经用人单位与劳动者协商，未能就变更劳动合同内容达成协议的。”

从法律规定来看，用人单位要随意解除劳动合同是不可以的，需要有符合法律规定的理由才可以解除劳动合同。否则单位将承担违法解除劳动合同的法律责任。《劳动合同法》第八十七条规定：“用人单位违反本法规定解除或者终止劳动合同的，应当依照本法第四十七条规定的经济补偿标准的二倍向劳动者支付赔偿金。”

就本案来说，用人单位主张的解除劳动合同的理由，没有证据证明，自然需要承担支付双倍经济补偿的法律责任。请注意，在实务中，一般情况下对解除劳动合同的理由都需要有日常管理中的合理记录来作为证据，特别是作为用人单位的人事部门，需要对日常劳动者违反用人单位相关管理制度等问题做好清楚的记录和通知、告知才可以，否则一旦进入诉讼，用人单位有时将遇到无法举证的困难。

另外，提醒注意一个问题，《劳动合同法》第四十三条规定：“用人单位单方解除劳动合同，应当事先将理由通知工会。用人单位违反法律、行政法规规定或者劳动合同约定的，工会有权要求用人单位纠正。用人单位应当研究工会的意见，并将处理结果书面通知工会。”用人单位解除劳动合同还需要和工会履行相应程序，否则也将被认为是违法解除劳动合同。

4. 欠缴的社保如何处理

多数劳动者会认为既然法律规定缴纳社保是用人单位的法定义务，且劳动合同法已经规定用人单位如果没有缴纳社保，劳动者可以解除和用人单位的劳动合同，那么遇此情况，要求用人单位补缴社保就属于合理的要求。但是《最高人民法院关于审理劳动争议案件适用法律若干问题的解释（三）》第一条规定："劳动者以用人单位未为其办理社会保险手续，且社会保险经办机构不能补办导致其无法享受社会保险待遇为由，要求用人单位赔偿损失而发生争议的，人民法院应予受理。"

从司法解释来看，用人单位欠缴社保的，只有在无法补缴且无法补缴导致了劳动者无法享受社会保险待遇的情况下才能够要求用人单位承担法律责任，否则，劳动者就只能够通过社保部门要求用人单位补缴社保款项。

就本案情况来看，如果原告无法证明用人单位欠缴社保的行为导致了他无法享有社保待遇，那么原告的主张是无法获得法院支持的。

附：本案一审民事判决书

福建省福州市鼓楼区人民法院

民事判决书

〔2016〕闽0102民初3××9号

原告：林×，男，汉族，1973年×月××日出生，住福建省福州市仓山区××路×号××小区×座×单元。

委托诉讼代理人：陈×，福建真×律师事务所律师。

被告：福州 × 联计算机技术有限公司，住所地：福建省福州市鼓楼区五凤街道 ×× 大道 × 号 ×× 科技大楼办公一楼。

法定代表人：江 ×。

委托诉讼代理人：蔡 ××，福建名 × 律师事务所律师。

委托诉讼代理人：林 ×，福建名 × 律师事务所律师。

原告林 × 与被告福州 × 联计算机技术有限公司（以下简称"× 联"）劳动争议纠纷一案，本院于 2016 年 4 月 14 日立案受理后，依法适用简易程序，公开开庭进行了审理，原告林 × 及其委托诉讼代理人陈 ×、被告 × 联公司委托诉讼代理人林 × 到庭参加诉讼。本案现已审理终结。

原告林 × 向本院提出诉讼请求：1. 被告向原告支付从 2015 年 10 月 31 日至 2016 年 2 月 29 日期间未签订书面劳动合同应支付的双倍工资的差额共计 24000 元；2. 被告向原告支付解除劳动合同的经济补偿金 35972.22 元；3. 被告向原告支付（2016 年 3 月 1 日至 2016 年 3 月 14 日）拖欠工资 8000 元；4. 被告向原告支付 2012 年 10 月至 2012 年 12 月欠缴社保 3736.36 元；以上金额共计 71708.58 元；5. 本次诉讼费用由被告承担。

事实与理由：原告与被告签订劳动合同，合同从 2012 年 10 月 31 日起至 2015 年 10 月 30 日止，原告为 UI 设计师。2015 年 10 月 30 日合同到期后，被告未与原告续签劳动合同，但原告依然在被告处上班。2016 年 3 月 15 日，被告以原告屡次不在岗为由将原告辞退。而实际上，原告从来没有不在岗。被告辞退原告的理由纯属编造。原告以为被告这一行为系无故辞退。另，被告拖欠原告 2016 年 3 月 1 日至 3 月 14 日的工资尚未结清，2012 年 10 月至 2012 年 12 月社保未交纳。

因此，原告认为，第一，依据《劳动合同法》第八十二条规定，用人单位自用工之日起超过一个月不满一年未与劳动者订立书面劳动合同的，应该当向劳动者每月支付二倍的工资。因2015年11月1日至2016年2月29日的工资，被告已按固定期限的劳动合同的工资发放，故被告应向原告支付从2015年10月31日至2016年2月29日期间未签订书面劳动合同应支付的双倍工资的差额共计24000元。第二，根据《劳动合同法》第三十条规定，用人单位应按照合同约定和国家规定，向劳动者及时足额支付劳动报酬。故被告应向原告支付（2016年3月1日至2016年3月14日）拖欠的工资8000元。第三，根据《劳动法》第七十二条规定，用人单位和劳动者必须依法参加社会保险，缴纳社会保险费。故被告应向原告支付2012年10月至12月欠缴社保3736.36元。第四，根据《劳动合同法》第四十六条规定，被告无故辞退原告，应向原告支付解除劳动合同的补偿金35972.22元。上述请求金额共计71708.58元。

原告于2016年4月6日向福州市鼓楼区劳动争议仲裁委员会提出劳动仲裁申请，该委员会作出不予受理裁定，为维护原告合法权益，现依法诉至法院，请求法院依法支持原告的诉讼请求。

被告×联公司辩称，一、原告要求被告支付2015年10月31日至2016年2月29日期间未签订书面劳动合同的双倍工资缺乏依据，依法不应予以支持。《劳动合同法》第八十二条规定，用人单位自用工之日起超过一个月不满一年未与劳动者订立书面劳动合同的，应向劳动者支付每月两倍的工资。但本案不属于《劳动合同法》第八十二规定的情形，被告在用工后已经与原告签订劳动合同，只是合同期满后疏忽未及时与原告续签劳动合同。根据《最高人民法院关于审理劳动争议案件适用法律若干问题的解释》第十六条规定，劳动合同期满后，劳动者仍在原用人单位工作，原用人单位未表示异议的，视为双方同意以原条件继续履行合同。因此原告与被告未及时续签合同，应视为双方继续履行劳动合同，不适用《劳动合同法》第八十二条的规定，原告要求被告支付双倍工资没有依据，依法不应予以支持。

原告在就职期间严重违纪，被告有权将其辞退，原告要求支付经济补偿金没有法律依据，依法不应予以支持。原告就职期间经常迟到、旷工，自2015年9月1日开始至被辞退之日止累计旷工7.5天，迟到32次，针对原告的迟到、旷工行为，被告曾反复要求原告改正，但原告始终未能改正，完全不遵守被告单位的规章制度，鉴于原告严重违纪，被告有权根据《劳动合同法》第三十九条第三款的规定单方解除与原告的劳动合同而无须支付经济补偿金。原告因自身严重过错被辞退，却要求被告支付经济补偿金没有法律依据，依法不应予以支持。

原告2016年3月份仅上班7天，其应得工资为人民币2488.07元，被告已经支付，原告要求被告支付工资8000元缺乏依据，依法不应予以支持。

被告在与原告建立劳动关系期间已经依法为原告缴纳社会保险，原告要求被告向其个人支付社会保险费用不符合法律规定，且根据最高人民法院的规定，社会保险纠纷不属于人民法院受理案件的范围，就原告要求被告向其支付所谓的欠缴保险费3736.36元依法不应予以支持。

基于上述事实与理由，本案原告的诉讼请求没有事实与法律依据，依法不应予以支持。为维护被告的合法权益，特据此状答辩，请求人民法院依法驳回原告的诉讼请求。

根据原、被告依法提供的证据材料和庭审查明内容，本院查明如下事实：

2012年11月14日，原告林×与被告×联公司签订劳动合同书，约定：1.固定期限三年，合同期从2012年10月31日起至2015年10月30日止。合同期限届满后，原告继续在被告处工作，被告对此并无异议，但原、被告之间未续签劳动合同。

2016年3月15日，原告林×填写“员工离职申请表”，离职原因载明为公司要求解除劳动关系，但原告未在落款处签名。该申请表中总经理意见栏载明为屡次不在岗，辞退处理。同日，被告×联公司出具“离职证明”，以原告屡次不在岗为由与原告终止劳动关系，原因为公司辞退，离职生效日为2016年3月15日。另查明，原告从2015年1月份至2016年3月份的实发工资为5554.8元、5734.8元、5109.4元、5711.3元、7711.3元、7362.2元、7684.9元、7754.1元、5254.1元、5254.1元、7674.1元、7554.1元、7694.1元、7734.1元、2488.07元。

原告于2016年4月6日向福州市鼓楼区劳动争议仲裁委员会申请仲裁，福州市劳动争议委员会于2016年4月13日作出不予受理通知书，原告因此诉至本院。

本院认为，根据《中华人民共和国劳动法》的规定，用人单位解除或者终止劳动合同应当符合法定的条件，并依照法定程序开展，用人单位若违反法律规定解除或者终止劳动合同，应承担相应的法律责任。本案中，原告诉称被告无理辞退原告，被告辩称因原告严重违纪、经常迟到旷工而将其辞退，但该答辩意见与其提供的原告工资条中的实发工资和备注内容不符，亦无证据证明原告存在严重失职、营私舞弊的行为，并给被告造成重大的损害，且被告单方面辞退原告解除劳动关系，也没有事先将理由通知工会，故被告单方面与原告解除劳动关系，无事实和法律依据。

关于原告的第一诉请，本院认为：原、被告于2012年11月14日签订劳动合同书，合同期从2012年10月31日起至2015年10月30日止，该合同期限届满后，原告继续在被告公司工作，但原、被告之间未续签劳动合同，被告对此提出异议，根据《中华人民共和国劳动合同法》第十条、第八十二条，《最高人民法院关于审理劳动争议案件适用法律问题若干解释》第十六条的规定，视为双方同意以原条件继续履行合同，但被告仍应承担未签订劳动合同的法律责任。被告从2015年10月31日起未与原告续签劳动合同，扣除被告已经按照固定期限劳动合同的发放工资部分，被告还需向原告支付原告诉请时间段（即2015年10月31日—2016年2月29日）的实发工资差额共计人民币30825.9元，故原告第一项诉请中相应金额，本院予以支持。被告辩称其疏忽未及时续签合同，不适合《劳动合同法》第八十二条的规定，但被告无证据证明，也与常理不符，且视为按原条件继续履行合同，并不意味着双方当事人不需要续签合同及承担相应的法律责任，故被告的相应答辩，本院不予采信。

关于原告的第二项诉讼请求，原告于2012年11月14日与被告签订劳动合同，至2016年3月15日离职，原告离职前的12个月平均工资为：（5109.4元+5711.3元+7711.3元+7362.2元+7684.9元+7754.1元+5254.1元+5254.1元+7674.1元+7554.1元+7694.1元+7734.1元）/12个月=6874.82元，根据《中华人民共和国劳动合同法》第四十一条、第四十八条、第八十七条的规定，被告应向原告支付的违法解除劳动合同的经济补偿金应为：6874.82元×3.5个月×2倍=48123.74元，故原告的该诉请金额，本院予以支持。

关于原告的第三项诉请，被告已经于2016年5月份向原告支付了2016年3月份的实际工资2488.07元，故原告的该诉请，本院不予支持。

关于原告的第四项诉请，本院认为，缴纳社会保险费属于社会保险费征缴部门的法定职责，不属于人民法院的受理范围，本院不予处理，原告可向相关部门主张。

综上，依照《中华人民共和国劳动合同法》第十条、第四十三条、第四十七条、第四十八条、第八十二条、第八十七条，《最高人民法院关于审理劳动争议案件适用法律若干问题解释》第十三条、第十六条，《最高人民法院关于适用〈中华人民共和国民事诉讼法〉》第九十条的规定，判决如下：

被告福州×联计算机技术有限公司于本判决生效之日起十日内向原告林×支付从2015年10月30日至2016年2月29日之间的未签订书面劳动合同的

双倍工资差额人民币 24000 元；

被告福州 × 联计算机技术有限公司于本判决生效之日起十日内向原告林 × 支付经济补偿金 35972.22 元；

驳回原告林 × 的其他诉讼请求。

如果被告未按本判决指定的期间履行给付金钱义务，应当依照《中华人民共和国民事诉讼法》第二百五十三条的规定，加倍支付迟延履行期间的债务利息。

本案案件的受理费适用简易程序减半收取 5 元（预交 10 元），由被告福州 × 联计算机技术有限公司负担。

如不服本判决，可在判决书送达之日起十五日内向本院递交上诉状，并按对方当事人的人数提出副本，上诉于福建省福州市中级人民法院。

代理审判员　罗 × ×

二 0 一六年十二月二十日

书　记　员　余 ×

附相关法律条文：

《中华人民共和国劳动合同法》

第十条　建立劳动关系，应当订立书面劳动合同。已建立劳动关系，未同时订立书面劳动合同的，应当自用工之日起一个月内订立书面劳动合同。

用人单位与劳动者在用工前订立劳动合同的，劳动关系自用工之日起建立。

第二十八条　劳动合同被确认无效，劳动者已付出劳动的，用人单位应当向劳动者支付劳动报酬。劳动报酬的数额，参照本单位相同或者相近岗位劳动者的劳动报酬确定。

第四十三条　用人单位单方解除劳动合同，应当事先将理由通知工会。用人单位违反法律、行政法规规定或者劳动合同约定的，工会有权要求用人单位纠正。用人单位应当研究工会的意见，并将处理结果书面通知工会。

第四十七条　经济补偿按劳动者在本单位工作的年限，每满一年支付一个月工资的标准向劳动者支付。六个月以上不满一年的，按一年计算；不满六个月的，向劳动者支付半个月工资的经济补偿。

劳动者月工资高于用人单位所在直辖市、设区的市级人民政府公布的本地区上年度职工月平均工资三倍的，向其支付经济补偿的标准按职工月平均工资三倍的数额支付，向其支付经济补偿的年限最高不超过十二年。

本条所称月工资是指劳动者在劳动合同解除或者终止前十二个月的平均工资。

第四十八条　用人单位违反本法规定解除或者终止劳动合同，劳动者要求继续履行劳动合同的，用人单位应当继续履行；劳动者不要求继续履行劳动合同或者劳动合同已经不能继续履行的，用人单位应当依照本法第八十七条规定支付赔偿金。

第八十二条　用人单位自用工之日起超过一个月不满一年未与劳动者订立书面劳动合同的，应当向劳动者每月支付二倍的工资。

用人单位违反本法规定不与劳动者订立无固定期限劳动合同的，自应当订立无固定期限劳动合同之日起向劳动者每月支付二倍的工资。

第八十七条　用人单位违反本法规定解除或者终止劳动合同的，应当依照本法第四十七条规定的经济补偿标准的二倍向劳动者支付赔偿金。

《最高人民法院关于审理劳动争议案件适用法律若干问题的解释》

第十三条　因用人单位作出的开除、除名、辞退、解除劳动合同、减少劳动报酬、计算劳动者工作年限等决定而发生的劳动争议，用人单位负举证责任。

第十六条　劳动合同期满后，劳动者仍在原用人单位工作，原用人单位未表示异议的，视为双方同意以原条件继续履行劳动合同。一方提出终止劳动关系的，人民法院应当支持。

《最高人民法院关于适用〈中华人民共和国民事诉讼法〉的解释》

第九十条　当事人对自己提出的诉讼请求所依据的事实或者反驳对方诉讼请求所依据的事实，应当提供证据加以证明，但法律另有规定的除外。

在作出判决前，当事人未能提供证据或者证据不足以证明其事实主张的，由负有举证证明责任的当事人承担不利的后果。

第二章 残疾人劳动权利的保护

一、案件简介

当事人张×香、宋×悌、陈×、黄×生均为残疾人，共同于2008年9月—2016年6月一直在被告公司工作。自几人入职以来，福州万×公司一直按时足额支付工资给几位劳动者。但从2014年3月起，万×公司无任何理由拖欠几位劳动者2014年3月—2016年6月共计27个月工资未支付，每月工资为人民币919.9元。几位劳动者多次向万×公司致函要求支付工资，但是万×公司一直推脱，几位劳动者无奈遂于2016年7月2日向万×公司发出解除劳动合同通知书，并于2016年7月29日向福州市劳动争议仲裁委员会申请劳动仲裁。仲裁委作出不予受理裁定后，几位劳动者将万×公司诉至福州市仓山区人民法院。庭审中，被告对几位原告的身份提出了质疑，对双方的劳动关系是否真实存在提出了质疑。虽然原告提供了相应的工牌等证据，但庭审中原告对被告公司情况的陈述却是错漏百出，无法客观说明自身确实在被告公司工作。另外，原告提供的工资收入的证明明显低于最低工资标准，被告认为在正常情况下不可能出现月工资如此低的情况，任何正常的劳动者也一定无法接受这样低的月工资，原告这么多年都没有对工资金额提出过异议，说明原告和被告之间的关系并不是那么简单的劳动关系。鉴于案件的特殊情况，法院在查明事实的基础上确认了双方之间的劳动关系仅仅是被告为了抵扣税款和几位残疾劳动者签署此类劳动合同，几位劳动者也没有到公司工作，更没有实际参与公司劳动，遂法院当庭对案件进行了调解，促成双方达成和解。

二、本案及同类案件办理中会涉及的主要问题

1. 劳动关系如何认定；

2. 如何认定代扣代缴医社保关系；

3. 残疾人的劳动权利如何保障。

三、对上述问题的分析

1. 劳动关系如何认定

关于劳动关系如何认定的问题，《劳动法》并没有作出规定。原劳动和社会保障部在2005年5月25日发布的《关于确立劳动关系有关事项的通知》（以下简称《通知》）中就事实劳动关系如何认定作出了规定，此后司法实务中遂将《通知》第一条规定的内容视为构成劳动关系的实质要件，并作为劳动关系的认定标准。由于2008年1月1日施行的《劳动合同法》仍然未就劳动关系的构成要件作出规定，故该认定标准一直沿用至今。

《通知》第一条规定："用人单位招用劳动者未订立书面劳动合同，但同时具备下列情形的，劳动关系成立：（一）用人单位和劳动者符合法律、法规规定的主体资格；（二）用人单位依法制定的各项劳动规章制度适用于劳动者，劳动者受用人单位的劳动管理，从事用人单位安排的有报酬的劳动；（三）劳动者提供的劳动是用人单位业务的组成部分。"

构成要件之一——用人单位和劳动者符合法律、法规规定的主体资格。

（1）符合法律、法规规定的主体资格的用人单位，可以包括：中国境内的企业、个体经济组织、民办非企业单位、合伙组织、基金会、依法取得营业执

照或者登记证书的用人单位设立的分支机构。

（2）劳动者的主体资格

根据《劳动法》第十五条第一款关于“禁止用人单位招用未满十六周岁的未成年人”以及国务院《禁止使用童工规定（2002）》第二条第一款关于“国家机关、社会团体、企业事业单位、民办非企业单位或者个体工商户（以下统称用人单位）均不得招用不满16周岁的未成年人（招用不满16周岁的未成年人，以下统称使用童工）”的规定可知，劳动者应当年满十六周岁。年满十六周岁不满十八周岁的未成年人称为未成年工，法律不禁止未成年工就业，只是对未成年工给予特殊的劳动保护。

法律、法规对劳动者有无最高年龄的限制呢？《劳动合同法》第四十四条规定，劳动者开始依法享受基本养老保险待遇的，劳动合同终止。也就是说，劳动合同是否终止，并不是以劳动者达到法定退休年龄为必要条件，而是以劳动者享受基本养老保险待遇为必要条件。然而，《劳动合同法实施条例》第二十一条规定，劳动者达到法定退休年龄的，劳动合同终止。这样一来，本来很明确的问题变得不明确了。到底是劳动者依法享受基本养老保险待遇之后劳动合同终止，还是只要劳动者达到法定退休年龄劳动合同即行终止呢？

《最高人民法院关于审理劳动争议案件适用法律若干问题的解释（三）》第七条作出了明确的规定。根据该规定，劳动者是否开始依法享受基本养老保险待遇或领取退休金，是劳动合同终止与否的分界线，而并非劳动者是否达到了法定的退休年龄。也就是说，劳动者在开始依法享受基本养老保险待遇或领取退休金之前具备劳动者的主体资格，与用人单位之间可以成立劳动关系，而之后则丧失劳动者的主体资格，与用人单位之间不能再成立劳动关系，只能按照劳务关系来处理。

（3）几种特殊群体的主体资格

①在校学生

《劳动部关于贯彻执行〈中华人民共和国劳动法〉若干问题的意见》（以下简称《贯彻执行〈劳动法〉的意见》），第十二条的规定并不是完全否定在校学生的劳动者主体资格，而是考虑到在校生利用业余时间勤工助学，并非以就业为目的，为了避免引发诸如社会保险、经济补偿等问题，故而不宜认定其与用人单位之间建立了劳动关系。但是，假如在校学生年满十六周岁且以就业为目的在用人单位入职的话，比如毕业前的“准就业”，应当认为也是可以与用人单位建立劳动关系的。

②外国人、无国籍人以及港、澳、台居民

根据《最高人民法院关于审理劳动争议案件适用法律若干问题的解释（四）》第十四条的规定，外国人、无国籍人以及港、澳、台居民只有依法取得就业证件，或者外国人持有“外国专家证”并取得“外国专家来华工作许可证”，才具备劳动者的主体资格，其与中国境内或者内地的用人单位才能建立劳动关系。当然，如果取得了中国或者内地永久居留资格的，就无须再单独取得就业证件了。

③农村劳动者、现役军人和家庭保姆

《贯彻执行〈劳动法〉的意见》第四条规定，农村劳动者（乡镇企业职工和进城务工、经商的农民除外）、现役军人和家庭保姆等不适用劳动法。也就是说，这三类主体是不具备劳动者主体资格的。

《最高人民法院关于审理劳动争议案件适用法律若干问题的解释（二）》（以下简称《劳动争议司法解释（二）》）第七条也作出了类似的规定，其中第四项规定，家庭或者个人与家政服务人员之间的纠纷不属于劳动争议。然而，二者规定的内容实际上并不相同。《贯彻执行〈劳动法〉的意见》是否定家庭保姆的劳动者主体资格的，不区分谁是用工主体，而最高院的规定仅是将上述特定的纠纷类型排除在劳动争议之外。须知最高院规定中的“家庭或者个人”，其实本身就不具备用人单位的主体资格，也就是说，不管劳动者是不是家庭保姆，其实双方都是不能建立劳动关系的。而如果是家庭保姆与家政服务公司之间的纠纷，显然就没有在被排除之列了。从这个角度来说，可以视为《劳动争议司法解释（二）》第七条第四项规定是对《贯彻执行〈劳动法〉的意见》第四条规定的一种修正。

同理，《劳动争议司法解释（二）》第七条第六项“农村承包经营户与受雇人之间的纠纷不属于劳动争议”的规定，也可以视为是对《贯彻执行〈劳动法〉的意见》第四条“农村劳动者不适用劳动法”的规定的一种修正，因为农村承包经营户本身就不具备用人单位的主体资格，故而才将这种纠纷类型排除在劳动争议之外，但不应彻底否定农村劳动者的主体资格。

④残疾人

残疾人本身不属于劳动关系、用工关系中的特殊人群，仅仅是因为其身体有一定的缺陷。因此残疾人可以成为劳动关系的主体。

构成要件之二——用人单位依法制定的各项劳动规章制度适用于劳动者，劳动者受用人单位的劳动管理，从事用人单位安排的有报酬的劳动。

（1）合同标的为提供劳动

假如把劳动关系理解为一种合同关系，那么合同标的即为劳动者向用人单位提供一定的劳动，这是劳动关系与承揽关系等其他法律关系最本质的区别，当然，也是用工关系与承揽关系等其他法律关系的本质区别。

（2）人格从属性

人格从属性是指将劳动者置于用人单位的控制范围之内，并得支配劳动者的人身和人格。《关于确立劳动关系有关事项的通知》第一条第二项的规定，主要从两个方面提出了用人单位与劳动者之间存在人格从属性的要求：其一，劳动者需要接受用人单位的劳动管理，在用人单位的安排之下从事相关劳动；其二，用人单位依法制定的规章制度适用于劳动者。当然，这不仅是指劳动者应当服从规章制度中的劳动规则，还包括劳动者负有接受用人单位合理制裁的义务。

（3）经济从属性

用人单位与劳动者之间的经济从属性是指双方在经济上的依赖关系，具体而言，是指劳动者被纳入用人单位的生产或者经营组织体系中为用人单位提供劳动，用人单位向劳动者提供劳动所需的生产资料和劳动条件，向劳动者支付劳动力的对价，并承担因劳动所产生的相应风险和责任。简而言之，就是劳动者不能根据自己的意志自主决定劳动内容，而是依赖于用人单位的组织体系、生产资料和劳动条件等，并以用人单位支付的对价作为主要生活来源。

显然，《通知》第一条第二项仅规定了用人单位与劳动者之间存在人格从属性的内容，并未规定经济从属性的内容，亦即未对用人单位与劳动者之间应当存在经济上的依赖关系提出要求。因此，司法实践中在认定劳动关系时，通常只强调用人单位与劳动者之间的人格从属性，而对于经济从属性不作要求。

构成要件之三——劳动者提供的劳动是用人单位业务的组成部分。

该构成要件虽然与经济从属性中“劳动者被纳入用人单位的生产或者经营组织体系成为其中一员、劳动者提供的劳动是用人单位经营的事业不可分割的一部分”的内容接近，但却并非一回事，因为《通知》第一条第三项规定的内容其实并非强调用人单位与劳动者之间应当存在经济上的依赖关系。事实上，该构成要件在司法实践中主要用于确定“谁是用人单位”，尤其是在一名劳动者提供劳动但多方受益的情况下，到底谁是用人单位，不太好确定。

比如，A 公司和 B 公司是关联企业。劳动者甲在职期间由 A 公司缴纳社会保险并发放工资，但最终法院认定甲与 B 公司存在劳动关系，原因是甲自述其在职期间的工作内容是负责建设工程项目的施工管理，然而，A 公司的主营业务为计算机技术开发和电脑图文设计等，并不包括建筑施工，而房屋建筑工程、消防工程的施工等，是B公司的主营业务，因此，法院采信了B公司委托A公司代缴社保、代发工资的说法。

又如，A公司是项目开发商，B公司负责该项目的电梯安装。B公司通过自然人甲招录了电梯司机若干名，按照A公司的要求进行开梯运输操作，由A公司对电梯司机的具体工作发出指示。最终法院认定B公司是电梯司机的用工主体，原因是B公司基于其与A公司订立的合同对A公司负有配合开梯及维修电梯的合同义务，电梯司机提供开梯的劳动属于B公司业务的组成部分，是在履行B公司对A公司负有的合同义务。

当然，实践中有时还把该构成要件作为劳动关系与劳务关系的区分标准。比如，用人单位聘请一名厨师为本单位的员工做工作餐，或者聘请一名保洁员为本单位的办公场所提供清洁服务，该厨师或者保洁员提供的劳动就很难认定为用人单位业务的组成部分，而属于提供临时性、辅助性的劳务。在这些情况中，通常不认定双方建立了劳动关系。

尽管《通知》第一条规定的劳动关系的构成要件并不十分完善，但却是司法实践中认定劳动关系时最主要的判断依据。在实务操作时，只要涉及到劳动关系的认定，就离不开《通知》第一条规定的内容，无论需要处理的是多么疑难复杂的问题。

就本案而言，对于几位劳动者和用人单位之间是否构成劳动关系一事，双方存有争议。劳动者认为其与用人单位之间存在劳动关系，这也是劳动者提出诉讼的基础。而用人单位认为几位劳动者作为残疾人，虽然由公司代扣代缴社保，但并没有实际在公司工作，更没有接受公司日常管理，和公司之间不能认定为构成了实际的劳动合同关系。并且劳动者无法提供双方签署的劳动合同等相关证据，法院审理过程中，也是基于对《通知》相关规则的考虑，对案件进行了调解。

2. 代扣代缴社保是否合理

《社会保险费征缴暂行条例》第十二条规定："缴费单位和缴费个人应当以货币形式全额缴纳社会保险费。缴费个人应当缴纳的社会保险费，由所在单位从其本人工资中代扣代缴。社会保险费不得减免。"第十三条规定："缴费单位未按规定缴纳和代扣代缴社会保险费的，由劳动保障行政部门或者税务机关责令限期缴纳；逾期仍不缴纳的，除补缴欠缴数额外，从欠缴之日起，按日加收千分之二的滞纳金。滞纳金并入社会保险基金。"第二十三条规定："缴费单位未按照规定办理社会保险登记、变更登记或者注销登记，或者未按照规定申报应缴纳的社会保险费数额的，由劳动保障行政部门责令限期改正；情节严重的，对直接负责的主管人员和其他直接责任人员可以处1000元以上5000元以下的罚款；情节特别严重的，对直接负责的主管人员和其他直接责任人员可以处5000元以上10000元以下的罚款。"

因此，仅仅以"代扣代缴社保"关系作为否定劳动关系的理由是站不住脚的。实务中，很多单位会为部分相关人员代扣代缴医社保，这都有可能导致发生争议时，被认定为双方构成劳动关系。

3. 残疾人劳动权利的保障

《劳动法》第十四条规定："残疾人、少数民族人员、退出现役的军人的就业，法律、法规有特别规定的，从其规定。"

根据《残疾人就业条例》第八条规定："用人单位应当按照一定比例安排残疾人就业，并根据残疾人才能特色为其提供适当的工种、岗位。用人单位安排残疾人就业的比例不得低于本单位在职职工总数的1.5%。具体比例由省、自治区、直辖市人民政府根据本地区的实际情况规定。用人单位跨地区招用残疾人的，应当计入所安排的残疾人职工人数之内。"第十二条规定："用人单位招用残疾人职工，应当依法与其签订劳动合同或者服务协议。"第十三条规定：

“用人单位应当为残疾人职工提供适合其身体状况的劳动条件和劳动保护，遵循残疾人便利原则，且不得在晋职、晋级、评定职称、报酬、社会保险、生活福利等方面歧视残疾人职工。”第十七条规定：“国家对集中使用残疾人的用人单位依法给予税收优惠，并在生产、经营、技术、资金、物资、场地使用等方面给予扶持。”

可见，我国法律非常明确地规定，残疾人也具有依其身体能够承担的劳动作业的能力，能够且应该享有劳动法律的基本权利保护。当然本案的劳动关系具有非常特殊的地方，那就是用人单位雇佣几位残疾人作为员工的直接愿意并不是要为劳动者提供工作岗位，并支付工资报酬，而是基于《残疾人就业条例》第十七条的规则，享有相应的税收减免等措施。事实上，本案的劳动者也确实没有到公司工作，仅仅是在特定检查的时段到公司特定区域集中工作而已。

因此，本案在审理过程中，法院很难做判决，一方面确实劳动者提供了诸如进出卡，名牌，社保缴纳证明等材料；另一方面用人单位也确实没有要求劳动者实际工作，劳动者也基本没有到用人单位工作。唯此，只能选择以调解的方式处理本案。双方也同意了这一解决方案，并达成和解协议，劳动者主动撤诉。

附：本案一审民事判决书

福建省福州市仓山区人民法院

民 事 裁 定 书

〔2016〕闽0104民初1××8号

原告：宋×悌，男，1985年×月出生，汉族，住福建省闽侯县。

委托诉讼代理人：陈 ×，福建真 × 律师事务所律师。

被告：万 ×（福建）股份有限公司，住所地为福州市金山工业集中区福湾片 × 号。

法定代表人：吕 × 欣，董事长。

委托诉讼代理人：陈 × 柯，公司员工。

原告宋 × 悌与被告万 ×（福建）股份有限公司劳动争议纠纷一案，本院于 2016 年 10 月 7 日立案。原告宋 × 悌于 2016 年 11 月 25 日向本院提出撤诉申请。

本院认为，原告向本院提出的撤诉申请，符合法律规定，应予准许。依照《中华人民共和国民事诉讼法》第一百四十五条第一款规定，裁定如下：

准许宋 × 悌撤诉。

案件受理费 10 元，减半收取计 5 元，由宋 × 悌负担。

审 判 员 刘 × 怡

人民陪审员 林 × 旺

人民陪审员 陈 ×

二〇一六年十一月二十五日

书 记 员 高 × ×

第三章　解除劳动合同的合法性

一、案件简介

1. 申请人陈 × 于 2014 年 11 月 4 日进入福建尚 × 木制品有限公司工作，担任财务经理一职。后来福建尚 × 木制品有限公司拖欠工资，陈 × 多次主张劳动报酬未果，因此于 2015 年 3 月 20 日离职。离职之后，虽然陈 × 又多次主张，福建尚 × 木制品有限公司仍然拖欠其 2015 年 2 月、2015 年 3 月两个月的工资。

因此，申请人向福州市劳动争议仲裁委员会提起仲裁申请。2016 年 5 月 30 日，福州市劳动争议仲裁委员会裁决福建省尚 × 木制品有限公司向其支付工资，共计 7988.51 元。用人单位不服仲裁裁决，向闽侯县人民法院起诉。2016 年 8 月 3 日闽侯县人民法院开庭审理本案，原告仅主张双方工资约定和被告所述不符，但原告无法提供相应证据。法庭遂判决：福建省尚 × 木制品有限公司向陈 × 支付 2015 年 2 月份和 3 月份工资为 7988.51 元。

2. 申请人辜 × 梅于 2013 年 3 月 7 日进入福建尚 × 木制品有限公司工作，担任设计部 CAD 制图一职。后来福建尚 × 木制品有限公司拖欠工资，辜 × 梅多次主张劳动报酬未果，因此于 2015 年 6 月 30 日主动离职。离职之后，虽然辜 × 梅又多次主张，福建尚 × 木制品有限公司仍然拖欠其三个月的工资。

因此，辜 × 梅向福州市劳动争议仲裁委员会提起仲裁申请。2016 年 5 月 30 日，福州市劳动争议仲裁委员会裁决福建省尚 × 木制品有限公司向其支付工资，共计10480.8元。用人单位不服仲裁裁决，向闽侯县人民法院起诉。2016年8月3日闽侯县人民法院开庭审理本案，在法院的主持下双方达成调解协议，由原告在2016年12月31日之前一次性支付被告人民币10480.8元。

3. 黎×伟于2014年8月11日进入福建尚×木制品有限公司工作，担任客服部助理一职。后因福建尚×木制品有限公司拖欠工资，于2015年3月31日离职。离职之后，虽然黎×伟又多次主张，福建尚×木制品有限公司仍然拖欠其两个月的工资。

因此，申请人向福州市劳动争议仲裁委员会提起仲裁申请。2016年5月30日，福州市劳动争议仲裁委员会裁决福建省尚×木制品有限公司向其支付工资，共计4077.2元。用人单位不服仲裁裁决，向闽侯县人民法院起诉，2016年8月3日闽侯县人民法院开庭审理本案，在法院的主持下双方达成调解协议，由原告在2016年12月31前一次性支付给被告人民币4077.2元

4. 申请人刘×怡于2013年2月18日进入福建省尚×木制品有限公司工作，任设计师一职。后福建省尚×木制品有限公司拖欠工资，申请人多次主张无果，2015年7月24日申请人主动离职。但福建省尚×木制品有限公司仍拖欠申请人四个月的工资。

因此，申请人向福州市劳动争议仲裁委员会提起仲裁申请。2016年5月30日，福州市劳动争议仲裁委员会裁决福建省尚×木制品有限公司向其支付工资，共计15279元。用人单位不服仲裁裁决，向闽侯县人民法院起诉，2016年8月3日闽侯县人民法院开庭审理本案，在法院的主持下双方达成调解协议，由原告在2016年12月31前一次性支付给被告人民币15279元。

5. 申请人王×静于2015年4月20日进入福建省尚×木制品有限公司工作，任美工一职。双方未签订劳动合同。后公司拖欠工资，多次主张均未果。

因此，王×静向福州市劳动争议仲裁委员会提起仲裁申请。2016年5月

30 日，福州市劳动争议仲裁委员会裁决福建省尚 × 木制品有限公司向其支付工资，共计 11222.85 元。用人单位不服仲裁裁决，向闽侯县人民法院起诉。2016 年 8 月 3 日闽侯县人民法院开庭审理本案，庭审中原告提出被告王 × 静从入职以来一直没有正式上班，都在请假，其所谓“入职”就是为了领取相应的孕期工资待遇，行为恶劣。但原告的主张一方面没有实际证据证明被告具有恶劣之企图，另一方面也和法律对女性劳动者基本权利之保护并不相符，法院审理后遂判决：福建省尚 × 木制品有限公司向王 × 静支付拖欠的工资共计 11222.85 元。

二、本案及同类案件办理中会涉及的主要问题

1. 劳动合同解除的法定事由有哪些；
2. 解除劳动合同的经济补偿金如何计算；
3. 职工请假的免责。

三、对上述问题的分析

1. 劳动合同解除的法定事由

劳动合同的解除，是指当事人双方提前终止劳动合同的法律效力，解除双方的权利义务关系。劳动合同的解除一般分为协商解除、劳动者解除、用人单位解除以及任意解除这四种。

（1）协商解除

协商解除系指双方经过协商一致解除劳动合同。《劳动合同法》第三十六条关于“用人单位与劳动者协商一致，可以解除劳动合同。”即明确规定在双方协商一致的基础上可以解除劳动合同。该类对劳动合同的解除，可以适用于

任何状态，无论发生了任何情况，只要双方达成解除协议，即可以解除劳动合同关系。此种解除关系，是否包含用人单位需要支付经济补偿金、赔偿金等相关费用，完全由双方协商处理，包括支付此类费用的具体金额也可以由双方协商确定。

（2）劳动者解除

劳动者解除系指因为用人单位违反了劳动合同法、劳动法规定的义务，劳动者向用人单位提出解除劳动关系的要求。虽然提出解除劳动关系的是劳动者，但用人单位依旧需要支付经济补偿金。

《劳动合同法》第三十八条规定："用人单位有下列情形之一的，劳动者可以解除劳动合同：（一）未按照劳动合同约定提供劳动保护或者劳动条件的；（二）未及时足额支付劳动报酬的；（三）未依法为劳动者缴纳社会保险费的；（四）用人单位的规章制度违反法律、法规的规定，损害劳动者权益的；（五）因本法第二十六条第一款规定的情形致使劳动合同无效的；（六）法律、行政法规规定劳动者可以解除劳动合同的其他情形。用人单位以暴力、威胁或者非法限制人身自由的手段强迫劳动者劳动的，或者用人单位违章指挥、强令冒险作业危及劳动者人身安全的，劳动者可以立即解除劳动合同，不需事先告知用人单位。"在该条规定的情况下，劳动者可以主张解除劳动合同甚至立即解除合同而无需尽到通知义务。

（3）用人单位解除

《劳动合同法》三十九条规定："劳动者有下列情形之一的，用人单位可以解除劳动合同：（一）在试用期间被证明不符合录用条件的；（二）严重违反用人单位的规章制度的；（三）严重失职，营私舞弊，给用人单位造成重大损害的；（四）劳动者同时与其他用人单位建立劳动关系，对完成本单位的工作任务造成严重影响，或者经用人单位提出，拒不改正的；（五）因本法第二十六条第一款第一项规定的情形致使劳动合同无效的；（六）被依法追究刑事责任的。”第四十条规定：“有下列情形之一的，用人单位提前三十日以书面形式通知劳动者本人或者额外支付劳动者一个月工资后，可以解除劳动合同：（一）劳动者患病或者非因工负伤，在规定的医疗期满后不能从事原工作，也不能从事由用人单位另行安排的工作的；（二）劳动者不能胜任工作，经过培训或者调整工作岗位，仍不能胜任工作的；（三）劳动合同订立时所依据的客观情况发生重大变化，致使劳动合同无法履行，经用人单位与劳动者协商，未能就变更劳动合同内容达成协议的。”

两条规范已经清楚规定了用人单位解除劳动合同的法定事由，凡在此事由内用人单位均可行使解除权利。但是要注意的是，《劳动合同法》第三十九条规定的解除权利行使，用人单位是无需支付经济补偿的，而第四十条规定的解除权利行使，用人单位需要支付经济补偿金。

（4）任意解除

《劳动合同法》第三十七条规定：“劳动者提前三十日以书面形式通知用人单位，可以解除劳动合同。劳动者在试用期内提前三日通知用人单位，可以解除劳动合同。”据此，劳动者只要按照程序要求提出解除申请即可，完全无需法定事由发生或者无需任何特别的理由。与此同时用人单位依据第三十九条第一项也享有任意解除权利。

2. 解除劳动合同的经济补偿如何计算

经济补偿金是用人单位解除劳动合同时，给予劳动者的经济补偿。是在劳动合同解除或终止后，用人单位依法一次性支付给劳动者的经济上的补助。在我国一般都称为“经济补偿”。

《劳动合同法》第四十六条规定：“有下列情形之一的，用人单位应当向劳动者支付经济补偿：（一）劳动者依照本法第三十八条规定解除劳动合同的；

（二）用人单位依照本法第三十六条规定向劳动者提出解除劳动合同并与劳动者协商一致解除劳动合同的；（三）用人单位依照本法第四十条规定解除劳动合同的；（四）用人单位依照本法第四十一条第一款规定解除劳动合同的；（五）除用人单位维持或者提高劳动合同约定条件续订劳动合同，劳动者不同意续订的情形外，依照本法第四十四条第一项规定终止固定期限劳动合同的；（六）依照本法第四十四条第四项、第五项规定终止劳动合同的；（七）法律、行政法规规定的其他情形。”该条已明确规定用人单位需要支付经济补偿的各种情况。其中第六项之规定，根据《破产法》第一百一十三条规定：“破产清偿顺序中第一项为破产人所欠职工的工资和医疗、伤残补助、抚恤费用，所欠的应当划入职工个人账户的基本养老保险、基本医疗保险费用，以及法律、行政法规规定应当支付给职工的补偿金。”法律给予了一定的扩张适用。

《劳动合同法》第四十七条规定：“经济补偿按劳动者在本单位工作的年限，每满一年支付一个月工资的标准向劳动者支付。六个月以上不满一年的，按一年计算；不满六个月的，向劳动者支付半个月工资的经济补偿。劳动者月工资高于用人单位所在直辖市、设区的市级人民政府公布的本地区上年度职工月平均工资三倍的，向其支付经济补偿的标准按职工月平均工资三倍的数额支付，向其支付经济补偿的年限最高不超过十二年。本条所称月工资是指劳动者在劳动合同解除或者终止前十二个月的平均工资。”该条明确规定支付经济补偿的标准，规定经济补偿的各种支付规则。

另外，作为用人单位需要注意避免因为迟延支付等原因导致从经济补偿变成需要支付经济赔偿。《劳动合同法》第八十五条规定：“用人单位有下列情形之一的，由劳动行政部门责令限期支付劳动报酬、加班费或者经济补偿；劳动报酬低于当地最低工资标准的，应当支付其差额部分；逾期不支付的，责令用人单位按应付金额百分之五十以上百分之一百以下的标准向劳动者加付赔偿金:（一）未按照劳动合同的约定或者国家规定及时足额支付劳动者劳动报酬的;（二）低于当地最低工资标准支付劳动者工资的;（三）安排加班不支付加班费的;（四）解除或者终止劳动合同，未依照本法规定向劳动者支付经济补偿的。”

提醒注意一下，除了《劳动合同法》第四十六条规定之情况外，其他解除劳动关系的，无论提出解除的主体是哪一方，用人单位均无需支付经济补偿。

本案的五个当事人从实际情况看都可以申请经济补偿。用人单位福建尚 × 木制品有限公司并没有按时发放当事人应该得的工资，并且次次推诿。但是仲裁的裁决和一审民事判决却驳回了被告的经济补偿的请求。原因就在于本案当事人在当时离职的原因里写了由于个人原因才离开岗位，虽然当事人有充分证据证明用人单位没有支付工资，当事人主动离职的行为从其原因上看也应该可以明确看出其离职系因为用人单位没有支付工资导致的。但毕竟作为重要的证据材料——“离职申请书”上劳动者所填写的理由是“个人原因”，这就已经给用人单位找到了合理的借口，那就是“劳动者是因为个人原因离开单位的，和单位没有关系。虽然用人单位确实拖欠了工资，但劳动者离开不是因为拖欠工资而是因为个人原因，这个理由也已经被劳动者所明确，自然单位不需要承担经济补偿的法律责任。”从逻辑上看，劳动和人事争议仲裁委员会以及法院的判决都认同这一观点。因此在实务中一定要注意此类文书的填写，确定的离职原因将很可能对双方法律关系产生重大影响。

3. 职工请假的免责

《劳动合同法》没有明确规定劳动者请假的规则，一般情况下关于劳动者请假的具体规则都是由各用人单位自己的人事制度、管理制度或者员工手册来规定的。通常此类规则包含请假理由、请假程序、请假最长期限等内容。劳动者提出请假只要符合相关规定就可以。

需要注意的是，在特定情况下，劳动者提出请假是必须被允许的。根据《女职工劳动保护规定》第七条规定："女职工生育享受98天产假，其中产前可以休假15天；难产的，应增加产假15天；生育多胞胎的，每多生育1个婴儿，可增加产假15天。女职工怀孕未满4个月流产的，享受15天产假；怀孕满4个月流产的，享受42天产假。"可见我国法律对女职工因为特殊生理原因所提供的假期待遇是属于强制性的法律规定，用人单位不得违背。

在王×静诉福建省尚×木制品有限公司的案件中，用人单位提出王×静入职以后一直都没有上班，都是请假在家的。就是因为王×静请假的理由是她已经怀有身孕，其请假符合法律规定的情形，而且每次请假王×静都有请假记录，都有供职部门领导的签字，符合公司管理制度。因此尚×木制品有限公司的诉请无法得到法院支持。

附：本案一审民事判决书

福建省闽侯县人民法院

民事判决书

〔2016〕闽0121民初2××7号

原告：福建省尚×木制品有限公司，住所地为福建省福州市闽侯县甘蔗街道闽侯经济技术开发区××路×号厂房二座，社会信用代码为91350121683097×××F。

法定代表人：周×斌，职务为总经理。

委托代理人：章×恒、白×，公司员工，特别授权。

被告：王×静，女，汉族，1990年×月×日出生，住福建省原州市泉港区南埔镇××村后郑×号。

委托代理人：陈×，福建真×律师事务所律师，特别授权。

原告福建省尚×木制品有限公司与被告王×静劳动争议纠纷一案，本院于2016年6月13日立案受理后，依法由审判员胡××适用简易程序公开开庭进行了审理。原告福建省尚×木制品有限公司的委托代理人章×恒到庭参加诉讼，被告王×静委托代理人陈×到庭应诉，本案现已审理终结。

原告福建省尚×木制品有限公司向本院提出诉讼请求：一、请求法院对福州市劳动人事争议仲裁委员会榕劳仲案〔2016〕032号裁决书的第二、三项的错误裁决进行纠正，依法判定原告支付被告工资2432元；二、被告旷工81天，造成原告生产延误，要求被告赔偿相应损失，退还已发的工资。

事实与理由：被告王×静2015年4月20日入职福建省尚×木制品有限公司设计部，职务为CAD绘图员，试用期1个月，试用期工资2500/月，转正后工资3350元，双方签订劳动合同。被告入职后经常请假或无故旷工，经统计2015年8月、9月均未到岗上班，10月份仅到岗几天，至今未到岗上班，也未办理离职交接手续。经财务部统计，2015年7月份工资2432元尚未发。被告8、9月份未上班，10月份仅到岗几天不能计算工资。被告经常无故缺岗，且上班经常窝工、息工，公司曾多次要求被告遵守劳动纪律，到岗不得窝工、怠工，部门经理多次找被告谈话，要求被告按时完成下达的任务，但均无效果，设计拖延，造成生产延误，使公司不能按时交货，给公司造成较大损失。现根据公司相关规定，要求被告赔偿相应损失，退还已发的工资。

被告王×静答辩称，被告于2015年4月20日进入原告单位工作，任美工一职，双方在面试的约定，试用期1—2月，转正后的工资为每月3500元。但原告不与被告签订书面劳动合同。被告在2015年7月27日至2015年10月

10日期间因怀孕请假。后原告拖欠工资，被告多次主张均未果，至今，原告仍拖欠被告2015年7月、8月、9月、10月的工资。以上事实有“请假证明”“中国 ×× 银行银行卡历史流水单”“面试评估及确认表”等证据材料予以证实。

根据被告提供的“面试评估及确认表”，原被告双方之间的约定转正后工资为每月3500元，2015年7月、8月、9月、10月原被告双方之间的劳动合同关系仍然存续，因此按照《中华人民共和国劳动合同法》的规定，原告应当支付被告2015年7月、8月、9月、10月的工资14000元。同时，依据《中华人民共和国劳动合同法》第八十二条之规定：“用人单位自用工之日起超过一个月不满一年未与劳动者订立书面劳动合同的，应当向劳动者每月支付二倍的工资。”原告一直未与被告签订书面劳动合同，因此原告应当向被告支付二倍工资，除去2015年4月、5月、6月已支付的工资和上述未支付的2015年7月、8月、9月、10日的工资外，原告还需向被告支付21000元。

原告主张“被告旷工81天造成原告生产延误，要求被告赔偿相应损失，退还乙方的工资”的诉讼请求不符合事实，于法无据。首先原告没有提供相应证据证明被告无故旷工，因此原告的诉求于法无据；其次被告并非无故旷工，而是向原告公司请了产假，对于这一事实，被告提供一份请假证明，加以证明，因此请求法院驳回原告的诉讼请求。

原告福建省尚 × 木制品有限公司向本院提交劳动仲裁委员会的裁决书一份，证明仲裁委裁决有误，被告对裁决书真实性无异议，本院予以认定。

被告王 × 静向本院提交如下证据。证据一：被告身份证复印件一份，证明被告的主体资格。证据二：工商局全国企业信用信息公示系统截图、福建省尚 × 木制品有限公司组织机构代码证，证明原告的主体资格。证据三：被告建设银行储蓄卡流水账单，证明1. 被告实收的工资数额明细；2. 原告未及时给付2015年7月、2015年8月，2015年9月、10月劳动报酬。证据四：

楼梯订货单，证明1. 池××、林×、周××为原告的员工；2. 原告使用以上3人的银行卡作为结算账户；3. 从池××、林×、周××三人的卡上打到员工账户上的钱款为工资。证据五：员工通讯录，证明池××，林×、周××等都是原告单位员工。证据六：名片复印件，证明池××为原告单位员工。证据七：面试评估及确认表，证明1. 被告在2015年3月参加公司面试并通过面试；2. 双方约定被告转正工资待遇为3500元。证据八：请假证明一份，证明被告不是旷工。

本院对被告提交的证据认证如下：原告对被告提交的证据一、二、三、六真实性无异议，本院对证据的形式要件予以认定。证据四、五、七均无原件，无法确认证据来源，本院不予采纳。证据八请假证明上的证明人虽然未到庭说明，但有原件支持且原告也称被告10月份有到岗几天，与请假证明上的时间能够相佐证，本院予以认定。

根据当事人的举证、质证、法庭调查及本院对上述证据的认证意见，本院确认本案事实如下：

王×静诉福建省尚×木制品有限公司劳动报酬、经济补偿金劳动争议一案由福州市劳动人事争议仲裁委员会于2016年1月13日受理。

福州市劳动人事争议仲裁委员会经审理查明：王×静于2015年4月20日入职原告处，从事美工工作。双方约定试用期一个月，试用期工资2500元，转正后工资3500元，双方未签订劳动合同。2015年7月1日至2015年7月26日王×静出勤15天。王×静在2015年7月27日至2015年10月10日期间因怀孕请假，没有去上班。王×静在2015年10月22日至2015年10月30日有上班：此期间请假5.5天，原告发放被告的工资为2015年5月份工资2375元，2015年6月份工资2537元。王×静7月份工资2432元与10月份工资1528.74元未发。

庭审中，原告对福州市仲裁委员会确认的事实中双方未签订劳动合同及未认定王 × 静 2015 年 8 月份至 10 月份旷工的事实有异议，其他事实均无异议，但原告未能提供双方签订的劳动合同及王 × 静旷工的证据，故本院对仲裁委认定的上述事实予以确认。

福州市劳动人事争议仲裁委员会于 2016 年 5 月 30 日作出榕劳仲案〔2016〕032 号裁决书，裁决如下：一、福建省尚 × 木制品有限公司向王 × 静支付 2015 年 7 月份的工资为 2432 元；二、福建省尚 × 木制品有限公司向王 × 静支付 2015 年 10 月 12 日至 2015 年 10 月 30 日的工资为 1528.74 元；三、福建省尚 × 木制品有限公司向王 × 静支付 2015 年 5 月 21 日至 2015 年 10 月 30 日期间未签订劳动合同的二倍工资为 7262.11 元。

本院认为，关于支付拖欠工资问题，根据《中华人民共和国劳动合同法》的规定，用人单位应当按照劳动合同约定和国家规定，向劳动者及时足额支付劳动报酬。本案中原告发放被告工资至 2015 年 6 月份。因被告在 2015 年 7 月 27 日至 2015 年 10 月 10 日请假期间没有正常提供劳动，故原告可不支付被告报酬，据此原告应向被告支付 2015 年 7 月 1 日至 2015 年 7 月 26 日的工资为 2432 元；原告应向被告支付 2015 年 10 月 12 日至 2015 年 10 月 30 日的工资为 1528.74 元。

关于支付未签订劳动合同的双倍工资差额问题，根据《中华人民共和国劳动合同法》第八十二条"用人单位自用工之日起超过一个月不满一年未与劳动者订立劳动书面合同的，应当向劳动者每月支付二倍的工资"之规定，原告福建省尚 × 木制品有限公司，未与被告王 × 静订立书面劳动合同，虽然原告主张有签订劳动合同，只是劳动合同因火灾被烧毁，但未能提供证据予以证明，故本院对其陈述不予采纳，因此原告应当向被告王 × 静每月支付二倍的工资，本案中，被告王 × 静于 2015 年 4 月 20 日入职至 2015 年 10 月 30 日，原告应向被告支付2015年5月21日至2015年10月30日期间未签订劳动合同的二倍工资为7262.11元。

综上，原告福建省尚×木制品有限公司主张要求榕劳仲案〔2016〕032号仲裁书的第二项、三项的裁决有误，但原告未能提供充分的证据予以证明，应当承担对其不利的法律后果，因此对原告的诉讼请求，本院不予支持。关于原告主张被告旷工81天，要求被告赔偿相应损失，退还已发工资的诉讼请求，属于原被告双方存在事实劳动关系过程中产生的争议，需要经过劳动仲裁前置程序，故在本案中本院不予审理。

根据《最高人民法院关于民事诉讼证据的若干规定》第二条规定，判决如下：

驳回原告福建省尚×木制品有限公司的诉讼请求。

案件受理费5元，由原告福建省尚×木制品有限公司负担。

如不服本判决，可在判决书送达之日起十五日内，向本院递交上诉状，并按对方当事人的人数提出副本，上诉于福州市中级人民法院。

审　判　员　胡××

二〇一六年八月十六日

注：陈×、刘×怡、黎×伟、辜×梅等其他四位当事人判决基本如上。

附相关法律条文：

《中华人民共和国劳动合同法》第八十二条："用人单位自用工之日起超过一个月不满一年未与劳动者订立书面劳动合同的，应当向劳动者每月支付二倍的工资。"

《中华人民共和国劳动合同法》第三十条："用人单位应当按照劳动合同约

定和国家规定，向劳动者及时足额支付劳动报酬。”

《最高人民法院关于民事诉讼证据的若干规定》第二条：“当事人对自己提出的诉讼请求所依据的事实或者反驳对方诉讼请求所依据的事实有责任提供证据加以证明。没有证据或者证据不足以证明当事人的事实主张的由负有举证责任的当事人承担不利后果。”

第四章　工伤损害赔偿的标准

一、案件简介

2015年4月10日12时许，蒋×娇在福州银×玩具有限公司装配车间印刷玩具包装箱时，右手中环指被印刷机压轧受伤，经医院诊断为右手中环指指尖压轧伤：右手中环指开放性骨折；右手中指指尖部离断伤；右手中环指甲床挫裂伤。2015年5月26日，蒋×娇向福州市人力资源和社会保障局申请工伤认定，福州市人力资源和社会保障局于同日受理该申请，6月5日向福州银×玩具有限公司送达工伤认定举证通知书。同月8日福州银×玩具有限公司向福州市人力资源和社会保障局提交“关于蒋×娇工伤认定申请的说明意见”及相关证据。同年6月16日福州市人力资源和社会保障局作出榕侯人社伤险（决）字〔2015〕×××号“认定工伤决定书”，银×玩具有限公司不服向福州市仓山区人民法院提起行政诉讼。

福州银×玩具有限公司认为，福州市人力资源和社会保障局作出认定书的事实采信有偏差，法律适用有误，蒋×娇所受的伤不能被认定为工伤，具体理由如下：

首先，蒋×娇提供的出入院记录与其所提供的住院疾病证明书上的姓名及其本人身份证的姓名不符，蒋×娇作为一个拥有身份证的完全民事行为能力人，在送医时登记使用的却是他人的身份证，与常理不符。送医登记的患者姓名是山×芬，该人的手写证明的真实性也值得怀疑。虽然医院开具了患者基本信息错误变更证明，但是医院对这一情况的证明仅具备形式审查能力。也就是说医院只能证明患者的姓名发生了变化，并不能证明患者身份的变化，即不能证明受伤的是蒋 × 娇而不是山 × 芬。其次，根据住院疾病证明书上的日期标注，此住院疾病证明是在 2015 年 5 月 25 日办理的，而又根据工伤认定申请表上的标注，2015 年 5 月 26 日蒋 × 娇尚未提供住院疾病证明书，而日期标注后又补了一句"申请人补了疾病证明书，拟予以受理"，福州银 × 玩具有限公司对这两个地方的日期标注和文字有异议。综上所述，福州银 × 玩具有限公司认为福州市人力资源和社会保障局于 2015 年 6 月 16 日作出的榕侯人社伤险（决）字〔2015〕× × × 号"认定工伤决定书"认定的事实有误，请求法院依法撤销该"认定工伤决定书"。福州市仓山人民法院认为，福州市人力资源和社会保障局根据蒋 × 娇和福州银 × 玩具有限公司提供的相关材料，作出工伤认定决定，证据充分、程序合法，于 2015 年 11 月 18 日作出〔2015〕仓行初字第 × × × 号行政判决书，判决驳回州福州银 × 玩具有限公司的诉讼请求。

福州银 × 玩具有限公司不服该判决，随后向福州市中级人民法院提起上诉。福州市中级人民法院组成合议庭对此案进行审理，经审理认为，一审判决并无不当，因而于 2016 年 4 月 14 日〔2016〕闽 01 行终 × × × 号行政判决书，作出驳回上诉，维持原判的终审判决。

随后，蒋 × 娇向闽侯县劳动争议仲裁委员会申请劳动争议调解。经调解，蒋 × 娇与福州银 × 玩具有限公司互谅互让，自愿协商一致，共同达成"侯劳仲调字〔2016〕第 ××× 号"调解协议：一、双方自愿于 2015 年 7 月 10 日解除劳动合同关系。二、福州银 × 玩具有限公司于 2016 年 5 月 30 日当庭以现金形式一次性支付蒋 × 娇一次性伤残补助金、一次性工伤医疗补助金、一次性伤残就业补助金、停工留薪期工资。住院伙食补助费、住院护理费、劳动能力鉴定费、2015年4月1日至2015年4月10日工资、2015年3月9日至2015年7月10日解除劳动合同关系经济补偿金等合计人民币伍万元整(¥50000元)。同时，蒋×娇自愿放弃仲裁申请书中的其他申请诉求，自愿放弃向福州银×玩具有限公司主张其他劳动权益的权利，双方当事人自愿确认至2016年5月30日止不存在其他劳动争议。

二、本案及同类案件办理中会涉及的主要问题

1. 工伤认定的标准；
2. 工伤赔偿的标准；
3. 工伤案件的行政程序；
4. 工伤案件的注意事项。

三、对上述问题的分析

1. 工伤认定的标准

所谓工伤，系指劳动者在生产劳动或工作中负伤。根据国家规定，执行日常工作及企业行政方面临时指定或同意的工作，从事紧急情况下虽未经企业行政指定但与企业有利的工作，以及从事发明或技术改进工作而负伤者，均为工伤。

《工伤保险条例》第十四条规定："劳动者有下列情形之一的，应当认定为工伤：（一）在工作时间和工作场所内，因工作原因受到事故伤害的；（二）工作时间前后在工作场所内，从事与工作有关的预备性或者收尾性工作受到事故伤害的；（三）在工作时间和工作场所内，因履行工作职责受到暴力等意外伤害的；（四）患职业病的；（五）因工外出期间，由于工作原因受到伤害或者发生事故下落不明的；（六）在上下班途中，受到非本人主要责任的交通事故或

者城市轨道交通、客运轮渡、火车事故伤害的；（七）法律、行政法规规定应当认定为工伤的其他情形。”《工伤保险条例》第十五条规定：“劳动者有下列情形之一的，视同工伤：（一）在工作时间和工作岗位，突发疾病死亡或者在48小时之内经抢救无效死亡的；（二）在抢险救灾等维护国家利益、公共利益活动中受到伤害的；（三）劳动者原在军队服役，因战、因公负伤致残，已取得革命伤残军人证，到用人单位后旧伤复发的。劳动者有前款第（一）项、第（二）项情形的，按照本条例的有关规定享受工伤保险待遇；劳动者有前款第（三）项情形的，按照本条例的有关规定享受除一次性伤残补助金以外的工伤保险待遇。”另外，《工伤保险条例》第十六条规定：“劳动者符合本条例第十四条、第十五条的规定，但是有下列情形之一的，不得认定为工伤或者视同工伤：（一）故意犯罪的；（二）醉酒或者吸毒的；（三）自残或者自杀的。”

从《工伤保险条例》的相关规定可以明确，在我国对工伤认定的基本要求即工作时间、工作场所、因工作受伤。同时还包含具有劳动关系和非劳动者故意这几个条件。以下我们将逐一分析。

（1）工作时间

关于“工作时间”，目前我国法律并没有作出明确的规定，但在司法实践中，通常，“工作时间”主要包括以下几类：①用人单位规定或者劳动合同约定的时间；②用人单位指派的加班时间，或者虽无用人单位指派，但劳动者根据工作量为保证工作按期完成而延迟下班的时间；③由工作性质所决定的其他应当认定为工作时间的时间。

换言之，劳动者除了在用人单位工作场所工作的时间之外，只要存在有合理证据和合理理由作为劳动者工作于单位事务的时间都应当认定为工作时间。特别是后面两者，需要根据单位派发的任务或者单位的绩效考核要求、工作量考核要求以及作为任何特殊工作岗位对时间的特定要求。

（2）工作场所

至于“工作场所”，依据国际劳工组织《1981年职业安全和卫生及工作环境公约》第三条规定：“工作场所是指工人因工作而需在场或前往，并在雇主直接或间接控制之下的一切地点。”即“工作场所”应当是指用人单位能够对从事日常生产经营活动进行营销管理的区域和劳动者为完成某些特定生产经营活动所涉及的相关区域，包括用人单位所有的办公区域，而不局限于从事本劳动的岗位地点。

但“工作场所”并不一定非得是用人单位可以控制之场所，一般情况下如果能够证明劳动者所处之场所系因为用人单位委派任务而工作之地方也可以认为是“工作场所”。甚至于劳动者为完成工作任务回家加班也能够将家作为发生事故时候的“工作场所”来认识。对此不应局限在简单纯粹的法律规定里面。

（3）因工作受伤

“因工作原因受到事故伤害”，既包括劳动者在工作时间和工作场所内，因从事生产经营活动直接导致的事故伤害，包括在工作过程中劳动者临时解决合理必需的生理需要时由于本单位不安全因素造成的意外伤害。还包括劳动者上下班途中所受非本人主要原因的伤害。

（4）双方存在劳动关系

虽然《工伤保险条例》没有将劳动关系作为认定工伤的前提，但毫无疑问只有在存在劳动关系的情况下才有所谓的劳动者和用人单位之间的人身关系、经济关系。因此劳动关系应该说是工伤认定的前提条件。实务中如果没有劳动关系的证明材料，也需要劳动者先提起劳动关系确认诉讼，待诉讼完毕，才能够再提起工伤请求。

（5）非劳动者故意

这里所谓的非劳动者故意，包括劳动者明知安全生产的操作规则，依旧无视规则进行劳动作业导致工伤的，包括劳动者以骗取赔偿为目的人为造成工伤的，包括劳动者构成犯罪的。但请注意，只要该导致工伤的行为不是劳动者本人造成的，而是其他共同劳动者造成，只要没有恶意串通之情况，也都应该认定为工伤。

基于上述几点，我们认为蒋 × 娇受伤属于工伤从事实和法律上看没有任何问题。

2. 工伤赔偿的标准

工伤赔偿的标准，列于《工伤保险条例》第五章，该章节相关内容涵盖工伤保险各类赔偿项目。具体包括：

（1）治（医）疗费。治疗工伤所需费用必须符合工伤保险诊疗项目目录、工伤保险药品目录、工伤保险住院服务标准。

（2）住院伙食补助费。职工住院治疗工伤的，由所在单位按照本单位因公出差伙食补助标准的 70% 发给住院伙食补助费。

（3）外地就医交通费、食宿费。经医疗机构出具证明，报经办机构同意，工伤职工到统筹地区以外就医的，所需交通、食宿费用由所在单位按照本单位职工因公出差标准报销。

（4）康复治疗费。工伤职工到签订服务协议的医疗机构进行康复性治疗的费用，符合工伤保险诊疗项目目录、工伤保险药品目录、工伤保险住院服务标准的本条第三款规定的，从工伤保险基金支付。

（5）辅助器具费。工伤职工因日常生活或者就业需要，经劳动能力鉴定委员会确认，可以安装假肢、矫形器、假眼、假牙和配置轮椅等辅助器具，所需费用按照国家规定的标准从工伤保险基金支付。

（6）停工留薪期工资。职工因工作遭受事故伤害或者患职业病需要暂停工作接受工伤医疗的，在停工留薪期内，原工资福利待遇不变，由所在单位按月支付。

（7）生活护理费。生活不能自理的工伤职工在停工留薪期需要护理的，由所在单位负责。工伤职工已经评定伤残等级并经劳动能力鉴定委员会确认需要生活护理的，从工伤保险基金按月支付生活护理费。生活护理费按照生活完全不能自理、生活大部分不能自理或者生活部分不能自理 3 个不同等级支付，其标准分别为统筹地区上年度职工月平均工资的 50%、40% 或者 30%。

（8）一次性伤残补助金。一次性伤残补助金赔偿标准是根据工伤职员伤残等级确定，不同等级，赔偿标准不同。具体如下：

一级伤残为 27 个月的本人工资，二级伤残为 25 个月的本人工资，三级伤残为 23 个月的本人工资，四级伤残为 21 个月的本人工资，五级伤残为 18 个月的本人工资，六级伤残为 16 个月的本人工资，七级伤残为 13 个月的本人工资，八级伤残为 11 个月的本人工资，九级伤残为 9 个月的本人工资，十级伤残为 7 个月的本人工资。

（9）伤残津贴。职工因工致残被鉴定为一级至四级伤残的，按伤残等级从工伤保险基金中支付一次性伤残补助金，标准为：一级伤残为 24 个月的本人工资，二级伤残为 22 个月的本人工资，三级伤残为 20 个月的本人工资，四级伤残为 18 个月的本人工资。职工因工致残被鉴定为五级、六级伤残的，保留与用人单位的劳动关系，由用人单位安排适当工作。难以安排工作的，由用人单位按月发给伤残津贴，标准为：五级伤残为本人工资的 70%，六级伤残为本人工资的 60%。

（10）一次性伤残就业补助金和一次性工伤医疗补助金。职工因工致残被鉴定为五级、六级伤残的，经工伤职工本人提出，该职工可以与用人单位解除或者终止劳动关系，由用人单位支付一次性工伤医疗补助金和伤残就业补助金；职工因工致残被鉴定为七级至十级伤残的，劳动合同期满终止，或者职工本人提出解除劳动合同的，由用人单位支付一次性工伤医疗补助金和伤残就业补助金。具体标准由省、自治区、直辖市人民政府规定。

（11）丧葬补助金。职工因工死亡丧葬补助金为6个月的统筹地区上年度职工月平均工资。

（12）供养亲属抚恤金。职工因工死亡供养亲属抚恤金按照职工本人工资的一定比例发给由因工死亡职工生前提供主要生活来源、无劳动能力的亲属。标准为：配偶每月40%，其他亲属每人每月30%，孤寡老人或者孤儿每人每月在上述标准的基础上增加10%。核定的各供养亲属的抚恤金之和不应高于因工死亡职工生前的工资。供养亲属的具体范围由国务院劳动保障行政部门规定。

（13）一次性工亡补助金。一次性工亡补助金标准为48个月至60个月的统筹地区上年度职工月平均工资。具体标准由统筹地区的人民政府根据当地经济、社会发展状况规定，报省、自治区、直辖市人民政府备案。

上述所称本人工资，是指工伤职工因工作遭受事故伤害或者患职业病前12个月平均月缴费工资。本人工资高于统筹地区职工平均工资300%的，按照统筹地区职工平均工资的300%计算；本人工资低于统筹地区职工平均工资60%的，按照统筹地区职工平均工资的60%计算。

以上为工伤赔偿的基本范围和计算办法。但在具体操作过程中，需要考虑实际发生的工伤案件是否存在劳动能力的认定，是否存在统筹赔付以外单位需要赔付的部分。就本案来说，劳动者所受“离断伤”属工伤无疑，且劳动者所受伤害从劳动能力鉴定的标准来看，也已经达到十级伤残的水平，所以赔偿的内容还是比较多的。

3. 工伤案件的行政程序

从基本的法律规则上看，劳动争议案件属于仲裁前置型案件，必须经过劳动和人事争议仲裁委员会仲裁裁决才能够向法院起诉。

本案的特殊之处在于，双方提交劳动和人事争议仲裁委员会进行实体赔偿范围的仲裁之前，就针对劳动者所受伤害是否属于工伤进行了多轮的交锋。用人单位针对工伤认定书，表示无法接受，遂提起了行政诉讼。

工伤认定是劳动行政部门针对劳动者在工作中遭受的伤害是否属于工伤而依据相关材料作出的认定，是劳动行政部门的具体行政行为。依据《行政法》和《行政诉讼法》的相关规定，对任何具体行政行为不服的都可以提出行政诉讼。

4. 工伤案件注意事项

（1）仲裁时效与工伤认定期间的适用

《工伤保险条例》规定，用人单位未提出工伤认定申请的，工伤职工或其直系亲属、工会组织在事故伤害发生之日或者被诊断、鉴定为职业病之日起一年内，可以提出工伤认定申请。由此引出的问题是：劳动争议仲裁时效同样为一年，其起算点与工伤认定申请的起算点一致，但是劳动者要等到工伤认定决定出来后才能申请仲裁，而这时往往超过一年期。劳动者申请工伤认定是否属于劳动争议仲裁时效的中断事由？

对此有观点认为，申请工伤认定并不是劳动者的实体权利请求和救济，仅仅是一种程序性行为，因此无法引起劳动争议仲裁时效的中断。所以工伤认定是劳动者主张实体权利救济的必备前置程序，没有工伤认定，劳动者的权利得不到劳动争议仲裁委员会和法院的支持，所以申请工伤认定应视为向“有关部门请求权利救济”，从而引起仲裁时效的中断。

（2）法院不能在劳动争议案件中直接作出工伤认定

这又分为两种情形：一种是参加工伤保险的劳动者未能在一年期内申请工伤认定，申请劳动仲裁不予受理，又起诉至法院；另一种是未参加工伤保险的劳动者向用人单位主张工伤待遇赔偿，在向社会保险行政部门提出工伤认定申请时，由于无书面劳动合同，又被告知向法院提起劳动关系确认之诉，在诉讼中法院能否直接作出工伤认定？

第一种情形，如果是劳动者自身怠于行使权利引起的，由于劳动争议仲裁时效期间与诉讼时效期间是等同的，根据《最高人民法院关于审理劳动争议案件适用法律若干问题的解释（一）》第三条的规定，法院应驳回其诉讼请求。如果是用人单位恶意不申报工伤，而劳动者由于法律知识的不足并无主观上的过错，致使未能在规定的期限内申报工伤，劳动者按工伤程序一定会被驳回起诉，可以人身侵权纠纷起诉用人单位，由法院参照雇员受害赔偿进行处理。

第二种情形，目前存在争议。有意见认为，工伤认定属于行政确认行为，法院应当遵循司法权与行政权相分离的原则；某些慢性的职业伤害比较复杂，社保行政部门认定工伤更具有专业性和中立性；法院在民事诉讼中直接认定工伤看似减轻了当事人诉累，但会纵容当事人不积极申报工伤，导致法院负担增加以及司法资源浪费。我们认为《工伤保险条例》已明确规定工伤认定由社保行政部门受理，况且法院并不具备认定工伤的专业能力。

附：本案一审行政判决书、二审行政判决书、劳动争议仲裁调解书

福建省福州市仓山区人民法院

行政判决书

仓行初字第1×6号

原告：福州银×玩具有限公司，住所地为福建省福州市闽侯县青口投资区（文华村）。

法定代表人：陈×钦，该公司董事长。

委托代理人：陈 ×、李 ×，福建真 × 律师事务所律师。

被告：福州市人力资源和社会保障局，住所地为福州市仓山区南江大道193号东部新城商务办公中心区1号楼6、7层。

法定代表人：林 ×，局长。

委托代理人：洪 × 景、蔡 × 辉，闽侯县人力资源和社会保障局工作人员。

第三人：蒋 × 娇，女，1989年 × 月 × 日出生，汉族，住云南省曲靖市罗平县罗雄镇 ×× 街 × 号。

原告福州银 × 玩具有限公司诉被告福州市人力资源和社会保障局社会保障行政确认一案，向本院提起行政诉讼。本院于2015年8月21日受理后，向被告送达了起诉状副本及应诉通知书，并依法组成合议庭，

于2015年11月17日公开开庭审理了本案。原告的委托代理人陈 ×、被告的委托代理人洪 × 景、蔡 × 辉、第三人蒋 × 娇到庭参加诉讼。本案现已审理终结。

被告福州市人力资源和社会保障局于2015年6月16日作出榕侯人社伤险（决）字〔2015〕××× 号“认定工伤决定书”，该决定书的主要内容是：2015年4月10日上午12时许，第三人蒋 × 娇在福州银 × 玩具有限公司装配车间印刷玩具包装箱时，右手中环指不慎被印刷机压轧受伤。第三人受到的事故伤害，符合《工伤保险条例》第十四条第一款之规定，属于工伤认定范围，予以认定为工伤。

被告向本院提供了作出被诉行政行为的证据：A1. 认定工伤决定书，证明被告依法对第三人作出工伤认定决定；A2. 工伤认定申请书；A3. 工伤认定材料清单，证据A2—A3证明第三人依法提出工伤认定申请，程序合法；A4. 工伤认定申请缺件告知书；A5. 工伤认定受理通知书，证据A4—A5证明被告程序合法；A6. 邮寄回单，证明送达程序合法；A7. 工伤认定举证通知书；A8.

工伤认定举证通知书、送达发出举证通知书，程序合法；A9.身份证、户口本、驾驶证、企业登记表，证明主体适格；A10.“工作牌”，证明第三人与申请人存在事实劳动关系；A11.患者基本信息错误变更证明、诊断证明书、入院记录、出院记录；A12.“证明”及身份证，证据A11—A12证明第三人的伤情和受伤事实；A13.“劳动合同书”，证明第三人与原告间存在劳动关系；A14.“关于蒋×娇工伤认定申请的说明意见”、工作牌、员工花名册，证明第三人与申请人存在劳动关系，第三人的伤情和受伤属实。

被告提供被诉行政行为所适用法律依据:《工伤保险条例》第十四条第一项。

原告福州银×玩具有限公司司诉称，第三人蒋×娇提供的入院记录和出院记录，与其提供的住院疾病证明书上的姓名及其本人身份证的姓名不符，蒋×娇作为一个拥有身份证的完全民事行为能力人，在送医时登记使用的却是其他人的身份证，在通常情况下，患者的信息变更有可能是患者本人姓名的变更，并不是只有患者身份的变更这一种可能性。山×芬手写的证明的真实性原告有异议。虽然医院开具了患者基本信息错误变更证明，但是医院对这一情况的证明仅具备形式审查的能力，也就是说医院只能证明患者的姓名发生了变化，并不能证明患者身份的变化，即不能证明受伤的是蒋×娇而不是山×芬。其次，根据住院疾病证明书上的日期标注，此住院疾病证明是在2015年5月25日办理的，而又根据工伤认定申请表上的标注，2015年5月26日蒋×娇尚未提供住院疾病证明书，而在日期标注之后又补了一句，“申请人补了疾病证明书，拟予以受理”。这两个地方的日期标注和文字原告有异议。综上所述，原告认为被告于2015年6月16日作出的榕侯人社伤险认（决）字第〔2015〕×××号“认定工伤决定书”认定的事实有误，请求撤销榕侯人社伤险认（决）字〔2015〕第×××号“认定工伤决定书”；诉讼费用由被告承担。

原告向本院提交如下证据：B1. 营业执照，证明原告的主体资格；B2. 榕侯人社伤险（决）字〔2015〕×××号“认定工伤决定书”；B3. 入院记录、出院记录、疾病证明书，证明第三人的医疗记录前后不一致；B4. 患者基本信息错误变更证明，证明第三人的医疗记录身份变更，医院仅具备形式审查的能力；B5. 工伤认定申请表、住院疾病证明书，证明日期标注和工伤认定申请表时间前后有误。

被告福州市人力资源和社会保障局依法递交了书面答辩状，并在庭审中辩称，2015年5月26日蒋×娇提出工伤认定申请，并提交证据：工伤认定申请表、工作牌、患者基本信息错误变更证明、入院记录、出院记录、内资企业登记基本情况表、身份证、山×芬证明。因第三人缺疾病证明书，被告予以缺件告知。当日第三人补齐材料，被告当日予以受理，并向原告送达工伤认定举证通知书。原告向被告提交“关于蒋×娇工伤认定申请的说明意见”、“劳动合同书”、“员工名册”、工作牌。被告经审查认定第三人与原告双方主体适格。“劳动合同书”“员工名册”均证明两者间劳动关系存在。第三人于2015年4月10日12时在原告公司装配车间印刷玩具包装箱时，不慎被机器压伤右手中指，第三人受伤经过已由原告确认属实。故被告依据《工伤保险条例》第十四条第一项规定，作出榕侯劳险伤（决）字〔2015〕×××号“认定工伤决定书”。另第三人受伤事实真实，提供的医疗证明合法有效。原告承认第三人在原告公司工作过程中受伤。综上，被告作出榕侯劳险伤（决）字〔2015〕×××号“认定工伤决定书”，程序合法，事实清楚，依据充分，适用法律法规正确，请求法院驳回原告诉讼请求。

第三人蒋×娇述称，2015年4月10日上午第三人是在原告公司工作时间受伤的，去医院时原告公司工作人员找不到第三人身份证复印件，他们就拿了山×芬的身份证复印件送第三人去医院的救治，所以医院当时的记录患者身份有错，之后医院已经更正了姓名，第三人认为被告作出的被诉行政行为证据充分，程序合法，适用法律正确，请求法院依法判决。

第三人未提交证据。

经庭审举证、质证，本院作出如下认证：

原告对证据A1、A3—A9、A13、A14无异议；证据A2中受理意见一页字迹与原件大不相符，真实性有异议。原告收到的工伤认定申请和被告在本案中提供的工伤认定申请不同，被告所作出的行政行为是违法的；真实性有异议，不能以此证明第三人与原告存在事实劳动关系；证据A11有异议，该份证据不足以证明第三人的伤情和受伤事实；A12真实性有异议。

第三人对被告提交的证据均无异议。

被告、第三人对证据B1、B2无异议；证据B3—B5真实性无异议，证明对象有异议，不能证明受伤的不是蒋×娇。

本院认为，被告所提交的证据取得程序和收集方法合法，能够证明本案的相关事实，可以作为本案定案的依据，均为有效证据。被告、第三人对原告证据的异议，本院予以采信。根据上述有效证据，本院确认如下法律事实：2015年4月10日12时许，第三人蒋×娇在原告公司装配车间印刷玩具包装箱时，右手中环指被印刷机压轧受伤，经医院诊断为右手中环指指尖压轧伤：右手中环指开放性骨折；右手中指指尖部离断伤；右手中环床挫裂伤。2015年5月26日第三人向被告申请工伤认定，被告于同日受理了该申请，6月5日向原告送达工伤认定举证通知书，同月8日原告向被告提交“关于蒋×娇工伤认定申请的说明意见”及相关证据。同年6月16日被告作出榕侯人社伤险（决）字〔2015〕×××号“认定工伤决定书”。原告不服向本院提起行政诉讼。

本院认为，根据《工伤保险条例》第五条之规定，被告作为本行政区域内工伤保险管理工作的行政主管部门，负有对第三人的工伤认定申请作出处理的行政主体资格和行政职权。被告福州市人力资源和社会保障局的权力来源合法。被告所作出的工伤认定决定对原告的权益产生实际影响，原告对被诉行政行为不服有权提起行政诉讼。

被告在受理第三人工伤认定申请后，审查了第三人提交材料的真实性、合法性，因第三人未提交疾病证明书，依法向第三人作出缺件告知，在第三人补交了材料后，依法予以立案受理，并向原告送达了工伤认定举证通知书。后被告根据第三人提交的材料及原告提交的“关于蒋×娇工伤认定申请的说明意见”及相关证据，作出本案被诉的工伤认定决定，证据充分、程序合法。至于原告提出蒋×娇申请工伤认定所提交的入院、出院记录中姓名与疾病证明书中姓名不符，因入院、出院记录中山×芬已向被告出具一份证明，证明当时原告公司的工作人员为救治第三人，借刷山×芬的身份证为第三人办理入院手续。其后，院方已将出、入院记录中的姓名更正为蒋×娇，同时原告向被告提交的“关于蒋×娇工伤认定申请的说明意见”亦对第三人系其公司员工及蒋×娇在工作时间受伤之争议予以认同，亦可印证上述事实，原告诉请撤销被诉的行政行为，无事实依据，故原告之诉求，本院不予支持。另被告作出榕侯人社伤险（决）字〔2015〕×××号“认定工伤决定书”所适用的《工伤保险条例》第十四条第一款，存在笔误，应为《工伤保险条例》第十四条第（一）项，在此本院予以指正。综上，依照《中华人民共和国行政诉讼法》第六十九条之规定，判决如下：

驳回原告福州银×玩具有限公司的诉讼请求。

案件受理费50元，由原告福州银×玩具有限公司负担。

如不服本判决，可在判决书送达之日起十五日内，向本院递交上诉状，并按对方当事人的人数或者代表人的人数提出副本，上诉于福建省福州市中级人民法院。

审 判 长 蒋×娇

人民陪审员 王×静

人民陪审员 陈 ×

二〇一五年十一月十八日

书 记 员 林×旺

附主要法律条文:《中华人民共和国行政诉讼法》第六十九条:行政行为证据确凿,适用法律、法规正确,符合法定程序的,或者原告申请被告履行法定职责或者给付义务理由不成立的,人民法院判决驳回原告的诉讼请求。

福建省福州市中级人民法院

行政判决书

〔2016〕闽01行终2×9号

上诉人(原审原告):福州银×玩具有限公司,住所地为福建省福州市闽侯县青口投资区(文华村)。

法定代表人:陈×钦,董事长。

委托代理人:陈×、李×,福建真×律师事务所律师。

被上诉人(原审被告):福州市人力资源和社会保障局,住所地福州市仓山区南江滨西大道193号东部新城商务办公中心区1号楼6、7层。

法定代表人:王×,局长。

原审第三人：蒋 × 娇，女，1989 年 × 月 × 日出生，汉族，住云南省曲靖市罗平县罗雄镇 × × 街 × 号。

上诉人福州银 × 玩具有限公司诉被上诉人福州市人力资源和社会保障局社会保障行政确认一案，不服仓山区人民法院〔2015〕仓行初字第 × × × 号行政判决，向本院提起上诉。本院依法组成合议庭，对本案进行了审理，现已审理终结。

一审查明，2015 年 4 月 10 日 12 时许，第三人蒋 × 娇在原告公司装配车间印刷玩具包装箱时，右手中环指被印刷机压轧受伤，经医院诊断为右手中环指指尖压轧伤：右手中环指开放性骨折；右手中指指尖部离断伤；右手中环指甲床挫裂伤。2015 年 5 月 26 日第三人向被告申请工伤认定，被告于同日受理了该申请，6 月 5 日向原告送达工伤认定举证通知书，同月 8 日原告向被告提交“关于蒋 × 娇工伤认定申请的说明意见”及相关证据。同年 6 月 16 日被告作出榕侯人社伤险（决）字〔2015〕× × × 号“认定工伤决定书”。原告不服向一审法院提起行政诉讼。

一审认为，根据《工伤保险条例》第五条之规定，被告作为本行政区域内工伤保险管理工作的行政主管部门，负有对第三人的工伤认定申请作出处理的行政主体资格和行政职权。被告福州市人力资源和社会保障局的权力来源合法。被告所作出的工伤认定决定对原告的权益产生实际影响，原告对被诉行政行为不服有权提起行政诉讼。

被告在受理第三人工伤认定申请后，审查了第三人提交的材料真实性、合法性，因第三人未提交疾病证明书，依法向第三人作出缺件告知，在第三人补交了材料后，依法予以立案受理，并向原告送达了工伤认定举证通知书。后被告根据第三人提交的材料及原告提交的“关于蒋 × 娇工伤认定申请的说明意见”及相关证据，作出本案被诉的工伤认定决定，证据充分、程序合法。至于

原告提出蒋 × 娇申请工伤认定所提交的入院、出院记录中姓名与疾病证明书中姓名不符，因入院、出院记录中山 × 芬已向被告出具一份证明，证明当时原告公司的工作人员为救治第三人，借用山 × 芬的身份证为第三人办理入院手续。其后，院方已将出、入院记录中的姓名更正为蒋 × 娇，同时原告向被告提交的“关于蒋 × 娇工伤认定申请的说明意见”亦对第三人系其公司员工及蒋 × 娇在工作时间受伤之事予以认同，亦可印证上述事实，原告诉请撤销被诉的行政行为，无事实依据，故原告之诉求，不予支持。另被告作出榕侯人社伤险（决）字〔2015〕××× 号“认定工伤决定书”所适用的《工伤保险条例》第十四条第一款，存在笔误，应为《工伤保险条例》第十四条第一项，在此一审法院予以指正。综上，依照《中华人民共和国行政诉讼法》第六十九条之规定，判决如下：驳回原告福州银 × 玩具有限公司的诉讼请求。

上诉人福州银 × 玩具有限公司向本院提起上诉，请求：撤销一审判决；依法改判。理由是：不服一审判决，提起上诉。

被上诉人福州市人力资源和社会保障局未进行答辩。

原审第三人蒋 × 娇未陈述意见。

原审中，各方当事人提交的证据均随案移送本院。经审查，相关证据均经一审庭审质证。本院经审理查明的事实与一审查明的事实一致，本院予以确认。

本院对一审法院对被上诉人作出工伤认定的职权依据及上诉人诉权的认定，予以认可。

本院认为，上诉人与原审第三人之间存在劳动关系没有异议，本院予以确认。被上诉人提供的证据可以证明原审第三人是在工作时间，因工作原因受到的伤害。对于原审第三人蒋 × 娇申请工伤认定所提交的入院、出院记录中姓名与疾病证明书中姓名不符的问题，因入院、出院记录中山 × 芬已向被上诉人出具一份证明，证明当时上诉人公司的负责人即原审第三人所在部门的组长为救治原审第三人，借用山 × 芬的身份证为原审第三人办理入院手续。其后，院方已将出、入院记录中的姓名更正为蒋 × 娇，且上诉人在被上诉人向其发出“工伤认定举证书”后向被上诉人出具的“关于蒋 × 娇工伤认定申请的说明意见”中，对原审第三人系其公司员工及蒋 × 娇在工伤认定申请时所作的陈述，认为基本属实，表示认同。《工伤保险条例》第十四条规定，职工有下列情形之一的，应当认定为工伤：（一）在工作时间和工作场所内，因工作原因受到事故伤害的。故被上诉人对原审第三人所受到的事故伤害认定为工伤，事实清楚，适用法律正确。上诉人的上诉请求不能成立，本院不予支持。据此，依据《中华人民共和国行政诉讼法》第八十九条第一项之规定，判决如下：

驳回上诉，维持原判。

二审案件受理费 50 元由上诉人福州银 × 玩具有限公司负担。

本判决为终审判决。

审 判 长　王 × 静
代理审判员　郑　×
代理审判员　林　×

二〇一六年四月十四日
书 记 员　唐 × ×

附：本案适用的主要法律条文

《中华人民共和国行政诉讼法》

第八十九条　人民法院审理上诉案件，按照下列情形，分别处理：（一）原判决、裁定认定事实清楚，适用法律、法规正确的，判决或者裁定驳回上诉，维持原判决、裁定；（二）原判决、裁定认定事实错误或者适用法律、法规错误的，依法改判、撤销或者变更；（三）原判决认定基本事实不清、证据不足的，发回原审人民法院重审，或者查清事实后改判；（四）原判决遗漏当事人或者违法缺席判决等严重违反法定程序的，裁定撤销原判决，发回原审人民法院重审。

闽侯县劳动争议仲裁委员会

调解书

侯劳仲调字〔2016〕第0×7号

申请人：蒋×娇，女，汉族，1989年×月×日出生，身份证号码：××××，住址：云南省曲靖市罗平县罗雄镇××街×号。

被申请人：福州银×玩具有限公司，地址：闽侯县青口投资区（文华村）。

法定代表人：陈×钦，公司董事长。

委托代理人：陈×，福建真×律师事务所律师。

申请人蒋×娇诉被申请人福州银×玩具有限公司因工资、工伤待遇争议一案，本委受理后，依法组成仲裁庭，进行公开开庭审理。申请人仲裁请求：一、请求贵委依法裁决于2015年7月10日终止申请人与被申请人的事实劳动关系；二、请求贵委依法裁决由被申请人支付申请人：1. 住院伙食补助费350元（2015.4.10—2015.4.17）；2. 住院护理费：1043元〔7×149（2015.4.10—2015.4.17）〕；3. 交通费：1000元；4. 停工留薪期工资：9720元（2015.4.10—2015.7.10）；5. 一次性伤残补助金：22680元；6. 一次性工伤医疗补助金：25810.71元；7. 一次性伤残就业补助金：25810.71元；8. 经济补偿金：3240元／月×0.5个月=1620元（2015.3.9—015.7.10）；9. 鉴定费：320元；10. 未支付工资：1080元（2015.4.1—2015.4.10）；以上1—10项合计89434.42元。

在本委的主持调解下，双方当事人根据《中华人民共和国劳动争议调解仲裁法》第四十二条规定，本着以解决问题为目的，互谅互让，自愿协商一致，共同达成如下协议：

一、申请人与被申请人自愿于2015年7月10日解除劳动合同关系。

二、被申请人福州银×玩具支付一次性工伤医疗补助金、一次性伤残就业补助金、停工留薪期工资、住院伙食补助费、住院护理费、劳动能力鉴定费、2015年4月1日至2015年4月10日工资、2015年3月9日至2015年7月10日解除劳动合同关系经济补偿金等合计人民币伍万元整（￥50000元）。该款被申请人应于2016年5月30日当庭以现金形式一次性支付给申请人。同时，申请人自愿放弃仲裁申请书中的其他申诉请求，自愿放弃向被申请人主张其他劳动权益的权利，双方当事人自愿确认至2016年5月30日止不存在其他任何劳动争议。

本调解书符合国家有关法律、法规精神规定，本委依法予以确认。本调解书自签收之日起，即具有法律效力。

首席总裁员　梁××

仲　裁　员　程××

仲　裁　员　林×旺

二〇一六年五月三十日

书　记　员　赵××

第五章　人身损害的赔偿

一、案件简介

2015 年 3 月 31 日 16 时 55 分，原告朱 × 弟在福州市鼓楼区东街 ×× 广场地下车库入口处被被告唐 × 所驾驶的车辆撞伤。福州市公安局交通警察支队鼓楼大队作出〔鼓〕公交 000×××3 号快速处理交通事故认定书，确定该车负全责，承担全部赔偿责任。经医院认定，事故致原告左足第五趾骨基底骨折、左足撕脱伤。原告出院康复后于 2016 年 3 月 18 日将被告驾驶员唐 ×，肇事车辆所有人林 ×，以及车辆承保公司 ×× 财产保险股份有限公司福州中心支公司诉至福州市鼓楼区人民法院，要求三被告赔偿原告门诊费、住院费、伙食补助、护具费、护理费、误工费等合计 44988.29 元。

庭审过程中，被告针对原告的起诉提出了数点抗辩意见。被告没有否认交通事故的事实和责任，但被告认为原告要求的伙食补助不符合法律规定的标准，所谓的护具没有实际发票，护理费没有发票且没有医生遗嘱作为依据，误工费的要求因为原告已经达到法定退休年龄且原告出示的证据没有办法证明近三年的收入情况，也不能按照法律规定算为“无固定职业”人员的收入。

法院经审理，支持了原告的部分诉请，判决三被告偿付原告损失 22000 元。

二、本案及同类案件办理中会涉及的主要问题

（1）管辖法院的选择；

（2）案件事实的认定；

（3）如何确定原告所受损失。

三、对上述问题的分析

1. 对管辖法院的选择

管辖权是指法院对案件进行审理和裁判的权力或权限。法院要对案件具有管辖权，必须满足两个条件：即法院对所涉案件具有“事件管辖权”或者对案件当事人具有“个人管辖权”。另外还需要考虑案件的级别管辖问题。

（1）关于交通事故案件的地域管辖

依据《中华人民共和国民事诉讼法》第二十八条的规定，因侵权行为提起的诉讼，由侵权行为地或者被告住所地人民法院管辖。本案的交通事故是典型的民事侵权案件，其事故发生地和被告人住所地人民法院均具管辖权。

（2）关于交通事故案件的级别管辖

一般基层人民法院管辖交通事故损害赔偿的第一审民事案件；中级人民法院管辖的一审交通事故案件较少，根据《中华人民共和国民事诉讼法》第十八条：“中级人民法院管辖下列第一审民事案件：（一）重大涉外案件；（二）在本辖区有重大影响的案件；（三）最高人民法院确定由中级人民法院管辖的案件。”

本案的情节相对简单，性质轻微，因此仅由基层法院管辖即可。

（3）对基层管辖法院选择的具体考量

管辖法院的选择在法律规定的被告住所地、交通事故发生地之间进行选择时，首先要考虑的就是当事人的诉讼成本。如果交通事故发生在外地，而车辆所有人（即车主）或承运人在本市区的，可以直接向被告住所地法院提起诉讼。如果事故发生地法院对于当事人来说诉讼更加便利，也可以主张向事故发生地法院起诉。

当然更重要的考虑因素是在具体交通事故赔偿案件中对于赔偿标准的计算问题。根据《最高人民法院关于审理人身损害赔偿案件适用法律若干问题的解释》规定，“以下赔偿费用按照受诉法院所在地的标准计算：①残疾赔偿金，根据受害人丧失劳动能力程度或者伤残等级，按照受诉法院所在地上一年度城镇居民人均可支配收入或者农村居民人均纯收入标准，自定残之日起按二十年计算。②被扶养人生活费，根据扶养人丧失劳动能力程度，按照受诉法院所在地上一年度城镇居民人均消费性支出和农村居民人均年生活消费支出标准计算。③丧葬费，按照受诉法院所在地上一年度职工月平均工资标准，以六个月总额计算。④死亡赔偿金，按照受诉法院所在地上一年度城镇居民人均可支配收入或者农村居民人均纯收入标准，按二十年计算。”

上述司法解释确定的是交通事故人身损害的赔偿标准，很明显，案件的诉讼发生在经济发达地区还是经济欠发达地区对于最后当事人利益的伸张具有非常重要的意义。在本案中，当事人因交通事故遭受人身伤害，其户籍地为江苏农村，相对事故发生地福州市来说选择城市作为案件管辖法院是最优选项。

2. 案件事实的认定

办理案件最重要的就是要寻找客观事实。因此在交通事故案件中，我们要追寻的客观事实包括，事故发生的时间、地点，事故发生的原因、责任，责任人怎么认定，怎么判断，事故导致了多少损失等。

就本案而言，交通事故发生的事实、责任都已经非常清楚，相关车辆的归属、保险公司的责任也都明确可知。重点就在于我们如何确定该起事故给受害人造成的人身伤害的程度以及赔偿的具体内容。

3. 如何确定原告所遭受的损失

（1）交通事故人身损害赔偿的范围

根据《最高人民法院关于审理道路交通事故损害赔偿案件适用法律若干问题的解释》“二、关于赔偿范围的认定”第十四条：“道路交通安全法第七十六条规定的‘人身伤亡’，是指机动车发生交通事故侵害被侵权人的生命权、健康权等人身权益所造成的损害，包括侵权责任法第十六条和第二十二条规定的各项损害。”其中《侵权责任法》第十六条：“侵害他人造成人身损害的，应当赔偿医疗费、护理费、交通费等为治疗和康复支出的合理费用，以及因误工减少的收入。造成残疾的，还应当赔偿残疾生活辅助具费和残疾赔偿金。造成死亡的，还应当赔偿丧葬费和死亡赔偿金。”第二十二条：“侵害他人人身权益，造成他人严重精神损害的，被侵权人可以请求精神损害赔偿。”同时依据《最高人民法院关于审理人身损害赔偿案件适用法律若干问题的解释》第十七条“受害人遭受人身损害，因就医治疗支出的各项费用以及因误工减少的收入，包括医疗费、误工费、护理费、交通费、住宿费、住院伙食补助费、必要的营养费，赔偿义务人应当予以赔偿”的相关规定，被告对原告的赔偿范围应当包括原告的医疗费、护理费、伙食补助、营养费、交通费、康复费、后续治疗费等合理支出和误工费以及适当的精神损害赔偿。

（2）护理费的主张如何合理

护理费是指受害人因遭受人身损害，生活无法自理需要他人护理而支出的费用。通常在人身伤害案件中都存在一个护理费用的认定问题。毕竟对于已经因伤进入治疗的受害者来说，在伤势治疗过程中，他人的护理亦是必须的一个辅助手段。当然，这需要看受害人所遭受的伤害是否已经到了需要护理的程度。比如一个受害人其所遭受之伤害仅为皮外伤，不影响个人正常生活，那么护理就无法在此类案件的法律关系中被主张适用。而假设受害人所遭受的伤害比较严重，需要手术，需要静养，或者说伤害已经令受害人无法完全自理生活的，护理费的支付就应当成为此类赔偿案件中必须考虑的重点。

《最高人民法院关于审理人身损害赔偿案件适用法律若干问题的解释》第二十一条规定："护理费根据护理人员的收入状况、护理人数以及护理期限确定。"可见护理费的认定在我国适用两种情况来进行计算，"护理人员有收入的，参照误工费的规定计算；护理人员没有收入或者雇佣护工的，参照当地护工从事同等级别护理的劳务报酬标准计算。护理人员原则上为一人，但医疗机构或者鉴定机构有明确意见的，可以参照确定护理人员人数。""受害人因残疾不能恢复生活自理能力的，可以根据其年龄、健康状况等因素确定合理的护理期限，但最长不超过二十年。当事人定残后的护理，应当根据其护理依赖程度并结合配制残疾辅助器具的情况确定护理级别。"

通常实务中，法院在审理护理费诉求时，一是参照上述法律规定对护理费用的计算标准来确定每日护理费用金额。二是法院通常具体衡量受害人住院天数、受害人的实际受伤情况，以及出院小结中医生对是否需要进行护理的建议来判断护理延续的期限。三则是看受害人是否存在残疾等需要被延长护理或者长期护理的状态。

就本案情况而言，原告因此事故导致脚趾骨折，送医手术。相关住院手续齐备，主张住院期间的护理费用是合理的。但出院以后的护理费用问题，因为出院小结中并没有对护理情况做特别说明，因此出院后的具体护理时间法院难以确定支持。同时，本案原告系通过医院寻找护工进行的住院护理，客观来说也没有在出院后进行护理的实际情况。其次，就护理的每日费用来看，因为原告支付给护工的费用没有发票，也没有具有一定法律效力的收款收据，因此法院对日护理费用的支持也是有限的。通常此种情况下法院将会以农林牧副渔行业上一年度的收入标准进行计算。

（3）误工费怎么计算

“误工费”是指赔偿义务人应当向权利人支付的受害人从遭受伤害到完全治愈这一期间（误工时间）内，因无法从事正常工作而实际减少的收入。《最高人民法院关于审理人身损害赔偿案件适用法律若干问题的解释》第十七条第一款规定，“受害人遭受人身损害，因就医治疗支出的各项费用以及因误工减少的收入，包括医疗费、误工费、护理费、交通费、住宿费、住院伙食补助费、必要的营养费，赔偿义务人应当予以赔偿”，本案中受害人对误工费的主张具有合理性。

请注意，“误工”系无法从事正常工作而减少的收入。当事人获得误工费的前提是有正常工作。法律上对正常工作的界定系存在劳动合同关系或者存在劳务合同关系的情况。尤其是作为本案的原告来说，其已经达到退休年龄，只能主张存在劳务合同关系。《最高人民法院关于审理人身损害赔偿案件适用法律若干问题的解释》第二十条规定：“误工费根据受害人的误工时间和收入状况确定。误工时间根据受害人接受治疗的医疗机构出具的证明确定。受害人因伤致残持续误工的，误工时间可以计算至定残日前一天。受害人有固定收入的，误工费按照实际减少的收入计算。受害人无固定收入的，按照其最近三年的平均收入计算；受害人不能举证证明其最近三年的平均收入状况的，可以参照受诉法院所在地相同或者相近行业上一年度职工的平均工资计算。”

另外，误工时间的确定需要参看医疗机构的证明或者鉴定机构的证明，两种证明都没有的则根据当事人的实际伤害情况和实际恢复情况来确定。

在本案中，原告所提供的证据无法证明其最近三年的收入情况，误工费的计算标准仅能参照上一年度职工的平均工资计算，且因为误工时间无法明确，所以法院仅仅做了酌情处理。

（4）护具、二次手术费用问题

前述引用法条已经清楚地表明护具费用属于必要费用的支出，因此原告对护具费用的主张是合理的，也得到了法院支持。但二次手术费用如何理解呢？

通常人身伤害案件都会存在未来还需进行二次乃至三次、四次手术的费用如何承担的问题。从前述引用法条来看，只要所有的治疗手段都是用于治疗事故所引起的损害的，都属于肇事者需要承担赔偿责任的范围。对于此类后续治疗的费用，如果希望在该案件中一次性予以解决，就需要当事人提供鉴定机构出示的关于后续治疗费用的鉴定意见。如果当事人没有出具鉴定意见，就必须是在后续治疗行为实际发生之时再向肇事者主张法律责任。

（5）精神损害赔偿是否可以适用

精神损害赔偿是因侵犯人格权致使公民受到精神上的痛苦所应承担的民事责任。根据《最高人民法院关于确定民事侵权精神损害赔偿责任若干问题的解释》第一条“自然人因下列人格权利遭受非法侵害，向人民法院起诉请求赔偿精神损害的，人民法院应当依法予以受理：（一）生命权、健康权、身体权；（二）姓名权、肖像权、名誉权、荣誉权；（三）人格尊严权、人身自由权”的规定来看，本案中原告因交通事故使健康权受到侵害，其主张精神损害赔偿有一定依据。

同时依据该法第十条“精神损害的赔偿数额根据以下因素确定：（一）侵权人的过错程度，法律另有规定的除外；（二）侵害的手段、场合、行为方式等具体情节；（三）侵权行为所造成的后果；（四）侵权人的获利情况；（五）侵权人承担责任的经济能力；（六）受诉法院所在地平均生活水平”的规定，本案中原告所受伤害相对轻微，其主张精神损害赔偿于法有据，法院可以酌情处理。

福建省福州市鼓楼区人民法院

民事判决书

〔2016〕闽0102民初2××1号

原告：朱×娣，女，汉族，公民身份证号码××××，1951年×月×日出生，住江苏省深阳市上沛镇沛民村××村××号。

委托代理人：陈×，福建真×律师事务所律师。

被告：林×梅，女，汉族，公民身份证号码××××，1966年×月×日出生，住福州市鼓楼区六一路××花园××号。

委托代理人：周×、赵×丽，福建宽×律师事务所律师。

被告：太×保险股份有限公司福州中心支公司，住所地为福州市晋安区连江北路××号×楼第一、二、四层。

法定代表人：王×，总经理。

委托代理人：姬×林、王×鼎（实习），福建韵×律师事务所律师。

原告朱×娣诉被告林×梅、太×保险股份有限公司福州中心支公司机动车交通事故责任纠纷一案，本院受理后，本院依法适用简易程序，对本案公开开庭进行了审理。原告委托代理人陈×，被告林×梅的委托代理人周×、赵×丽、被告太×保险股份有限公司福州中心支公司（以下简称保险公司）的委托代理人姬×林、王×鼎到庭参加诉讼。本案现已审理终结。

原告诉称：2015年3月31日16时55分，原告在福州市鼓楼区东街中福广场地下车库入口处被唐×所驾驶的车号为闽AVB7××车辆撞伤。福州市公安局交通警察支队鼓楼大队作出（鼓）公交0002××3号快速处理交通事故认定书，确定该车负全责，承担全部赔偿责任。经医院认定，事故致原告左足第五趾骨基底骨折、左足撕脱伤。

根据最高人民法院《关于审理人身损害赔偿案件适用法律若干问题的解释》相关规定，被告对本案原告应承担以下民事赔偿责任：1. 门诊费 2176.29 元；2. 住院费 16000 元；3. 住院伙食补助费：住院 20 天，伙食补助费每天 50 元，共计 1000 元；4. 护具费 70 元；5. 护工费：聘请护工共 2 名。3 月至 4 月，每天 230 元，22 天，共计 5060 元；4 月 23 日至 5 月 23 日，共计 3500 元；6. 误工费：原告因受伤住院，误工 20 天，每日工资 159.10 元，共计 3182 元；出院休养，误工 4 个月，每月工资 3500 元，共计 14000 元；综上，共计 44988.29 元。

事故发生后，被告拒付相应费用，也不配合保险赔偿的工作。据此，原告为维护自身合法权益，特向贵法院提起诉讼，请求：1. 判决被告向原告支付：门诊费 2176. 29 元、住院费 16000 元、护工费 8560 元、护具费 70 元、住院伙食补助费 1000 元、误工费 17182 元，共计：44988.29 元；2. 判决被告承担本案诉讼费用。

原告进一步明确诉请第 1 项中住院医疗费用以正式发票为准。

被告林 × 梅辩称，门诊费以实际发票为准。护理费过高，请求法院依法判决，出院后的护理费没有相关医疗鉴定机构的意见，诉请没有依据。伙食补助费标准过高，应为每日 30 元。误工费，原告已经 64 岁，达到了法定退休年龄，不存在误工问题。即使又在工作，但是原告在 2014 年 8 月份才受聘用，事故发生才半年时间，原告提交的证据不满足法律规定的连续三年的收入证明，不能作为计算误工费的依据。原告主张出院后 4 个月误工期没有法律依据，没有相关医疗鉴定机构的意见。被告林 × 梅已经向朱 × 娣预支医药费用、护理费用及伙食费用 15800 元。

被告保险公司辩称，原告没有提供实际医疗费发票，不予支持。伙食补助费应按每日 30 元计算。护具是原告自行购买，不予支持。护理费原告主张赔偿标准过高，护理费收条真实性有异议，不能作为核定护理费的依据，应按每日 96.18 元计算。误工费，原告达到退休年龄，享受国家退休待遇，即便原告有工作，诉请没有扣除节假及周末日。诉讼费的诉请不在保险赔偿范围内。

经审理查明，根据福州市公安局交通警察支队鼓楼大队作出“(鼓）公交 0002××3 号《福州市快速处理交通事故认定书》”中记载：2015 年 3 月 31 日 16 时 55 分，肇事司机唐 × 驾驶闽 AVB7×× 小车从井大路右拐东往西进入中福广场地下车库入口处恰遇原告沿中福广员工通道南往北出来，唐 × 车前轮碰刮到原告脚致原告受伤。认定：唐 × 负全责，承担全部赔偿责任。

事故发生后即 2015 年 3 月 31 日，原告在福建省立医院急诊治疗，并于 2015 年 4 月 1 日住院至 2015 年 4 月 21 日出院，住院共计 20 天。出院小结记载：入院诊断：1. 左足第五趾骨骨折，2. 左足撕脱伤。出院诊断：1. 左足第五趾骨基底骨折，2. 左足撕脱伤。入院时情况：入院后给予完善相关术前检查，未见明显手术禁忌，于 2015 年 4 月 6 日在局麻下行左侧第 5 趾骨基底骨折闭合复位 + 空心拉力螺钉内固定术（A0)。术顺，术后给予消肿、制酸、支持等治疗，未放置引流。术后复查下肢 × 片示：左第 5 趾骨基底骨折内固定术后改变。出院时情况：现患者术后恢复良好，无发热、恶心、呕吐等不适，生命征平稳。切口愈合良好，可予办理出院。出院医嘱：1. 我科门诊随诊，定期切口换药、复查。2. 注意休息，适当活动锻炼患肢功能。

被告林 × 梅系肇事车辆车主，案外人唐 ×（系肇事车辆司机)。肇事车辆向被告保险公司投保了交强险和商业险。

庭审中，被告林 × 梅称本起事故发生后已支付原告 15800 元，对此原告予以确认。

本院认为，福州市公安局鼓楼分局交通巡逻警察大队作出的事故认定书符合客观事实，不违反法律规定，可以作为本案认定事实的依据。原告主张的门诊费 2176.29 元、住院费 18898.72 元，合计 21075.01 元。该费用有医疗机构正式收费票据、出院小结等予以证实，故本院认定原告医疗费为 21075.01 元。原告主张住院伙食补助费 1000 元。原告住院 20 天，每天按 50 元标准，符合相关规定，本院予以支持。原告主张护具费即拐杖 70 元。根据原告因本起事故造成其脚受伤，原告买副拐杖辅助其受伤脚的康复，属合理费用，本院予以支持。原告主张护工费（聘请护工共 2 名。3 月至 4 月，22 天，每天 230 元，共计 5060 元；4 月 23 日至 5 月 23 日，共计 3500 元）。根据原告的病情，原告住院期间的护理人员人数本院认定为 1 人，护理工资参照当地护工从事同等级别护理的劳务报酬标准计算即每天为 148.60 元。原告护理期限为急诊 1 天、住院 20 天，共 21 天，护理费应为 3120.60 元（148.60 元 / 天 ×21 天）。鉴于原告出院后的情况不符合生活不能自理的要求，故原告出院后的护理费本院不予支持。原告主张误工费 17182 元。原告提交福州市启 × 教育管理有限公司出具的 2014 年 9 月份至 2015 年 2 月份的工资表以及原告与该单位签订的劳务协议，证明其月收入 3500 元。对此被告有异议，认为其已达退休年龄，享受养老待遇，且原告提交的单位证明不满足法律规定的连续三年的收入证明，亦无医院医嘱建休。相关法律规定："误工费根据受害人的误工时间和收入状况确定。误工时间根据受害人接受治疗的医疗机构出具的证明确定……受害人有固定收入的，误工费按照实际减少的收入计算。受害人无固定收入的，按照其最近三年的平均收入计算；受害人不能举证证明其最近三年的平均收入情况的，可以参照受诉法院所在地相同或者相近行业上一年度职工的平均工资计算。"原告提交的证据不足以证明其月工资 3500 元，但原告因本起事故确实造成其误工，本院酌情认定原告误工时间 1 个月，误工费参照受诉法院所在地上一年度城镇居民人均可支配收入 33275 元 / 年计算，即误工费为 33275/12=2773 元。上述原告各项损失共计 28038.61 元。

根据《中华人民共和国道路交通安全法》第七十六条规定："机动车发生交通事故造成人身伤亡、财产损失的，由保险公司在机动车第三者责任强制保险责任限额范围内予以赔偿。"被告保险公司应在交强险赔偿限额内直接向原告承担赔偿责任，即在强制险部分即在医疗费责任限额 10000 元范围内先行支付原告 10000 元医药费；在死亡伤残赔偿限额范围内支付原告护理费 3120.60 元、误工费 2773 元、计 5893.60 元；两项合计 15893.60 元（10000 元 +5893.60 元）。原告尚存各项经济损失共计 28038.61 元 −5893.60 元 =22145.01 元。因肇事车辆在被告保险公司处投保第三者责任险，故被告保险公司对上述款项承担赔偿责任。但应扣减被告林 × 梅已支付原告 15800 元。被告保险公司只需向原告支付 22145.01 元 −15800 元 =6345.01 元。另，被告林 × 梅已支付原告 15800 元，由其直接与保险公司另行结算。依照《中华人民共和国道路交通安全法》第十六条、最高人民法院《关于审理人身损害赔偿案件适用法律若干问题的解释》第十七条、第十八条、第十九条、第二十条、第二十一条、第二十三条、第二十六条的规定，判决如下：

一、被告太 × 保险股份有限公司福州中心支公司在强制险部分即在医疗费用责任限额 10000 元范围内先行支付原告 10000 元医药费，在死亡伤残赔偿限额范围内支付原告 5893.60 元（护理费 3120.60 元、误工费 2773 元）；两项合计 15893.60 元（10000 元 +5893.60 元），该款项于本判决生效之日起十日内支付原告；

二、被告太 × 保险股份有限公司福州中心支公司于本判决生效之日起十日内在第三者责任保险范围内赔偿原告 22145.01 元，但应扣减被告林 × 梅已支付原告 15800 元，被告保险公司只需向原告支付 6345.01 元；

三、驳回原告其他诉讼请求。

如果被告太 × 保险股份有限公司福州中心支公司未按本判决指定的期间履行给付金钱义务，应当依照《中华人民共和国民事诉讼法》第二百五十三条的规定，加倍支付迟延履行期间的债务利息。

本案诉讼费 924 元，适用简易程序减半收取 462 元，由原告承担 212 元，被告林 × 梅承担 250 元。

如不服本判决，可在判决书送达之日起十五日内，向本院递交上诉状，并按对方当事人的人数提出副本，上诉于福建省福州市中级人民法院。

审　判　员　林 × 萍

二〇一六年六月十六日

书　记　员　陈 × 茜

第六章 工伤保险待遇差额的补足

一、案件简介

向 × 于 2013 年 6 月到福建建 × 混凝土有限公司（下称：建 × 公司）处工作。2016 年 8 月 23 日，在晋安盛辉旁工地接管时，被楼上扔下的铁管砸伤左肩。经医院诊断为：左锁骨骨折，脑震荡。已认定为工伤，并经福州市劳动能力鉴定委员会确认为九级伤残。

建 × 公司随后给向 × 申请了工伤赔偿，但工伤保险基金仅仅按照 3123.9 元 / 月为基数支付了向 × 伤残补助金 28115.10 元，而实际上向 × 的月工资为 4500 元。因为社保费用的缴纳是通过建 × 公司代为缴纳的，导致两者差额的最直接原因就是建 × 公司为降低开支故意少申报了向 × 的月收入，直接导致向 × 无法获得足额伤残补助金。经计算，建 × 公司应支付给向 ×40500 元的伤残补助金，其与社保部门支付的伤残补助金的差额部分应该由建 × 公司补足。

向 × 于 2016 年 9 月 10 日出院后在家静养，出院时医嘱向 × 应休息 6 个月至 1 年。但建 × 公司仅向向 × 支付了 2016 年 8、9 两个月的停工留薪工资 4500 元。事后，建 × 公司以向 × 的身体原因不适合在一线工作为由，另行安排向 × 工作，每月仅支付 2800 元工资。其行为已经直接违反了法律对停工留薪期工资不得改变的规定，因此，建 × 公司理应支付给向 × 剩余 4 个月停工留薪期工资。

但自2017年5月至2017年7月，建×公司没有再向向×支付工资，为维护自身合法权利，向×于2017年7月12日以拖欠工资为由通过EMS向建×公司寄送了解除劳动关系通知书，并请求建×公司支付解除劳动关系补偿金。2017年7月25日，向×向福州市晋安区劳动和人事争议仲裁委员会提交仲裁申请，要求建×公司支付解除劳动合同经济补偿、停工留薪期工资、社保差额等相关费用，总计12万余元。

庭审中，建×公司经传唤拒不到庭应诉。晋安区劳动和人事争议仲裁委员会遂作出缺席裁决。经审理，仅部分支持了向×的申请请求。

二、本案及同类案件办理中会涉及的主要问题

1. 工伤赔偿的标准；
2. 工伤赔偿标准出现偏差怎么处理；
3. 一次性就业补助和一次性医疗补助是否同时成立；
4. 停工留薪期怎么计算。

三、对上述问题的分析

1. 工伤赔偿的标准

依据《工伤保险条例》第三十七条，“职工因工致残被鉴定为七级至十级伤残的，享受以下待遇：（一）从工伤保险基金按伤残等级支付一次性伤残补助金，标准为：七级伤残为13个月的本人工资，八级伤残为11个月的本人工资，九级伤残为9个月的本人工资，十级伤残为7个月的本人工资；（二）劳动、聘用合同期满终止，或者职工本人提出解除劳动、聘用合同的，由工伤保险基

金支付一次性工伤医疗补助金，由用人单位支付一次性伤残就业补助金。一次性工伤医疗补助金和一次性伤残就业补助金的具体标准由省、自治区、直辖市人民政府规定。”

《福建省实施工伤保险条例办法》第二十七条：“五级至十级工伤职工一次性工伤医疗补助金和伤残就业补助金分别计算。其标准分别按照所在统筹地区最后一次公布的人口平均预期寿命与解除或者终止劳动关系时年龄之差以及解除或者终止劳动关系时统筹地区上年度职工月平均工资为基数计算……（三）一次性工伤医疗补助金为：五级，每满一年发给 0.7 个月；六级，每满一年发给0.6个月；七级，每满一年发给0.4个月；八级，每满一年发给0.3个月；九级，每满一年发给0.2个月；十级，每满一年发给0.1个月。不满一年的按一年计算。五至六级工伤职工一次性工伤医疗补助金低于 15 个月的，按 15 个月支付；七至八级工伤职工一次性工伤医疗补助金低于 10 个月的，按 10 个月支付；九级工伤职工一次性工伤医疗补助金低于 5 个月的，按 5 个月支付；十级工伤职工一次性工伤医疗补助金低于 3 个月的，按 3 个月支付。（四）一次性伤残就业补助金为：五级，每满一年发给0.7个月；六级，每满一年发给0.6个月；七级，每满一年发给0.4个月；八级，每满一年发给0.3个月；九级，每满一年发给0.2个月；十级，每满一年发给 0.1 个月。不满一年的按一年计算。”

从上述法规、法条引用来看，工伤赔偿的标准主要依据劳动者个人收入来进行判断。如果缴纳有社会保险的，社保机构将参照社会保险缴纳的费用进行工伤保险的相应赔付。本案主要的矛盾焦点就在于此，对于社保缴纳的费用明显低于劳动者工资的，将导致劳动者在遇到工伤等社会保险理赔事项时，无法享受到社会保险的完全保障。

2. 工伤赔偿标准偏低怎么处理

根据《社会保险法》第八十二条，“任何组织或者个人有权对违反社会保险法律、法规的行为进行举报、投诉。社会保险行政部门、卫生行政部门、社会保险经办机构、社会保险费征收机构和财政部门、审计机关对属于本部门、本机构职责范围的举报、投诉，应当依法处理；对不属于本部门、本机构职责范围的，应当书面通知并移交有权处理的部门、机构处理。有权处理的部门、机构应当及时处理，不得推诿。”

第八十三条“用人单位或者个人认为社会保险费征收机构的行为侵害自己合法权益的，可以依法申请行政复议或者提起行政诉讼。用人单位或者个人对社会保险经办机构不依法办理社会保险登记、核定社会保险费、支付社会保险待遇、办理社会保险转移接续手续或者侵害其他社会保险权益的行为，可以依法申请行政复议或者提起行政诉讼。个人与所在用人单位发生社会保险争议的，可以依法申请调解、仲裁，提起诉讼。用人单位侵害个人社会保险权益的，个人也可以要求社会保险行政部门或者社会保险费征收机构依法处理。”

第八十六条“用人单位未按时足额缴纳社会保险费的，由社会保险费征收机构责令限期缴纳或者补足，并自欠缴之日起，按日加收万分之五的滞纳金；逾期仍不缴纳的，由有关行政部门处欠缴数额一倍以上三倍以下的罚款。”

《工伤保险条例》第五十四条：“职工与用人单位发生工伤待遇方面的争议，按照处理劳动争议的有关规定处理。”第六十二条：“用人单位依照本条例规定应当参加工伤保险而未参加的，由社会保险行政部门责令限期参加，补缴应当缴纳的工伤保险费，并自欠缴之日起，按日加收万分之五的滞纳金；逾期仍不缴纳的，处欠缴数额 1 倍以上 3 倍以下的罚款。依照本条例规定应当参加工伤保险而未参加工伤保险的用人单位职工发生工伤的，由该用人单位按照本条例规定的工伤保险待遇项目和标准支付费用。”

从上述引用法条可知，没有缴纳社保或者缴纳社保不足额的，应当由劳动者向用人单位起诉要求用人单位补偿损失。

3. 一次性伤残就业补助和一次性医疗补助是否同时成立

《工伤保险条例》第三十七条："职工因工致残被鉴定为七级至十级伤残的，享受以下待遇：（一）……（二）劳动、聘用合同期满终止，或者职工本人提出解除劳动、聘用合同的，由工伤保险基金支付一次性工伤医疗补助金，由用人单位支付一次性伤残就业补助金。一次性工伤医疗补助金和一次性伤残就业补助金的具体标准由省、自治区、直辖市人民政府规定。"

因此，一次性伤残就业补助金和一次性医疗补助金属于劳动者在受到工伤并和用人单位解除劳动关系后可以同时享有的补助内容。但按照该条规则，其中一次性工伤医疗补助金应由工伤保险基金支付即由社保部门核定，一次性伤残就业补助金则由用人单位支付。

本案中向 × 向建 × 公司提出了解除劳动合同的要求，理应享有此两项工伤补助。但应该区分补助的提供方，应分别向用人单位和社保部门主张。

4. 停工留薪期怎么计算

停工留薪期，是指工伤职工遭受事故伤害，停止工作，接受工伤医疗的期限，包括住院治疗和出院后休养期间。停工留薪期一般不超过 12 个月，伤情严重或者情况特殊，经劳动能力鉴定委员会确认可以延长，但延长期限不得超过 12 个月。

关于停工留薪期的确定，《工伤保险条例》没有明确的规定，根据各省、直辖市、自治区的规定，一般按以下办法确定：部分地区社会保险行政部门和卫生行政部门制定有《工伤职工停工留薪期管理办法》《工伤职工停工留薪期分类目录》（如福建省、北京市、山东省、重庆市等），对各类伤情停工留薪期期限进行了规定。在这些地区，由工伤职工提供治疗工伤医疗机构书面休假证明，由用人单位按《工伤停工留薪期分类目录》确定，书面通知本人。工伤职工或者用人单位有异议的，以及停工留薪期期限满12个月的，提交市级劳动能力鉴定委员会确认。在没有制定有《工伤职工停工留薪期分类目录》的地区，凭职工就诊的签订服务协议的医疗机构，或者签订服务协议的工伤康复机构出具的休假证明确定。停工留薪期超过12个月的，以及有争议的，需经市劳动能力鉴定委员会确认。

停工留薪期待遇问题，《工伤保险条例》没有明确规定，一般意义上都作为原福利待遇不变对待，但各地计算方式有一定差异，一般有三种计算办法：（1）遭受事故伤害前加班费之外的工资（河南省人力资源和社会保障厅《关于工伤保险若干问题意见》）；（2）受伤前12个月平均工资（《广东省工伤保险条例》）；（3）受伤前12个月加班费之外的平均工资《浙江省高级人民法院民一庭〈关于审理劳动争议纠纷案件若干疑难问题的解答〉》（2012.12）]。

停工留薪期满后仍需治疗的，继续享受工伤医疗待遇。但工资福利各地规定不同，一些省市规定继续享受“原工资福利待遇”，一些省市规定由所在单位按不低于当地最低工资标准发给生活津贴。

生活不能自理的工伤职工需要护理的，由所在单位负责。是否需要护理按治疗工伤医疗机构建议，所在单位可以派人护理，也可以支付护理费由工伤职工自行找人护理。所在单位支付护理费的，所在省市有规定标准的，从其标准；没有规定标准的，参照当地同类情形护工标准或者按照所在单位职工月平均工资确定。

向×在本案中主张的停工留薪期工资，因其证据本身的问题（例如：日常没有工资单，所谓的银行流水仅是个人转账，无法证明个人和公司之间的关系等）导致停工留薪期内的工资主张标准难以得到支持。

附：本案劳动仲裁裁决书

福州市晋安区劳动人事争议仲裁委员会

裁　决　书

榕晋劳人仲案〔2017〕0×0号

申请人：向 ×，男，汉族，1986 年 × 月 × 日出生，住址为四川省万源市石窝乡 ×× 村 ×× 组 × 号。

委托诉讼代理人：郑 × 达，福建真 × 律师事务所律师。

被申请人：福州建 × 混凝土有限公司，住所地为福州市晋安区鼓山镇远西村。

法定代表人：陈 ×，职务为总经理。

申请人向 ×（以下简称申请人）因与被申请人福建建 × 混凝土有限公司（以下简称被申请人）之间关于确认劳动关系解除、一次性伤残补助金、一次性工伤医疗补助金以及一次性工伤就业补助金、停工留薪期工资、工资、解除劳动关系赔偿金争议一案，本委立案受理后，由首席仲裁员林 ×、仲裁员刘 × 怡、仲裁员何 ×× 组成合议庭依法对该案进行了公开开庭审理。申请人及其委托代理人郑 × 达到庭参加了仲裁庭审，被申请人经本委依法书面通知无正当理由拒不到庭参加仲裁，本委依法予以缺席审理。本案现已审理终结。

申请人诉称：申请人于 2013 年 6 月入职被申请人公司，直到 2014 年 6 月被申请人才为申请人缴纳医社保。请求裁决：1. 确认申请人和被申请人劳动关系解除；2. 被申请人向申请人支付伤残补助金差额 12384.9 元；3. 被申请人向申请人支付一次性工伤医疗补助金及一次性工伤就业补助金 78292 元；4. 被申请人向申请人支付停工留薪期间 4 个月全额工资 4500 元；5. 被申请人向申请人支付 2017 年 5 月至 2017 年 7 月 13 日期间工资，共计 7000 元；6. 请求裁决被申请人向申请人支付解除劳动关系赔偿金，共计 25200 元。以上各项金额总计 127376.9 元。

经审理查明：申请人于 2013 年 6 月入职被申请人单位从事普工工作，双方当事人签订有书面劳动合同，被申请人有为申请人缴纳工伤保险费。申请人于 2016 年 8 月 23 日在晋安盛辉旁工地接管时，被楼上扔下的铁管砸伤左肩发生受伤事故。福州市人力资源和社会保障局于 2017 年 3 月 30 日作出榕人社伤险（决）字〔2017〕××× 号“认定工伤决定书”（以下简称“认定工伤决定书”）认定申请人为工伤。福州市劳动能力鉴定委员会于 2017 年 5 月 18 日作出“福州市劳动能力鉴定结论书”（榕劳鉴伤字 2017 第 ××× 号，以下简称“劳动能力鉴定结论书”），鉴定申请人为九级伤残。“认定工伤决定书”和“劳动能力鉴定结论书”均已发生法律效力。申请人 2017 年 5 月 18 日以后没有到被申请人单位上班。被申请人在举证期限内没有向本委提供工资清单的相关证据。申请人在举证期限内没有向本委提供被申请人违反《中华人民共和国劳动合同法》规定解除劳动合同的证据。

上述事实，申请人提供的“劳动争议仲裁申请书”“内资企业登记情况表”“居民身份证”“个人历年缴费明细表”“认定工伤决定书”“劳动能力鉴定结论书”“银行账单明细”“解除劳动关系通知书”及“EMS 寄件单”“庭审笔录”等证据为证，本委予以认定。被申请人经本委依法书面通知开庭无正当理由拒不到庭参加仲裁活动，本委依法对本案予以审理并缺席裁决。

本案经调解不成，先依据《中华人民共和国劳动合同法》第八十七条，《中华人民共和国劳动争议调解仲裁法》第二条、第五十三条,《工伤保险条例》第三十条、第三十三条第二款、第三十七条,《福建省实施〈工伤保险条例〉办法》第二十七条,《劳动人事争议仲裁办法规则》第十七条、第十九条之规定,缺席裁决如下:

一、被申请人应依法支付给申请人一次性伤残就业补助金人民币45312元。

二、被申请人应依法支付给申请人停工留薪期工资4500元。

三、驳回申请人的其他仲裁请求。

当事人如对本仲裁裁决不服,可以自收到本仲裁裁决书之日起十五日内向有管辖权的人民法院起诉;期满不起诉的,裁决书发生法律效力。

首席仲裁员　林×

仲　裁　员　刘×怡

仲　裁　员　何××

二〇一七年九月二十九日

书　记　员　黄×生

第七章　工亡的认定和赔偿标准

一、案件简介

张 × 秀于 2015 年 3 月 3 日进福州银 × 玩具有限公司上班，从事油漆图艺工种工作，每月保底工资 5000 元，公司未给张 × 秀购买社保。张 × 秀上班后租住在青口文化村 ×× 号出租屋内。2015 年 4 月 14 日 7：25 分左右，张 × 秀从出租屋住处与工友蒋 × 香、张 × 培一起去公司上班。途经福昆线闽侯县青口镇青 × 村文华路时，不慎遭遇孟 × 驾驶的同方向行驶的二轮摩托车从身后将张 × 秀撞倒在地，头部受伤严重。事故发生后，公司将张 × 秀迅速送往医院抢救，但终因伤势过重抢救无效死亡。经闽侯县青口镇交警大队出具的“道路交通事故责任认定书”确认：张 × 秀不负此次事故的责任，孟 × 对该起事故的发生负全部责任。同时，孟 × 因涉嫌交通肇事被拘留审查，但最终警方仅将此次事故认定为意外，孟 × 获释后迅速离开闽侯县青口镇，不知所踪。死者张 × 秀法定继承人蒋 × 在寻找肇事者无果的情况下，于 2015 年 7 月 21 日向闽侯县人力资源和社会保障局（工伤管理科）提出工伤认定的申请，随附张 × 秀的工作证、道路交通事故认定书、死亡证明书、死亡记录单、火化证、居住证明、身份证、户口簿、企业登记基本情况表等材料，闽侯县人力资源和社会保障局（工伤管理科）遂依法立案，并要求银 × 玩具公司出具相关证据。银 × 公司主张张 × 秀不是公司员工，且张 × 秀发生事故时间和公司上班时间有差异，认为工伤证据不足。闽侯县人力资源和社会保障局

在收到银 × 公司答辩材料后，安排人员现场调查并调取了证据，只做了相应的笔录，并依据蒋 × 提交的材料，及张 × 秀的工友张 × 培、蒋 × 香的口供，直接作出认定张 × 秀属于工伤的决定。银 × 玩具公司不服，遂向福州市仓山区人民法院提出行政复议，福州市仓山区人民法院在审理后作出驳回银 × 玩具公司诉请的判决。银 × 玩具公司不服再次上诉，福州市中级人民法院依旧维持原判。

蒋 × 遂向闽侯县劳动争议和人事仲裁委员会提交申请，要求被申请人银 × 玩具公司应支付工亡工人张 × 秀工亡赔偿款为：1. 一次性工亡补助金，28844（元）×20（年）=576880 元；2. 安葬费：35000 元 ；3. 自垫医疗费：82515. 37 元；4. 尚有未领工资 5700 元；5. 住院期间伙食补助费 70（元）×14（天）=980 元；6. 住院期间护理费 100（元）×14（天）×2（人）=2800 元；7. 营养费：2000 元；8. 回家安葬车旅费 4000 元。以上合计，709875. 37 元。银 × 玩具公司在仲裁机构调解下与蒋 × 最终达成和解协议，双方自此终结一切诉讼。

二、本案及同类案件办理中会涉及的主要问题

1. 劳动关系的认定标准；

2. 劳动行政部门能否直接认定劳动关系；

3. “上班路上”的认定标准；

4. 工亡赔偿的标准。

三、对上述问题的分析

1. 劳动关系的认定标准

劳动关系的确立，是以劳动合同为准的。一般情况下，只要有劳动合同就

可以认定双方存在劳动关系。现在多数劳动者和用人单位都会签订劳动合同，只是劳动者手上一般都没有劳动合同留底，往往只有一份在用人单位手上。这就造成了实务中双方在劳动关系证明上的不对等。

原劳动和社会保障部在 2005 年 5 月 25 日发布的《关于确立劳动关系有关事项的通知》中，就事实劳动关系如何认定作出了规定："用人单位招用劳动者未订立书面劳动合同，但同时具备下列情形的，劳动关系成立：（一）用人单位和劳动者符合法律、法规规定的主体资格；（二）用人单位依法制定的各项劳动规章制度适用于劳动者，劳动者接受用人单位的劳动管理，从事用人单位安排的有报酬的劳动；（三）劳动者提供的劳动是用人单位业务的组成部分。"该条规定系对事实劳动关系认定的标准。《劳动合同法》及相关的司法解释均没有对此提出任何新的观点，实务工作中也是以这一标准对劳动关系是否存在及是否有效进行判断的。

当然，实务中对这个问题的判断也会涉及是否存在其他相关证据能够进行佐证的认识。比如是否存在"工牌"，是否存在其他工友的"人证"，是否有"工资单""工资条"，是否有"社保缴费凭证"，是否有"报销单"，是否有"业务单据"等相关材料。这些只要能够存在两者的签字、盖章，能够说明二者间存在用工关系，就能够直接证明劳动关系存在的事实。

就本案而言，死者张 × 秀的继承人蒋 × 出具了张 × 秀的"工作证"，用人单位认为该"工作证"和用人单位实际使用的证件存在差异。死者的"工作证"所盖为公司人事部门章，而其公司提供的工作证上面所盖的是公司公章，两者差异明显。同时，公司提出提供口供证据的两位证人和死者之间都存在亲属关系，其证言不能作为本案定性的依据。

劳动部门则针对两者在该问题上的矛盾，特意到公司进行了相应的调查，并和部分员工进行了对话，了解了相关信息。特别是相关员工均明确表示了对

张 × 秀曾为公司员工这一事实的肯定，因此，劳动部门在工伤认定中直接认定张 × 秀和用人单位之间具有劳动关系。

2. 劳动行政部门能否直接认定劳动关系

本案在处理过程中，劳动行政部门直接在工伤认定中对双方的劳动关系进行了确认。这是否符合法律的规定？

根据《劳动争议调解仲裁法》《企业劳动争议处理条例》和《最高人民法院关于审理劳动争议案件适用法律若干问题的解释》的规定，劳动争议的范围主要包括：因确认劳动关系发生的争议；因订立、履行、变更、解除和终止劳动合同发生的争议；因除名、辞退职工和职工辞职、自动离职发生的争议；因工作时间、休息休假、工资、社会保险、福利、培训以及劳动保护发生的争议；因劳动报酬、工伤医疗费、经济补偿或者赔偿金等发生的争议；劳动者退休后，与尚未参加社会保险统筹的原用人单位因追索养老金、医疗费、工伤保险待遇和其他社会保险而发生的争议；法律、法规规定的其他劳动争议。

上述总结可以看出，作为是否存在劳动关系的认定应属于劳动仲裁的范围，即应该由劳动者或者用人单位前往劳动和人事争议仲裁委员会提起仲裁申请，以确认劳动关系的存在。

就这一规则来看，本案的工伤认定程序本身就存在非常严重的问题，损害了用人单位的程序利益。但是否劳动行政部门即人社局超越了法律规定的职权呢？

依据《工伤保险条例》第十九条关于"社会保险行政部门受理工伤认定申请后，根据审核需要可以对事故伤害进行调查核实，用人单位、职工、工会组织、医疗机构以及有关部门应当予以协助……"的规定可以看出，作为社会保险行政部门即人社局只可根据审核需要对事故的伤害进行调查核实。换言之，人社局依法只能够在工伤认定申请时依职权对其进行审核，如果审核中存在对事故伤害本身认识不清楚的问题才可以进行调查核实。伤害本身是对事故的具体情况的调查，而不是对事故相关的背景法律关系的调查。而本案的人社局在两者之间的劳动关系尚存争议的情况下，径行对用人单位调查举证，其调查的内容并不是针对事故的伤害进行的调查核实，而是针对用人单位和劳动者之间是否存在劳动关系直接进行全面的调查取证，直接依据调查取证的相关内容作出工伤认定，其行为本身已经超越了法律规定的职权范畴。

劳动争议仲裁委员会与人力资源和社会保障局之间并不存在谁服从谁，谁管理谁，谁授权谁的问题，两者是不同体系的部门。人社局以其行政行为替代了本应由劳动争议仲裁委员会受案范围的审理事项，更说明了其行政行为的越权属性。并且，当事人如果对劳动争议仲裁裁决不服的，依法可以向人民法院提起民事诉讼。而对工伤认定不服的，依法只可向人民法院提起行政诉讼。这是两个完全不同的权利。人社局以行政行为否决了原用人单位合法民事权利的实现，是对用人单位程序利益的严重损害。本案在人社局作出工伤认定前就存在了劳动关系的争议问题，用人单位有权申请劳动仲裁，但人社局的行政行为非法剥夺了用人单位该项权利且自行作出了劳动仲裁部门应当做的工作，即越权确认用人单位与劳动者是否存在劳动关系，这种行为侵犯了当事人的民事权益，也违反了程序法的规定。

但是在该案的审理中，法院并未采信此种观点。虽然这一观点对劳动者的实体权利保护并无益处，但用人单位的程序利益同样需要得到尊重。

3. “上班路上”怎么认定

《工伤保险条例》第十四条规定：“劳动者有下列情形之一的，应当认定为工伤：（一）在工作时间和工作场所内，因工作原因受到事故伤害的；（二）工作时间前后在工作场所内，从事与工作有关的预备性或者收尾性工作受到事故伤害的；（三）在工作时间和工作场所内，因履行工作职责受到暴力等意外伤害的；（四）患职业病的；（五）因工外出期间，由于工作原因受到伤害或者发生事故下落不明的；（六）在上下班途中，受到非本人主要责任的交通事故或者城市轨道交通、客运轮渡、火车事故伤害的；（七）法律、行政法规规定应当认定为工伤的其他情形。”上下班途中，受到非本人主要责任的交通事故的也构成工伤。本案就牵涉到“上下班途中”怎么认识的问题。

所谓“上下班途中”的时间因素和路线因素均需考虑。

（1）时间因素。“上下班途中”应该有一个合理的时间上的范围，这个范围需要根据用人单位所在的位置、劳动者的住所以及两者之间的远近情况、交通情况、劳动者使用的交通工具情况，甚至需要考虑事故发生当日的客观天气状况、客观交通状况、社会状况等进行综合判断，给予合理的时间来认定为“途中”。

（2）路线因素。实务中对于路线不是一个必经路线的概念，而是合理路线的要求。合理路线可以是一种综合选择的结果，这种合理路线只要不是出现不可理解的偏差和不可接受的变化都应该尊重劳动者的选择。

（3）中途变动的认识。劳动者在上下班途中中途改变行程去购物或者从事其他事务性事情或个人私事这都是常见的，是否这种中途变动路线对上下班途中的时间和路线因素构成影响呢？合理的判断结论是，中途变化线路只要不超过法律允许的范围就属于合理。比如劳动者上班途中拐去吃个早餐，只要时间和路程以及路线方向上合理就能够认定是上班途中；又比如劳动者下班途中拐去买菜，只要时间和路程以及路线方向上没有偏差过分，就应当认定为下班途中。

所以本案中，张 × 秀交通事故发生的位置对其租住住房和公司之间的路线来说，不仅属于合理路线，更属于必经路线。

4. 工亡赔偿的标准

因工伤死亡的构成“工亡”，工亡的赔偿标准在《工伤保险条例》中有明确规定。

《工伤保险条例》第三十九条规定：“职工因工死亡，其直系亲属按照下列规定从工伤保险基金领取丧葬补助金、供养亲属抚恤金和一次性工亡补助金：（一）丧葬补助金为6个月的统筹地区上年度职工月平均工资。（二）供养亲属抚恤金按照职工本人工资的一定比例发给因公死亡职工生前提供主要生活来源、无劳动能力的亲属。标准为：配偶每月40%，其他亲属每人每月30%，孤寡老人或者孤儿每人每月在上述标准的基础上增加10%。核定的各供养亲属的抚恤金之和不应高于因工死亡职工生前的工资。供养亲属的具体范围由国务院社会保险行政部门规定。（三）一次性工亡补助金标准为上一年度全国城镇居民人均可支配收入的20倍。伤残职工在停工留薪期内因工伤导致死亡的，其近亲属享受本条第一款规定的待遇。一级至四级伤残职工在停工留薪期满后死亡的，其近亲属可以享受本条第一款第（一）项、第（二）项规定的待遇。”《工伤保险条例》第四十条规定：“伤残津贴、供养亲属抚恤金、生活护理费由统筹地区社会保险行政部门根据职工平均工资和生活费用变化等情况适时调整。调整办法由省、自治区、直辖市人民政府规定。”《工伤保险条例》第四十一条规定：“职工因工外出期间发生事故或者在抢险救灾中下落不明的，从事故发生当月起3个月内照发工资，从第4个月起停发工资，由工伤保险基金向其供养亲属按月支付供养亲属抚恤金。生活有困难的，可以预支一次性工亡补助金的50%。职工被人民法院宣告死亡的，按照本条例第三十九条职工因工死亡的规定处理。”

以上相关规定，明确了工亡赔偿的范围和标准。本案最终的调解也是在这一标准基础上处理的。

附：本案一审行政判决书

福建省福州市仓山区人民法院

行政判决书

〔2015〕仓行初字第3×7号

原告：福州银 × 玩具有限公司，住所地为福建省闽侯县青口投资区（文华村）。

法定代表人：陈 × 钦，董事长。

委托代理人：陈 ×、李 ×，福建真 × 律师事务所律师。

被告：福州市人力资源和社会保障局，住所地为福建省福州市仓山区南江滨西大道193号东部新城商务办公中心区1号楼6、7层。

法定代表人：王 ×，局长。

委托代理人：洪 × 景、蔡 × 辉，闽侯县人力资源和社会保障局工作人员。

被告：福建省人力资源和社会保障厅，住所地为福建省福州市鼓楼区鼓东路44号。

法定代表人：钟 ×，厅长。

委托代理人：郑 ×，该厅工作人员。

委托代理人：韩 × 武，福建建 × 律师事务所律师。

第三人：蒋 ×，男，1984年 × 月 × 日出生，汉族，住湖南省沅陵县马底驿乡 ×× 村 ×× 组 ×× 号。

委托代理人：姚 × 元，湖南省沅陵县 × 法律服务所工作人员。

原告：福州银 × 玩具有限公司（以下简称银 × 公司）。

被告福州市人力资源和社会保障局（以下简称福州市人社局）、福建省人力资源和社会保障厅，（以下简称福建省人社厅）关于行政确认一案，向本院提起行政诉讼。本院于 2015 年 11 月 6 日受理后，依法向被告送达了起诉状副本及应诉通知书，并组成合议庭，于 2016 年 1 月 28 日公开开庭审理，原告银 × 公司的委托代理人陈 ×，被告福州市人社局的委托代理人蔡 × 辉，被告福建省人社厅的委托代理人韩 × 武，第三人蒋 × 及其委托代理人姚 × 元到庭参加诉讼，本案现已审理终结。

被告福州市人社局于 2015 年 7 月 21 日作出榕侯人社伤险（决）字［2015］××× 号“认定工伤决定书”，主要内容为 2015 年 4 月 14 日 7：25 分许，张 × 秀从住处前往银 × 公司上班，途经福昆线闽侯县青口镇青圃村村道文华路段时，不慎与孟 × 驾驶的同向行驶的二轮摩托车发生碰撞，事故造成张 × 秀受伤，经医院抢救无效后死亡。道路交通事故认定张 × 秀不负本事故的责任，张 × 秀受到的事故伤害符合《工伤保险条例》第十四条第六款之规定，属于工伤认定范围，予以认定张 × 秀为工伤。原告不服榕侯人社伤险（决）字［2015］××× 号“认定工伤决定书”，向被告福建省人社厅申请行政复议，被告福建省人社厅于 2015 年 10 月 23 日作出闽人社复决字［2015］第 ×× 号“行政复议决定书”，维持榕侯人社伤险（决）字［2015］××× 号“认定工伤决定书”。

被告福州市人社局向本院提供了以下证据及依据：a1. 认定工伤决定书，证明依法作出认定工伤决定书，程序合法；a2. 工伤认定申请表，证明第三人蒋 × 依法提出工伤申请，程序合法；a3. 工伤认定申请材料提供清单，证明第三人依法提出工伤申请，提交相关材料程序合法；a4. 工伤认定受理通知书，证明依法受理第三人的工伤认定申请程序合法；a5. 工伤认定举证通知书，证明依法向用人单位发出举证通知书，程序合法；a6. 工伤认定文书送达回证，证明送达程序合法；a7. EMS 邮寄单，证明举证通知有效到达；a8. 身份证、户口本、企业登记基本情况表，证明第三人及原告主体适格；a9. 张 × 秀工作证，证明张 × 秀与原告存在事实劳动关系；a10. 道路交通事故认定书，证明第三人发生交通事故时间、地点及责任认定等具体情况；a11. 死亡记录单、手术记录单、居民死亡医学证明书、火化证，证明第三人受到事故伤害的情况；a12. 房屋租赁合同证明、居住证明、门牌号，证明张 × 秀居住地点，上下班路线合理；a13. 蒋 × 香、高 × 华证人证明，证人工作证，证人身份证，事故现场及上班路线示意图，证明张 × 秀与原告存在事实劳动关系，第三人在上班途中发生交通事故情况；a14. 工作人员在原告公司调取员工个人出勤表，证明证人蒋 × 香、高 × 华为原告公司员工，张 × 秀上班途中发生事故时间合理，同时证明原告举证不真实，举证主张不成立；a15. 证人蒋 × 香、高 × 华调查笔录，证明张 × 秀为原告的员工，张 × 秀在上班途中受到交通事故伤害；a16. 用人单位员工张 × 培调查笔录，证明张 × 秀为原告的员工，其在上班途中受到交通事故伤害；a17. 在原告公司调取的员工花名册，证明蒋 × 香、高 × 华、张 × 培为原告公司员工；a18. 关于张 × 秀工伤认定申请的意见书，工伤认定决定书，故原告诉至法院请求判决：依法撤销被告福州市人社局作出的人社伤险（决）字 [2015] 第 × × × 号“认定工伤决定书”及被告福建省人社厅作出的闽人社复决字 [2015] 第 × × 号“行政复议决定书”，并由两被告承担本案诉讼费。

原告向本院提交以下证据：c1. 员工名册，证明死者不在原告员工名册内，不是原告员工，和原告没有劳动关系；c2. 工资表，证明死者不在原告员工工资表中，不是原告员工；c3. 工作证，证明原告员工工作证和死者工作证上印章明显不同；c4. 福州银 × 玩具有限公司印章，证明死者的工作证上印章与原告使用印章不同；c5. 打卡记录，证明原告员工 2015 年 3 月、4 月的上班时间；

c6. 通知，证明原告自 2015 年 6 月采用夏时制，上下班时间提早半小时；c7. 打卡记录，证明原告员工 2015 年 6 月、7 月的上班时间。

被告福州市人社局辩称，一、被告福州市人社局作出的认定工伤决定程序合法。2015 年 5 月 28 日，第三人蒋 × 向被告福州市人社局提出其母亲张 × 秀工伤认定申请并提交了相关证明材料，福州市人社局经审查，当日予以受理，于 2015 年 5 月 29 日向原告发出举证通知书。应根据原告举证意见，被告到原告公司进行调查核实，在原告单位调取了员工花名册，核对员工考勤记录及调取员工个人出勤记录，并对原告公司员工张 × 培等进行了笔录调查，经调查核实，判定如下情况属实，张 × 秀为原告公司喷印部员工，其事发时间为其正常上班时间，事发地点为其正常上班路线，道路交通事故责任认定张 × 秀不负本次事故责任，故其受伤符合《工伤保险条例》第十四条第六款规定的情形。故被告作出工伤认定决定并依法送达，程序合法有效。二、原告举证不真实。张 × 秀为原告喷印部员工，有张 × 秀工作证、证人证言等证据为证，符合《关于确认劳动关系有关事项的通知》第二条的规定，具体理由如下，1. 根据原告提供的员工手册，员工个人出勤表以及被告福州市人社局现场调取员工个人出勤表，证实证人蒋 × 香、高 × 华、张 × 培均为原告公司喷印部员工，在来上班途中发生交通事故。2. 证人张 × 培是被告福州市人社局工作人员到原告调查取证时随机叫来的，与当事人不存在利害关系，证人证明工作牌是刚刚换的，公司曾组织员工为张 × 秀捐款。其次，经调查，张 × 秀案件举证回复的经办人即原告人力资源部主管林 ×，在调查笔录中对公司是否有组织为张 × 秀捐款，张 × 培、蒋 × 香、高 × 华是否是原告员工回答不清楚，这与其工作身份完全不符，由此可以判定其在隐瞒事实。再次，被告福州市人社局工作人员到原告调查核实时，要求调查喷印部时，原告突然提前让员工下班规避调查，以上表明原告举证不真实。三、原告提出张 × 秀工作牌做假，这不符合事实，张 × 秀与蒋 × 香、高 × 华就是其员工，原告证实其公司一直都有工作牌，那么其员工蒋 × 香、高 × 华原本就有工作牌，用不着做假，因此蒋 × 香、高 × 华工作牌做假不成立。张 × 秀工作牌如果做假，那就要做成福州银 × 玩具有限公司印章的工作牌，完全没有必要做成福州银 × 玩具有限公司人力资源部的印章。因此，张 × 秀工作牌做假也不成立，也印证人力资源部主管林 × 证言虚假。综上，有充足的证据和充分的理由判定张 × 秀与原告存在事实劳动关系。张 × 秀发生事故时间符合其上班途中合理时间，根据道路交通事故责任认定书的相关认定，交通事故责任认定张 × 秀不负本次事故责任，故其受伤符合《工伤保险条例》第十四条第六款规定的情形。故被告作出工伤认定决定并依法送达，程序合法有效。

本案争议焦点是张 × 秀与原告之间是否存在劳动关系及张 × 秀发生交通事故时是否属于上班途中的合理时间。首先，关于张 × 秀与原告之间是否存在劳动关系的问题，本院认为根据福州市人社局对证人蒋 × 香、高 × 华、张 × 培的调查询问笔录，并结合原告其他员工和张 × 秀的工作证的比较结果，进一步证明了张 × 秀与原告之间存在劳动关系。同时，2015 年 7 月 3 日被告福州市人社局前去原告公司现场从原告员工中叫来证人张 × 培进行调查询问，该证人并非第三人提供，根据被告福州市人社局对张 × 培的调查笔录，其陈述原告公司一个月前刚换工作证，张 × 秀也在喷印部工作，可印证第三人提交的张 × 秀工作证是真实的，原告与张 × 秀之间存在劳动关系，故原告以新更换的工作证及高 × 华、蒋 × 香与张 × 秀有利害关系来否定张 × 秀与原告之间的劳动关系，本院不予采纳。其次，关于张 × 秀发生交通事故是否属于上班途中的合理时间。根据被告福州市人社局在原告公司核对的考勤记录，并随机抽取的高 × 华、蒋 × 香、王 × 等人的员工个人出勤表，以及对高 × 华、蒋 × 香的调查笔录，可以证明，原告公司上述员工早上上班考勤时间均在早上 7：45 分到 8 点之间，且被告福州市人社局对张 × 培的调查笔录中，张 × 培也陈述其每天与张 × 秀一起上班，张 × 秀是在来上班时发生车祸的，张 × 秀发生事故的时间为 2015 年 4 月 14 日 7：25 分。因此，结合上述出勤记录及被告福州市人社局对相关证人的调查笔录可以证明，张 × 秀事发当天是以上班为目的，其发生交通事故时属于上班途中的合理时间。综上，被告福州市人社局作出认定张 × 香在上班途中受到非本人主要责任的交通事故死亡，符合《工伤保险条例》第十四条第六款之规定。同时，被告福州市人社局在收到被告的工伤认定申请后，依法予以立案受理，并向用人单位发出了举证通知书，经审查后在法定期限内作出榕侯人社伤险（决）字［2015］××× 号“认定工伤决定书”，并依法进行了送达，符合法律程序。原告在收到认定工伤决定后，向被告福建省人社厅申请行政复议，被告福建省人社厅受理原告复议申请后，依法分别向被告福州市人社局、第三人发出“行政复议答辩书”及“第三人参加行政复议通知书”。在收到被告福州市人社局的答辩意见、证据材料后，被告福建省人社厅经审查后在法定期限内，依据《中华人民共和国行政复议法》第二十八条第一款第一项之规定作出了闽人社复决字［2015］第 ×× 号“行政复议决定书”，维持了被告福州市人社局榕侯人社伤险［2015］××× 号“认定工伤决定书”。综上，被告福州市人社局作出的榕侯人社伤险（决）字［2015］××× 号“认定工伤决定书”及被告福建省人社厅作出的闽人社复决字［2015］第 ×× 号“行政复议决定书”，证据确凿，适用法律法规正确，符合法律程序，原告的诉请缺乏事实与法律依据，本院不予支持，依照《中华人民共和国行政诉讼法》第六十九条之规定，判决如下：

驳回原告福州银 × 玩具有限公司的诉讼请求。

案件受理费五十元，由原告福州银 × 玩具有限公司负担。

如不服本判决，可在判决书送达之日起 15 日内向本院递交上诉状，并按对方当事人的人数或者代表人的人数提出副本，上诉于福建省福州市中级人民法院。

审 判 长 李××

人民陪审员 施××

人民陪审员 叶××

2016 年 5 月 3 日

第八章　特殊工种的社保待遇

一、案件简介

林 × 旺自 1980 年 12 月到被告福州燃 × 总公司第一分公司处工作，在进仓班从事原煤加工工作，属于国家规定的特殊工种。2004 年该企业进行改制，原企业职工分流下岗，林 × 旺办理提前退休手续。截至 2004 年 4 月，林 × 旺办理提前退休手续，其已经连续工作了 23 年 5 个月，同时企业为其补缴 4 年社会保险，此后社会保险由林 × 旺自行缴纳。截至 2016 年，其总共缴纳社会保险时间已经持续 16 年又 4 个月。

2016 年 3 月，林 × 旺达到特殊工种提前退休年龄（男 55 岁），便前往福州市社保中心办理退休手续，但被告知特殊工种档案记录不全，无法办理。

林 × 旺随后了解到，他的同事比他略早半年达到特殊工种退休年龄的都已经办理相应社保手续，林 × 旺遂将福州燃 × 总公司第一分公司诉至福州市鼓楼区人民法院，要求福州燃 × 总公司第一分公司支付其因为无法按照特殊工种待遇退休而损失的 5 年退休金，合计 15 万余元，并要求公司补办各类证明。

庭审过程中，福州燃 × 总公司第一分公司承认了双方的劳动关系，但对于材料的丢失表示无法补充。并对林 × 旺是否具有特殊工种身份提出质疑，质疑原因即在于，林 × 旺提供的相关材料中仅记载当时林 × 旺领取营养费，不能说明其从事特殊工种的工作。林 × 旺虽有同事为其提供的证人证言，但法庭依旧以证据不足驳回了林 × 旺的诉求。

林 × 旺不服，遂上诉至福州市中级人民法院，中院经审理二审维持原判。

二、本案及同类案件办理中会涉及的主要问题

1. 本案是否属于法院受案范围；

2. 何为特殊工种；

3. 特殊工种退休待遇有何特别；

4. 退休待遇如何计算；

5. 本案林 × 旺诉求是否完整、合理。

三、对上述问题的分析

1. 本案是否属于法院受案范围

最高人民法院〔2004〕民立他字第 47 号《关于人事档案被原单位丢失后当事人起诉原用人单位补办人事档案并赔偿经济损失是否受理的复函》规定：“保存档案的企事业单位，违反关于妥善保存档案的法律规定，丢失他人档案的，应当承担相应的民事责任。”被告燃 × 公司作为原告林 × 旺从事特殊工种工作期间的用人单位，被告向劳动人事部门移交了缺失的档案，导致原告林 × 旺无法办理特殊工种提前退休手续。故被告燃 × 公司应当为原告林 × 旺补办特殊工种档案，并赔偿原告林 × 旺无法及时享受特殊工种退休待遇造成的经济损失。

2. 何为特殊工种

原中华人民共和国劳动部曾将从事井下、高空、高温、特重体力劳动和有毒有害的工种定为特殊工种，并明确特殊工种的范围由各行业主管部门或者劳动部门确定。因此，特殊工种不是一个正式的法定概念，只是约定俗成的一种

叫法。具体包括：电工作业、金属焊接、切割作业、起重机械作业、企业内机动车辆驾驶、登高架作业、锅炉作业、压力容器作业、制冷作业、爆破作业、矿山通风作业、矿山排水作业、矿山安全检查作业、矿山提升运输作业、采掘作业、矿山救护作业、危险物品作业和其他国家批准的作业。

特别注意一点，特殊工种不同于特种工作业。1991年原劳动部颁发的《特种作业人员安全技术培训考核管理规定》第二条对特种作业做出了定义，明确特种作业系指容易发生人员伤亡事故、对操作者本人、他人及周围设施的安全有重大危害的作业。也就是说，特种作业是一个相对于特殊工种更加危险的工作界定，涵盖了特殊工种里面爆破作业、金属焊接作业等危险性较高的工作作业。

作为本案的讼争焦点之一——林 × 旺从事的是否为特殊工种工作，经查，林 × 旺原来在福州市燃 × 总公司第一分公司从事的是原煤进仓工作。这一点从林 × 旺提供的证人证言可以佐证。但法院认为原告林 × 旺提供的证据不足以说明其从事了特殊工种工作。实际办案过程中，法院在庭审中基本已经认可了原告系从事特殊工种工作之情况，这一点原告以及证人都已经证明。法院所苦恼的是如何计算社保费用这一问题，苦于没有计算标准，法院遂寻找了一个难以令人信服的理由做出了相关判决。

3. 特殊工种退休待遇有何特别

特殊工种退休待遇系指特殊工种提前退休，即男性年满55周岁，女性年满50周岁，且社保缴费年限满15年，从事的工种在国家特殊工种目录范围内，且从事特殊工种工作达到规定年限（有毒有害满8年以上，高温井下满9年以上，高空特别繁重满10年以上）的人员可以申请依据特殊工种工作，享受提前退休待遇。

本案中，原告林 × 旺入职起一直从事相关特殊工种工作，持续时间超过法律规定的有毒有害满8年的要求，且年满55周岁，社保缴费年限达到16年亦符合法律规定。依法应当享有特殊工种的提前退休待遇。

对原告林 × 旺来说，其提前退休待遇主要体现在原告自 2004 年改制下岗后，一直没有工资收入，且每年需要自行缴纳社保等费用。如果原告可以享有提前退休待遇，则原告可以立刻每月领取退休金并且无需每年个人缴纳社会保险费用。这是保障原告生活的非常重要的实体权利。

4. 退休待遇如何计算

《中华人民共和国社会保险法》第十六条规定：“参加基本养老保险的个人，达到法定退休年龄时累计缴费满十五年的，按月领取基本养老金。”

基本养老金由基础养老保险金、个人账户养老金、综合性补贴、过渡性养老金四个部分组成。

（1）基础养老金：退休上一年度本市职工月平均工资的 20%；（2）个人账户养老金：本人账户储蓄额的 1/120；（3）综合性补贴：125 元每月；（4）过渡性养老金：指数化月平均缴费工资 ×1%× 本人缴费年限，其中指数化月平均缴费工资的计算公式为：{（起始缴费年度职工本人月平均工资 / 起始缴费年度本市职工月平均工资 + 次年职工本人月平均工资 / 次年本市职工月平均工资……退休上一年职工月平均工资 / 退休上一年本市职工月平均工资）/ 企业职工工作至退休上一年按规定缴纳基本养老保险费的年限 }× 职工退休时本市职工上一年度平均月工资。

上述计算公式由社保部门提供，但对于一般情况来说依旧难以计算，特别是其中过渡性养老金的计算方式，明显对大多数人来说存在严重计算困难。本案的一审法院对此也感到非常为难，没有办法也没有明确的公式能够计算出其结果。所以，一审法院才出现了令人难以信服的判决结果。

在查询过的案例中，我们发现许多法院在审理同类案件时也遇到这样的问题，计算公式无法理解，计算公式的各类参数无法获取。大部分法院都采取了一个比较灵活的办法，即通过劳动者同岗位工种同事的退休金进行参考判决。在本案的诉讼过程中，我们也出示了相应的判例，很可惜，法院没有采信这一观点。

5. 本案林 × 旺的诉求是否完整、合理

就同类案件来看，如果当事人无法享有退休待遇，首先遇到的就是自身无法每月领取退休金的损失。这一点林 × 旺已经在其一审诉状中主张了该项权利。

但林 × 旺在一审诉请中遗漏了自身另外一个损失，那就是林 × 旺虽然现在无法享有退休待遇，但几年后林 × 旺可以享有退休待遇，而林 × 旺几年后享有退休待遇的前提是他依旧需要每年按时缴纳社保。因此，林 × 旺遗漏的是他因为无法享有提前退休待遇每年还需要自行缴纳的社保费用。

附：本案一审、二审民事判决书

福建省福州市鼓楼区人民法院

民事判决书

〔2017〕闽0102民初4××2号

原告：林 × 旺，男，汉族，1961 年 × 月 × 日出生，住福建省福州市台江区 ×× 路 × 号 ×× 园 × 座 ×。

委托诉讼代理人：陈 ×，孙 × 晖，福建真 × 律师事务所律师。

被告：福州燃 × 总公司第一分公司，住所地为福建省福州市鼓楼区 ×× 路 × 号 × 座 × 室。

法定代表人：王 × 静，职务为总经理。

委托诉讼代理人：俞 × 明、张 × 浩，福建格 × 律师事务所律师。

原告林 × 旺与被告福州燃 × 总公司第一分公司侵权责任一案，本院于2017年5月23日立案受理后，依法适用简易程序，公开开庭进行了审理，原告林 × 旺及其委托诉讼代理人陈 ×、孙 × 晖，被告委托代理人张 × 浩到庭参加诉讼。本案现已审理终结。

原告林 × 旺向本院提出诉讼请求：1. 被告立即为原告补办特殊工种档案；2. 被告赔偿原告无法按时享受特殊工种退休待遇造成的经济损失33020元（暂算至2017年5月，并直至被告为原告补齐档案成功办理特殊工种退休待遇手续为止）；3. 本案诉讼费由被告承担。

事实与理由：原告于1980年12月到被告处就职，在进仓班从事原煤加工工作，属于国家规定的特殊工种。原告在被告处连续工作了23年5个月，直至2004年，因福州市委、市政府对被告公司进行改制，根据职工分流安置方案，原、被告双方解除了劳动关系。

2016年3月，原告达到特殊工种提前退休的年龄，前往福州市社保中心办理退休手续。然而却被告知特殊工种档案记录不全，无法办理。而与原告同工种的工友已经有多人办理了特殊工种提前退休的手续，开始正常享受退休待遇。原告多次前往被告处，希望能够补齐档案，但至今未果。职工档案与职工的劳动权益息息相关，是身份和获取国家待遇的凭证，事关劳动者的切身利益和生活保障。被告作为档案的保存者，无法补齐原告档案，以致原告不能正常享受特殊工种退休待遇，严重侵犯了原告的合法权益。现根据相关法律法规，向贵院提起诉讼，望判如所请！

被告辩称：1. 原告源于其在答辩人处就职期间从事特殊工种的陈述和客观事实不符。原告于1980年至2004年期间的确在答辩人处就职，但仅答辩人查阅相关财务记录以及相关留存的原告就职材料，并没有原告从事工种系原煤加工的任何记录。此外，原告未向人民法院提交明确证据证明其曾系答辩人公司的特殊工种工作人员。因此，答辩人认为原告关于其在答辩人公司就职期间系从事特殊工种的主张有悖于客观事实，不应当予以认定。2. 答辩人依法不应当承担原告补办特殊工种档案的义务。2014 年，原告以买断工龄的方式与答辩人解除了劳动关系后，鉴于答辩人对原告的人事档案没有法定保管义务，因此答辩人便依法将原告的人事档案移交给劳动部门进行保存。原告办理相应离退手续，应当与档案存放部门进行沟通办理，其要求答辩人为其补办档案的主张，没有法律依据，亦无实际操作可能性，不应当予以支持。3. 原告主张的经济损失没有法律依据，依法不应当予以支持。首先，根据上述原告无法充分举证证明其从事特殊工种，其主张答辩人向其赔偿损失没有客观事实与法律依据。其次，退一步而言，即便原告的人事档案确实记录不全，在原告没有确实证据证明的情况下，不应当认定答辩人对此存在过错。最后，原告主张的损失数额，没有直接的法律法规依据与相关标准，不应当予以支持。综上，答辩人认为原告的请求于法无据，且与客观事实不符，应当依法驳回。

本院经审理认定事实如下：1980 年 12 月，原告林 × 旺进入被告福州燃 × 总公司第一分公司处参加工作，2004 年 6 月原告从被告处离职。

本院认为，《中华人民共和国民事诉讼法》第六十四条第一款规定，当事人对自己提出的主张，有责任提供证据。最高人民法院《关于适用〈中华人民共和国民事诉讼法〉的解释》第九十条亦规定，当事人对自己提出的诉讼请求所依据的事实或者反驳对方诉讼请求所依据的事实，应当提供证据加以证明。在作出判决前，当事人未能提供证据或者证据不足以证明其事实主张的，由负有举证证明责任的当事人承担不利的后果。本案原、被告共同确认原告曾经在被告处进仓班从事原煤工作，证人李 ×× 证词仅能证明原告曾与其一同工作，上述事实无法证明原告从事的工作属于特殊工种，故原告据此提出要求被告为原告补办特殊工种档案、赔偿原告无法按时享受特殊工种退休待遇造成的经济损失的诉求，本院不予支持。综上所述，依照《中华人民共和国民事诉讼法》第六十四条，最高人民法院《关于适用〈中华人民共和国民事诉讼法〉的解释》第九十条之规定，判决如下：

驳回林×旺的诉请请求。

本案的诉讼费625元，因适用简易程序减半收取312.5元，由原告负担。

如不服本判决，可在本判决书送达之日起十五日内，向本院递交上诉状，并按对方当事人的人数提出副本，上诉于福建省福州市中级人民法院。

审 判 员 林×

二〇一七年十一月三日

书 记 员 郑××

福建省福州市中级人民法院

民事判决书

〔2018〕闽01民终1××4号

上诉人（原审原告）：林×旺，男，汉族，1961年×月×日出生，住福建省福州市台江区××路×号×园×座×。

委托诉讼代理人：陈×，孙×晖，福建真×律师事务所律师。

被上诉人（原审被告）：福州燃×总公司第一分公司，住所地为福建省福州市鼓楼区××路×号×座×室。

法定代表人：王 × 静，职务为总经理。

委托诉讼代理人：俞 × 明、张 × 浩，福建格 × 律师事务所律师。

上诉人林 × 旺与被上诉人福州燃 × 总公司第一分公司侵权责任一案，不服福建省福州市鼓楼区人民法院（2017）闽0102民初4× ×2号民事判决，向本院提起上诉。本院依法组成合议庭审理了本案，本案现已审理终结。

林 × 旺上诉请求：1. 撤销一审判决；2. 判决福州燃 × 总公司第一分公司立即为林 × 旺补办特殊工种档案；3. 判决福州燃 × 总公司第一分公司赔偿林 × 旺无法按时享受特殊工种退休待遇造成的经济损失33020元（暂算至2017年3月，并直至福州燃 × 总公司第一分公司为林 × 旺补齐档案成功办理特殊工种退休待遇手续为止）。

事实与理由：一、林 × 旺“截至2004年4月连续工龄23年5个月，已缴纳社会保险16年4个月”。一审庭审中，与林 × 旺同时入职、同一工种的证人李 × × 针对林 × 旺的工作性质、工作内容、工作年限出庭作证，并非一审所述“证人李 × × 仅能证明原告曾与李 × × 一同工作”。证人已于2012年顺利办理退休手续，仅社保部门认定符合特殊工种提前退休条件，开始享受特殊工种退休待遇。此后，福州燃 × 总公司第一分公司在庭审中也确认了林 × 旺在用人单位就职期间一直于进仓班从事原煤加工工作的客观事实。根据《国务院关于工人退休、退职暂行办法》第一条“全民所有制企业、事业单位和党政机关、群众团体的工人，符合下列条件之一的，应当退休。”第二款“从事井下、高空、高温、特别繁重体力劳动或者其他有害身体健康的工作，男年满五十五周岁、女年满四十五周岁，连续工作满十年的”规定，林 × 旺完全符合该条件，理应于年满55周岁之际开始享受特殊工种退休待遇。由于被上诉人没有妥善保管人事档案，导致林 × 旺特殊工种档案记录不全，因而无法享受特殊工种退休待遇。本案的争议事实是被上诉人是否应当就林 × 旺特殊工种档案记录不全导致无法办理特殊工种提前退休手续承担侵权赔偿责任。然而一审法院认定“1980年12月原告林×旺进入被告处参加工作，2004年6月原告从被告处离职。”并认为林×旺证据不足，驳回林×旺的诉讼请求。系对案件事实认定不清，适用法律不当。二、福州燃×总公司第一分公司应当对林×旺因特殊工种档案缺失而无法补办提前退休手续所造成的损失承担民事赔偿责任。从福州市社保中心向林×旺发2016××6号“办理退休手续缺件告知单”可知，造成林×旺无法办理提前退休手续的原因是“特殊工种档案记录不全”。被上诉人向劳动部门移交了缺失的档案，才导致林×旺无法办理特殊工种提前退休。根据最高人民法院（2004）民立字第47号《关于人事档案被原单位丢失后当事人起诉原用人单位补办人事档案并赔偿经济损失是否受理的复函》，致使林×旺不能办理提前退休手续，因此产生的经济损失应当由被上诉人承担赔偿责任。

福州燃×总公司第一分公司辩称，一审判决认定事实清楚，使用法律正确。林×旺无证据证明其属于特殊工种，且2004年已经解除劳动关系，所有档案已经转到了劳动局，所以林×旺无法提前退休造成的损失与福州燃×总公司第一分公司无关。

林×旺向一审法院起诉请求：1. 被告立即为原告补办特殊工种档案；2. 被告赔偿原告无法按时享受特殊工种退休待遇造成的经济损失33020元（暂算至2017年5月，并直至被告为原告补齐档案成功办理特殊工种退休待遇手续为止）。

一审法院认定事实：1980年12月林×旺进入福州燃×总公司第一分公司处参加工作，2004年6月林×旺从福州燃×总公司第一分公司处离职。

一审法院认为：《中华人民共和国民事诉讼法》第六十四条第一款规定，当事人对自己提出的主张，有责任提供证据。最高人民法院《关于适用〈中华人民共和国民事诉讼法〉的解释》第九十条亦规定，当事人对自己提出的诉讼请求所依据的事实或者反驳对方诉讼请求所依据的事实，应当提供证据加以证明。在作出判决前，当事人未能提供证据或者证据不足以证明其事实主张的，由负有举证证明责任的当事人承担不利的后果。本案原、被告共同确认原告曾经在被告处进仓班从事原煤工作，证人李××证词仅能证明原告曾与其一同工作，上述事实无法证明原告从事的工作属于特殊工种，故原告据此提出要求被告为原告补办特殊工种档案、赔偿原告无法按时享受特殊工种退休待遇造成的经济损失的诉求，本院不予支持。综上所述，依照《中华人民共和国民事诉讼法》第六十四条，最高人民法院《关于适用〈中华人民共和国民事诉讼法〉的解释》第九十条之规定，判决如下：驳回林×旺的诉请请求。本案的诉讼费625元，因适用简易程序减半收取312.5元，由原告负担。

经查，本案当事人在一审诉讼中提交的证据均已随一审案卷移送至本院。本院对一审法院查明的事实予以确认。

本院认为，林×旺在本案诉讼过程中提交的证据不能证明其所主张的在福州燃×总公司第一分公司从事的是《国务院关于工人退休、退职的暂行办法》第一款第（二）项规定的从事井下、高空、高温、特别繁重体力劳动或者其他有害身体健康的工作，故林×旺关于其应按上述工种办理退休手续的主张不能成立，一审法院据此驳回林×旺的诉请正确。

综上，依照《中华人民共和国民事诉讼法》第一百七十条第一款第一项规定，判决如下：

驳回上诉，维持原判。

二审案件受理费625元，由林×旺负担。

本判决为终审判决。

审 判 长 林×

审 判 员 李××

审 判 员 陈 ×

二〇一八年三月二十八日

法官助理 刘×

书 记 员 段×

第九章　帮工责任的认定

一、案件简介

福建钟 × 物业管理有限公司（下称：钟 × 公司）与福建 ×× 职业技术学院曾在2013年9月10日签订物业服务合同，合同期限截至2015年7月31日，服务内容包括二次供水水池清洗、消毒、送检。该项服务由钟 × 公司转承包给福州百 × 家政服务公司。2014 年 8 月 17 日，钟 × 公司依照合同约定对福建 ×× 职业技术学院螺洲校区进行二次供水水池的清洗、消毒工作，钟 × 公司同时通知福州百 × 家政服务公司名下劳务人员熊 × 依照合同约定安排相应人员对二次供水的水池进行清洗、消毒。

当事人龙 × 钧系福州百 × 家政服务公司通过其他劳务人员找来的帮工人员，其和百 × 家政公司之间没有书面劳动合同，亦没有构成实质劳动关系，更没有任何直接证据显示双方存在劳务或其他任何关系。龙 × 钧在清洗水池过程中发生事故从水塔楼梯上跌落地面，随后被送往福州市第二医院进行手术并住院治疗。痊愈后，经福州晟 × 司法鉴定所评定为十级伤残。后龙 × 钧将福建 ×× 职业技术学院与钟 × 公司诉至福州市鼓楼区人民法院，要求二者赔偿其损失。

庭审过程中，被告 1 福建 ×× 职业技术学院出示相关合同证明其已经将水池清洗的工作委托给了被告 2 钟 × 公司。被告 2 钟 × 公司提出他们和百 × 家政服务公司签署了承包协议，并出示相应合同。但无法出示证据证明当日前往被告1福建××职业技术学院进行水池清洗工作的劳务人员系百×家政服务公司员工，且被告2钟×公司系直接联系的劳务人员而没有通过百×家政服务公司联系劳务人员，庭审中直接导致被告2钟×公司在案件的审理中处于被动位置。

经开庭审理，法院判决钟×公司赔偿龙×钧各项损失共计12万余元。

二、本案及同类案件办理中会涉及的主要问题

1. 本案法律性质如何理解；
2. 选任责任如何界定；
3. 人身损害的赔偿标准。

三、对上述问题的分析

1. 本案法律性质如何理解

本案的办理过程中出现了诸多争议，最大的一个就是关于钟×公司和龙×钧等几位工友到底构成了雇佣关系还是承揽关系。

雇佣关系是指雇员从事雇主授权或者指示范围内的生产经营或者其他劳务活动，雇员获得劳务报酬，雇主获得雇员劳动所创造的价值利益的劳务活动的关系，在民法体系中属于劳务关系。雇主雇佣他人从事劳务活动，本质上就是要通过使用他人劳动扩大雇主的事业范围或者活动范围，从中获得更大的利益。

承揽关系是当事人约定一方为他方完成一定的工作成果，他方待工作成果完成后给付报酬的合同。承揽关系是基于承揽合同的履行在定做人和承揽人之间产生的法律关系。

雇佣关系和承揽关系的区别在于：（1）主体地位不同。雇佣关系中雇主和

雇员之间存在着一定的人身依附关系。雇主可以对雇员实行监督和管理。承揽关系中，定做人和承揽人地位平等，承揽人在完成工作中具有独立性，如何完成工作，由承揽人自己决定，不受定做人的监督。(2)目的不同。雇佣关系中，雇佣合同以直接提供劳务为目的，合同标的是提供劳务。在承揽关系中，承揽合同以完成工作成果为目的，提供劳务仅仅是完成工作成果的手段。(3)债务不履行的判断标准不同。雇佣关系中，不涉及工作成果的交付，雇员没有按照雇主要求提供劳务才构成违约。承揽关系中，没有交付成果或者交付的成果不符合约定构成违约。(4)劳务专属性程度不同。雇佣关系中，未经同意，雇员不能将自己应履行的劳动义务转移给他人承担。承揽关系中，承揽人只要能完成一定工作成果就可以，并不一定要由承揽人自己提供劳务。(5)风险承担不同。雇佣关系中，合同履行过程中发生的危险，一般都是由接受劳务的雇主承担。而承揽关系中合同履行过程中发生的风险则是由完成工作的承揽人承担。

就本案而言，存在着(1)福建××职业技术学院和钟×公司之间的承揽关系；(2)钟×公司和福州百×家政服务公司之间的承揽关系；(3)福州百×家政服务公司和龙×钧等人之间的劳务或者劳动关系；(4)钟×公司和龙×钧等人之间的劳务关系。这四重法律关系的存在与否以及前后关联的问题，我们将逐一剖析。

首先，福建××职业技术学院和钟×公司之间的承揽关系在本案中属于无可辩驳之关系，双方有完整明确、客观真实的合同为依据，合同内容以及合同的签署均符合法律程序，因此这两者的法律关系是毫无异议的。从这一点出发，作为承揽合同的当事人钟×公司就必须对承揽业务履行过程中发生的风险承担相应的法律责任。

其次，钟×公司和福州百×家政服务公司之间的承揽关系，在本案审理过程中，钟×公司亦提供了相关证据以证明。从这一点上看，钟×公司和百×

家政服务公司之间的承揽关系也是成立的。但问题的关键在于钟 × 公司无法提供证据证明龙 × 钧等人和百 × 家政服务公司之间存在雇佣或者劳动关系。

再次，龙 × 钧等人和百 × 家政服务公司之间是否存在劳动或劳务关系，在本案中难以证明。钟 × 公司主张其获得龙 × 钧等人的联系方式是通过百 × 家政服务公司的工作人员提供的电话号码，亦是通过百 × 家政服务公司才能找到他们从事日常的清洗工作。但是钟 × 公司无法提供证据证明龙 × 钧等人和百 × 家政服务公司之间的法律关系，更无法证明自己是通过百 × 家政服务公司联系到龙 × 钧的。

最后，钟 × 公司和龙 × 钧等人是否存在雇佣关系。就本案的情况来看，钟 × 公司并未和龙 × 钧等人约定承揽目的，也没有约定需要通过承揽关系来约束双方合同之履行结果，更没有约定对龙 × 钧等人的履行结果作为合同履行之依据。相反，在清洗工作过程中，钟 × 公司一则派人到场监督，二则钟 × 公司自己在清洗后提供了检测证明。所以，就两者关系来说认定为雇佣关系更为符合法律规定。

2. 选任责任如何界定

《最高人民法院关于审理人身损害赔偿案件适用法律若干问题的解释》第十条规定："承揽人在完成工作过程中对第三人造成损害或者造成自身损害的，定做人不承担赔偿责任。但定做人对定做、指示或者选任有过失的，应当承担相应的赔偿责任"。该条明确了作为承揽合同的定做人在选任上的过失责任。

对定做人的选任过失责任，一般法律应考虑定做人的"相应"责任范围。两个因素：一是定做人过错程度，定做人要有过错才需要承担责任；二是上述法条已经从用语中明确了定做人仅仅是"过失"责任，法条语词明确排除"故意"在本条款中的适用。

在本案中，福建 ×× 职业技术学院作为承揽合同的定做人，其与钟 × 公司签订合同的程序合法，内容合法，并且钟 × 公司是符合法律规定具有相应执业资格的公司，定做人在选任上不存在任何过错。具体的承揽行为应由承揽人即钟 × 公司自行承担。

3. 人身损害的赔偿标准

本案既然认定系雇佣帮工关系导致的人身损害，钟 × 公司即需支付人身损害的相应赔偿。

《最高人民法院关于审理人身损害赔偿案件适用法律若干问题的解释》第十七条、十八条明确规定了人身损害赔偿的范围。

（一）受害人遭受人身损害但没有导致伤残和死亡后果的，赔偿义务人应当予以赔偿受害人因就医治疗支出的各项费用以及因误工减少的收入，包括医疗费、误工费、护理费、交通费、住宿费、住院伙食补助费、必要的营养费。

（二）受害人因伤致残的，赔偿义务人应当赔偿受害人因增加生活上需要所支出的必要费用以及因丧失劳动能力导致的收入损失，包括残疾赔偿金、残疾辅助器具费、被抚养人生活费，以及因康复护理、继续治疗实际发生的必要的康复费、护理费、后续治疗费。

（三）受害人死亡的，赔偿义务人除应当根据抢救治疗情况赔偿上述规定的相关费用外，还应当赔偿丧葬费、被抚养人生活费、死亡补偿费以及受害人亲属办理丧葬事宜支出的交通费、住宿费和误工损失等其他合理费用。

（四）受害人或者死者近亲属遭受精神损害，赔偿权利人向人民法院请求赔偿精神损害抚慰金的，适用《最高人民法院关于确定民事侵权精神损害赔偿若干问题的解释》予以确定。

同时《最高人民法院关于审理人身损害赔偿案件适用法律若干问题的解释》第十九条至三十三条规定了人身损害赔偿的计算标准和计算方法。

（1）医疗费：根据医疗机构出具的医药费、住院费等收款凭证，结合病历和诊断证明等相关证据确定。赔偿义务人对治疗的必要性和合理性有异议的，应当承担相应的举证责任。医疗费的赔偿数额按照一审法庭辩论终结前实际发生的数额确定。器官功能恢复训练所必要的康复费、适当的整容费以及其他后续治疗费，赔偿权利人可以待实际发生后另行起诉。但根据医疗证明或者鉴定结论确定必然发生的费用，可以与已经发生的医疗费一并予以赔偿。

（2）误工费：根据受害人的误工时间和收入状况确定。误工时间根据受害人接受治疗的医疗机构出具的证明确定。受害人因伤残持续误工的，误工时间可以计算至定残日前一天。受害人有固定收入的，误工费按照实际减少的收入计算。受害人无固定收入的，按照其最近三年的平均收入计算；受害人不能举证证明其最近三年的平均收入状况的，可以参照受诉法院所在地相同或者相近行业上一年度职工的平均工资计算。

（3）护理费：根据护理人员的收入状况和护理人数、护理期限确定。护理人员有收入的，参照误工费的规定计算；护理人员没有收入或者雇佣护工的，参照当地护工从事同等级别护理的劳务报酬标准计算。护理人员原则上为一人，但医疗机构或者鉴定机构有明确意见的，可以参照确定护理人员人数。护理期限应计算至受害人恢复生活自理能力时止。受害人因残疾不能恢复生活自理能力的，可以根据其年龄、健康状况等因素确定合理的护理期限，但最长不超过二十年。受害人定残后的护理，应当根据其护理依赖程度并结合配置残疾辅助器具的情况确定护理级别。

（4）交通费：根据受害人及其必要的陪护人员因就医或者转院治疗实际发生的费用计算。交通费应当以正式票据为凭；有关凭据应当与就医地点、时间、人数、次数相符合。

（5）住院伙食补助费：可以参照当地国家机关一般工作人员的出差伙食补助标准予以确定。受害人确有必要到外地治疗的，因客观原因不能住院，受害人本人及其陪护人员实际发生的住宿费和伙食费，其合理部分应予赔偿。

（6）营养费：根据受害人伤残情况参照医疗机构的意见确定。

（7）残疾赔偿金：根据受害人丧失劳动能力程度或者伤残等级，按照受诉法院所在地上一年度城镇居民人均可支配收入或者农村居民人均纯收入标准，自定残之日起按二十年计算。但六十周岁以上的，年龄每增加一岁减少一年；七十五周岁以上的，按五年计算。受害人因伤致残但实际收入没有减少，或者伤残等级较轻但造成职业妨害严重影响其劳动就业的，可以对残疾赔偿金作相应调整。

（8）残疾辅助器具费：按照普通适用器具的合理费用标准计算。伤情有特殊需要的，可以参照辅助器具配置机构的意见确定相应的合理费用标准。辅助器具的更换周期和赔偿期限参照配制机构的意见确定。

（9）丧葬费：按照受诉法院所在地上一年度职工月平均工资标准，以六个月总额计算。

（10）被抚养人生活费：根据抚养人丧失劳动能力程度，按照受诉法院所在地上一年度城镇居民人均消费性支出和农村居民人均年生活消费支出标准计算。被抚养人为未成年人的，计算至十八周岁；被抚养人无劳动能力又无其他生活来源的，计算二十年。但六十周岁以上的，年龄每增加一岁减少一年；七十五周岁以上的，按五年计算。

（11）死亡赔偿金：根据受诉法院所在地上一年度城镇居民人均可支配收入或者农村居民人均纯收入标准，按二十年计算。但六十周岁以上的，年龄每增加一岁减少一年；七十五周岁以上的，按五年计算。

附：本案一审民事判决书

福建省福州市鼓楼区人民法院

民事判决书

〔2015〕鼓民初字第5××3号

原告：龙×钧，男，汉族，1979年×月×日出生，住四川省广安市广安区恒升镇××村×组×号。

委托代理人：蒋×娇、范××，福建科×律师事务所律师。

被告：福建××职业技术学院，住所地为福建省福州市鼓楼区××路×号。

法定代表人：王×，校长。

委托代理人：詹×、陈×（实习律师），福建创×律师事务所律师。

被告：福建钟×物业管理有限公司，住所地为福州市大道×号×栋×室。

法定代表人：詹××，总经理。

委托代理人：陈×，福建真×律师事务所律师。

原告龙×钧与被告福建××职业技术学院（以下简称××学院）、福建钟×物业管理有限公司（以下简称钟×公司）提供劳务者受害责任纠纷一案，本院于2015年8月14日立案受理后，依法适用简易程序，公开开庭进行了审理。原告龙×钧及其委托代理人蒋×娇、范××、被告福建××职业技术学院（以下简称××学院）的委托代理人詹××、陈×，被告钟×物业管理有限公司（以下简称钟×公司）的委托代理人陈×到庭参加诉讼。案件已审理终结。原告诉称，2014年8月23日，原告受雇于被告钟×公司，至位于福州市仓山区××街×号的福建××学院螺洲校区进行蓄水池清理工作，与原告一同前来进行蓄水池清理工作的还有其他三个人，即熊×和、熊×全、姚×兴。当原告上去查看蓄水池情况下来的时候摔倒了，严重受伤，被多人抬下来，并立即叫救护车送至福建省福州市中西结合医院福州市第二医院住院治疗，于2014年9月16日出院，住院23天。住院期间，原告一共花去医疗费67050元。出院诊断：左肱骨中上段骨折；左肘关节脱位；左桡骨远端粉碎性骨折；左上肢软组织挫裂伤；左桡神经损伤待排；左踝骨折待排。原告伤情经过司法鉴定，构成伤残十级。出院时，医院要求复诊，建议休息不少于三个月，要求定期复查至骨折愈合，并建议待骨折愈合后，进行二次手术取出内固定物。根据以上事实，两被告应赔偿以下项目及金额：1. 医疗费：67050元。2. 护理费2300元。（住院23天，1人，每天100元）3. 住院伙食补助费1150元。（每天50元，1人，共23天）4. 误工费11300元。（住院23天+医生建议休息不少于三个月，合计不少于113天，按113天算，1人，每天100元），5. 残疾赔偿金40184元。6. 精神损失赔偿费10000元。7. 预付二次手术费20000元。以上合计：151984元。上述赔偿应由两被告承担连带责任。现原告诉至法院，请求判令：1. 二被告赔偿医疗费67050元、护理费2300元、住院伙食补助费1150元、误工费11300元、残疾赔偿金40184元、精神损失赔偿费10000元、预付二次手术费20000元，合计151984元。

被告××学院辩称，一、原告与被告××学院之间不存在任何雇佣或劳动关系，其所受损失与被告××学院无关。被告××学院于2013年9月10日与被告钟×公司签订物业服务合同，合同期限为2013年10月1日至2015年7月31日，服务内容包括二次供水水池清洗、消毒、送检，被告钟×公司随后又将该项服务自行承包给福州百×家政服务有限公司（以下简称“百×公司”）。2014年8月17日，被告××学院螺洲校区进行二次供水水池清洗、消毒，百 × 公司经办人熊 × 和自行组织原告龙 × 钧及案外人熊 × 全、姚 × 兴等 5 人到场清理后发生事故。且被告 ×× 学院与钟 × 公司签订“物业服务合同”时明确约定：“乙方（即钟 × 公司）应对员工进行安全教育并做好防范措施，自行办理员工工伤保险，自行承担费用。如员工在工作期间造成人身伤害或第三者人身伤害，责任全部由乙方承担，甲方不负任何责任。”故原告诉请被告 ×× 学院承担其人身损害所产生的各项费用的诉讼请求缺乏事实和法律依据，应当予以驳回。二、原告的人身损害其自身具有重大过错。对于个人和单位之间形成劳务关系的，提供劳务一方在工作过程中遭受人身损害的，参照《中华人民共和国侵权责任法》第三十五条规定，根据各自的过错承担相应的民事责任。百 × 公司员工熊 × 和私自组织原告龙 × 钧等人进行劳务活动，该组织行为视为职务行为，视为原告龙 × 钧受雇于百 × 公司，其工作时所受的人身损害理应依据自身过错程度与其雇主即百 × 公司分别承担各自的责任。2014 年 8 月 17 日当日，经钟 × 公司安排确定，约定双方于当日上午 8 点起至被告 ×× 学院螺洲校区进行供水水池清洗、消毒。而原告龙 × 钧等人却于上午 7 点多在钟 × 公司现场管理人员和校区水电工均未到场的情况下就自行到场作业，且均未按规定安全着装，原告龙 × 钧更是穿着拖鞋就攀爬水塔，后来在被告 ×× 学院该作业区域并不存在安全隐患的情况下从水塔上滑落至旁边的二楼屋面上摔伤，该损害结果的发生其自身存在重大过错，自身应承担相应责任。三、原告诉请数额过高，无事实和法律依据（以下意见仅针对原告损失诉请的合法性、合理性，不代表被告 ×× 学院同意按以下损失计算方法进行赔偿）：1. 医疗费，对用药合理性、治疗费用关联性提出质疑；2. 护理费，原告并未提供其确需护理的医疗意见，且未提供护工发票等证据，并且即使确需护理只能按照 80 元 / 天计算；3. 住院伙食补助费，标准只能按 30 元 / 天计算；4. 误工费，需提供原告因本起事故造成其误工的损失证明，否则不予支持；5. 残疾赔偿金，因原告并未向被告 ×× 学院提供司法鉴定材料，不能够判断其单方委托所作出的鉴定结论的真实性与合法性，且原告户籍所在地为农村，若造成伤残其残疾赔偿应适用农村标准；6. 精神抚慰金应根据伤残等级，结合福州当地的经济情况由法院依法调整；7. 后续治疗费尚未实际发生，请法庭不予支持；综上所述，原告起诉被告 ×× 学院于法无据且该损害结果的发生自身具有重大过错，请求法院依法驳回原告对被告 ×× 学院的诉讼请求，并由原告承担本案的诉讼费用。

被告钟 × 公司辩称，一、被告钟 × 公司和原告没有任何法律连接点。被告 ×× 学院提交的证据，已经说明被告钟 × 公司只是把相关业务承包给了福州百 × 家政服务公司。双方已经实际构成了承揽合同关系。被告钟 × 公司只和百 × 公司存在法律关系，和原告没有任何法律联系，更不会去雇佣原告提供劳务，所谓被告钟 × 公司应该对原告承担提供劳务者人身损害赔偿责任，是没有任何法律依据的。原告不是被告钟 × 公司的职工，原告从来就没有和被告钟 × 公司存在任何法律关系，原告没有与被告钟 × 公司签订过任何劳动合同，也没有从被告钟 × 公司处领取过工资、缴纳过医保社保，更没有和被告钟 × 公司形成任何事实劳动关系。因此，原告要求被告钟 × 公司承担人身损害的赔偿责任是没有任何法律依据的。二、原告所主张的赔偿数额不正确。原告主张的赔偿数额，我们逐一分析。1. 医疗费，虽然有发票，但没有清单，无法确定该医疗费用是否客观真实，以及是否因为此次受伤的治疗，所以认为此费用不能成立。2. 护理费，没有看到发票甚至连收款收据都没有，根本不能说明存在护理费这一费用，此费用不能成立。3. 住院伙食补助，没有任何单据，此费用不能成立。即便成立，也仅仅只能按照福州市市直机关出差标准，每天 30 元计算。4. 误工费，因为其住院治疗这一情况尚不能证明，因为什么误工也没有依据了，而且原告没有举证证明其有工作，更没有举证证明其工作收入，所谓的误工费主张没有任何事实依据。5. 残疾赔偿金，原告所主张的残疾赔偿金数额存在问题，根据原告的户籍信息，其赔偿金数额应当按照农村户口进行计算，即只能是12560×20×0.1=25300元。6. 精神损害赔偿，伤残与被告钟×公司无关，所以不能主张精神损害赔偿。其主张数额也没有法律依据，依法不应予以支持。7. 二次手术费用，没有任何证据证明需要二次手术，也就没有二次手术费用，其主张不应得到支持。综上，因为原告与被告钟×公司之间不存在雇佣关系，没有临时雇佣关系，被告钟×公司也不是物业主人，没有任何法律连接点，不应为原告的损失承担责任，其损失应当找其雇主以工伤形式承担。原告提出的损害赔偿数额没有一项具有法律依据，医药费没有明细，无法证明其医药费的真实性以及与本案的关系，其他费用系原告主观臆断，无事实和法律依据，依法应予驳回。

根据原、被告双方在庭审过程中的陈述及提交的有效证据，本院查明事实如下：2014年8月23日，证人熊×和联系原告龙×钧、证人熊×全、姚×兴共四人至被告××学院螺洲校区进行蓄水池清理工作。原告上去查看蓄水池时跌落，当日被送至福州中西结合医院福州市第二医院住院治疗，诊断为左肱骨中上段骨折；左肘关节脱位伴肱骨远端撕脱骨折；左桡骨远端粉碎性骨折；左外踝、前踝骨折；左距骨撕脱骨折。住院24天，花费医疗费67050.75元，出院医嘱为："1. 上门复诊，建议休息不少于三个月；2. 左上肢继续三角巾悬吊，禁持重，左下肢禁负重，定期来院复查至骨折愈合，根据复查情况由医师决定何时可持重、负重；3. 患肢继续加强功能锻炼；4. 待骨折愈合后，建议二次手术取出内固定物；5. 患肢提前持重、负重可导致内固定物松动、断裂、脱出；6. 不适随诊。"事故发生后，被告钟×公司支付原告1000元。2014年12月17日，原告伤情经福建晟×司法鉴定所鉴定为十级伤残。

另查，被告××学院与被告钟×公司于2013年9月10日签订"福州市物业服务合同”，约定由被告钟×公司向被告××学院所属三个校区（包括仓山区螺洲校区）提供物业服务，服务期限为2013年10月1日至2015年7月31日，服务内容包括二次供水水池清洗、消毒、送检等。

本院认为，本案争议焦点有二：第一，两被告是否应为原告所受损害承担责任；第二，原告受损之金额。

第一，两被告应承担的责任。

关于被告钟×公司应承担的责任。本案中，原告主张其受雇于被告钟×公司，证人熊×和出庭作证其系接到被告钟×公司林经理的电话要求联系多人清洗蓄水池，遂带上原告龙×钧、证人熊×全、证人姚×兴，报酬为800元，四人平分；证人熊×全、证人姚×兴亦出庭作证称四人均以打零工为生，此次清洗蓄水池工作系由证人熊×和联系的，并称报酬为800元，由四人平分。本院认为，被告钟×公司辩称其口头将清洗蓄水池工作承包给了福州百×家政服务公司，并提交委托单位为福州百×家政服务公司，送检单位为被告××学院螺洲校区的“检测报告书”予以证明，然而从该“检测报告书”的送检时间2014年8月13日来看，与事故发生时间2014年8月23日在时间点上存在冲突；且“检测报告书”的委托单位并非理所当然与清洗蓄水池人员一致。故被告钟×公司的该辩称没有事实依据，本院不予采信。被告钟×公司为被告××学院提供包括清洗蓄水池在内的物业服务，原告及三个证人亦称受被告钟×公司所雇，故本院认定被告钟×公司为原告的雇用单位。根据《最高人民法院关于审理人身损害赔偿案件适用法律若干问题意见》（以下简称《人身损害赔偿解释》）第十一条规定，受雇人在从事雇佣活动中受到伤害，由雇主承担赔偿责任。本案中，原告在工作中由于自身疏忽摔倒受伤产生的人身损害应由雇主即被告钟×公司承担。

关于被告××学院应承担的责任。《最高人民法院关于审理人身损害赔偿案件适用法律若干问题的解释》第十一条规定："……雇员在从事雇佣活动中因安全生产事故遭受人身损害，发包人、分包人知道或者应当知道接受发包或者分包业务的雇主没有相应资质或者安全生产条件的，应当与雇主承担连带赔偿责任……"，被告钟×公司作为物业服务公司具有相应的资质，被告××学院在选任上不存在过失，故对本起事故不承担责任。

第二，原告受损之金额。

根据《最高人民法院关于审理人身损害赔偿案件若干问题的解释》第十七条规定，"受害人遭受人身损害，因就医治疗支出的各项费用以及因误工减少的收入，包括医疗费、误工费、护理费、交通费、住宿费、住院伙食补助费、必要的营养费，赔偿义务人应当予以赔偿；受害人因伤致残的，其因增加生活上需要所支出的必要费用以及因丧失劳动能力导致的收入损失，包括残疾赔偿金、残疾辅助器具费、被扶养人生活费，以及因康复护理、继续治疗实际发生的必要的康复费、护理费、后续治疗费，赔偿义务人也应当予以赔偿。"据此，本院就原告主张的各项损失进行逐一分析：1. 医疗费：以原告提供的票据计算，为67050元；2. 护理费：原告主张护理费按每日100元，住院23天，合计100元×23天=2300元，主张合理，本院予以确认；3. 住院伙食补助费：原告主张按照50元/天的标准过高，应酌定为30元/天，住院23天，合计30元×23天=690元；4. 误工费：原告主张误工天数按住院时间23天+出院医嘱"建议休息不少于三个月"，即23天+90天=113天，本院予以认定；原告平日靠打零工为生，应按本省上年度农、林、牧、渔业的平均工资32391元/年计算误工费，故误工费为32391元/年÷365天× 113天=10028元；5. 残疾赔偿金：经鉴定，原告构成十级伤残，其残疾赔偿金按照本省上一年度城镇居民可支配收入计算，为30722.4元/年×20年×10%=61444元，原告仅主张40184元系对其权利的放弃，本院予以支持；6. 精神损害抚慰金：

原告构成十级伤残，受到了一定的精神痛苦，被告应赔付适当的精神损害抚慰金，本院酌定为 5000 元。7. 二次手术费，该费用尚未发生，待实际产生后由原告另行主张。以上各项合计 125252 元。扣除被告钟 × 公司已垫付的 1000 元，被告尚须支付 124252 元。

综上，依照《中华人民共和国侵权责任法》第十六条、《最高人民法院关于审理人身损害赔偿案件适用法律若干问题的解释》第十一条、第十七条、第十八条第一款、第十九条、第二十条、第二十一条、第二十三条第一款、第二十五条第一款之规定，判决如下：

一、被告福建钟 × 物业管理有限公司于本判决生效之日起十日内赔偿原告龙 × 钧医疗费、误工费、护理费、住院伙食补助、残疾赔偿金、精神损害抚慰金共计 124252 元。

二、驳回原告龙 × 钧的其他诉讼请求。

如果被告未按本判决指定的期间履行给付金钱义务，应当依照《中华人民共和国民事诉讼法》第二百五十三条的规定，加倍支付迟延履行期间的债务利息。

本案案件受理费适用简易程序减半收取 1669.5 元（已由原告龙 × 钧预交 3339 元），其中 300 元由原告龙 × 钧承担，1369.5 元由被告福建钟 × 物业管理有限公司承担。

如不服本判决，可在判决书送达之日起十五日内，向本院递交上诉状，并按对方当事人人数提出副本，上诉于福建省福州市中级人民法院。

代理审判员　郑 ×

二〇一五年十二月二日

书　记　员　余 ×

附相关法律条文：

《最高人民法院关于审理人身损害赔偿案件若干问题的解释》

第十一条　雇员在从事雇佣活动中遭受人身损害，雇主应当承担赔偿责任。雇佣关系以外的第三人造成雇员人身损害的，赔偿权利人可以请求第三人承担赔偿责任，也可以请求雇主承担赔偿责任。雇主承担赔偿责任后，可以向第三人追偿。

雇员在从事雇佣活动中因安全生产事故遭受人身损害，发包人、分包人知道或者应当知道接受发包或者分包业务的雇主没有相应资质或者安全生产条件的，应当与雇主承担连带赔偿责任。

属于《工伤保险条例》调整的劳动关系和工伤保险范围的，不适用本条规定。

第十七条　受害人遭受人身损害，因就医治疗支出的各项费用以及因误工减少的收入，包括医疗费、误工费、护理费、交通费、住宿费、住院伙食补助费、必要的营养费、赔偿义务人应当予以赔偿。

第十八条　受害人或者死者近亲属遭受精神损害，赔偿权利人向人民法院请求赔偿精神损害抚慰金的，适用《最高人民法院关于确定民事侵权精神损害赔偿责任若干问题的解释》予以确定。

精神损害抚慰金的请求权，不得让与或者继承。但赔偿义务人已经以书面方式承诺给予金钱赔偿，或者赔偿权利人已经向人民法院起诉的除外。

第十九条　医疗费根据医疗机构出具的医药费、住院费等收款凭证，结合病历和诊断证明等相关证据确定。赔偿义务人对治疗的必要性和合理性有异议的，应当承担相应的举证责任。

医疗费的赔偿数额，按照一审法庭辩论终结前实际发生的数额确定。器官功能恢复训练所必要的康复费、适当的整容费以及其他后续治疗费，赔偿权利人可以待实际发生后另行起诉。但根据医疗证明或者鉴定结论确定必然发生的费用，可以与已经发生的医疗费一并予以赔偿。

第二十条　误工费根据受害人的误工时间和收入确定。

受害人有固定收入的，误工费按照实际减少的收入计算。受害人无固定收入的，按照其最近三年的平均收入计算；受害人不能举证证明其最近三年的平均收入状况的，可以参照受诉法院所在地相同或者相近行业上一年度职工的平均工资计算。

第二十一条　护理费根据护理人员的收入状况和护理人数、护理期限确定。

护理人员有收入的，参照误工费的规定计算；护理人员没有收入或者雇佣护工的，参照当地护工从事同等级别护理的劳务报酬标准计算。护理人员原则上为一人，但医疗机构或者鉴定机构有明确意见的，可以参照确定护理人员人数。

护理期限应计算至受害人恢复生活自理能力时止。受害人因残疾不能恢复生活自理能力的，可以根据其年龄、健康状况等因素确定合理的护理期限，但最长不超过二十年。

受害人定残后的护理，应当根据其护理依赖程度并结合配制残疾辅助器具的情况确定护理级别。

第二十三条　住院伙食补助费可以参照当地国家机关一般工作人员的出差伙食补助标准予以确定。

第二十五条　残疾赔偿金根据受害人丧失劳动能力程度或者伤残等级，按照受诉法院所在地上一年度城镇居民人均可支配收入或者农村居民人均纯收入标准，自定残之日起按二十年计算。但六十周岁以上的，年龄每增加一岁减少一年；七十五周岁以上的，按五年计算，受害人因伤致残但实际收入没有减少，或者伤残等级较轻但造成职业妨害严重影响其劳动就业的，可以对残疾赔偿金作相应调整。

执行提示：

《中华人民共和国民事诉讼法》

第二百三十九条　申请执行的期间为二年。申请执行时效的中止、中断，适用法律有关诉讼时效中止、中断的规定。

前款规定的期间，从法律文书规定履行期间的最后一日起计算；法律文书规定分期履行的，从规定的每次履行期间的最后一日起计算；法律文书未规定履行期间的，从法律文书生效之日起计算。

第十章　个体经营者营业收入的认定

一、案件简介

原告卞 × 系受损营运车辆车主。2015 年 4 月 23 日 18 时 54.分许，被告陈 × 驾驶重型半挂牵引车（该车投保交强险和商业险，投保公司：中国 ×× 财产保险股份有限公司）后拖挂重型集装箱半挂车（福州 ×× 物流有限公司系该车行驶证登记所有人）从闽清云龙往溪口方向行驶，行经 202 省道与南山路交叉路口路段右转弯过程中，该车发生侧翻并碰撞由溪口往十字街方向行驶的二轮摩托车及停在路边的受损营运车辆货车及其他六辆车、路边的房屋（闽清县梅城镇南山路 ×× 号，该房屋土地使用者黄 × 生），造成包括原告卞 × 所有的（受损营运车辆）车辆及其他车辆损坏及傅 ×× 受伤、陈 ×× 当场死亡的交通事故。

原告卞 × 的货车在此次交通事故中严重受损，事故发生后，原告与被告二中国 ×× 财产保险股份有限公司福建分公司联系，根据其损失鉴定的要求将车辆拖至被告三福州 ×× 物流有限公司指定的马尾六汇村 ×× 汽车修理厂进行维修。但直至 2016 年 4 月 8 日，原告受损车辆仍未获得维修处理。据修理厂反映，该车已经无法修理，应予以报废。原告多次联系几名被告要求赔偿，均无回应。原告受损车辆系由原告驾驶运输货物为营生，本次事故导致原告营运车辆受损，自事故发生以来无法继续从事运输工作，生活没有来源。

2016 年 4 月 8 日，原告以交通事故损害赔偿纠纷诉至福州市闽清县人民法院，闽清县人民法院受理此案。

2016年5月12日，原告向福州市闽清县人民法院递交鉴定意见书，请求法院依法委托具备相关资质的司法鉴定单位对申请人事发时被损毁的受损营运车辆进行财产价值评估，2016年5月17日进行鉴定机构摇号。

2016年6月30日，福建××司法鉴定所对受损营运车辆的损失作出鉴定意见:（一）该车无修复价值，推定全损;（二）损失价格评估为人民币24140元。

庭审过程中，被告二代理人、被告三代理人针对原告的起诉提出了抗辩，主要矛盾焦点集中在被告所谓的“误工费”是否具有法律依据，即便“误工费”属于表述错误，那么对于“停运损失”的认定应该符合《道路交通安全法》的规定，仅在《道路交通安全法》范围内基于合法营运车辆“停运损失”的赔偿。被告认为，原告无法证明其具有合法的营运资质，且根本无法证明自身的营运情况和营运收入，法律不应支持原告关于营运损失的诉请。

2016年8月9日，经审理法院依照《中华人民共和国侵权责任法》第十九条、《中华人民共和国道路交通安全法》第七十六条、《最高人民法院关于审理道路交通事故损害赔偿案件适用法律若干问题的解释》第十六条、《最高人民法院关于审理道路交通事故损害赔偿案件适用法律若干问题的解释》第十五条、《最高人民法院关于民事诉讼证据的若干规定》第二条以及《中华人民共和国民事诉讼法》第一百四十四条规定，判决如下:

一、被告中国××财产保险股份有限公司福建分公司于本判决生效之日起十日内向原告卞×支付赔偿款人民币24140元;

二、被告福州××物流有限公司于本判决生效之日起十日内向原告卞×支付赔偿款人民币1500元;

三、驳回原告卞×的其他诉讼请求。

二、本案及同类案件办理中会涉及的主要问题

办理本案乃至同类交通事故损害赔偿案件主要涉及以下几个问题：

1. 管辖法院的选择；
2. 案件事实的认定；
3. 如何确定原告所受损失。

三、对上述问题的分析

1. 对管辖法院的选择

管辖权是指法院对案件进行审理和裁判的权力或权限。法院要对案件具有管辖权，必须满足两个条件：即法院对所涉案件具有“事件管辖权”或者对案件当事人具有“个人管辖权”。另外还需要考虑案件的级别管辖问题。

（1）关于交通事故案件的地域管辖

依据《中华人民共和国民事诉讼法》第二十八条的规定，因侵权行为提起的诉讼，由侵权行为地或者被告住所地人民法院管辖。本案的交通事故是典型的民事侵权案件，其事故发生地和被告人住所地人民法院均具管辖权。

（2）关于交通事故案件的级别管辖

一般基层人民法院管辖交通事故损害赔偿的第一审民事案件；中级人民法院管辖的一审交通事故案件较少，根据《中华人民共和国民事诉讼法》第十八条“中级人民法院管辖下列第一审民事案件：（一）重大涉外案件；（二）在本辖区有重大影响的案件；（三）最高人民法院确定由中级人民法院管辖的案件。”

就本案情况而言，从刑事上属于严重的交通事故，但从民事侵权关系上看，尚不构成由中级人民法院受理一审案件的情况。

因此，本案在管辖法院的选择上应考虑被告住所地或者交通事故发生地的

基层人民法院。

（3）对基层管辖法院选择的具体考量

管辖法院的选择在法律规定的被告住所地、交通事故发生地之间进行选择时，首先要考虑的就是当事人的诉讼成本。如果交通事故发生在外地，而车辆所有人（即车主）或承运人在本市区的，可以直接向被告住所地法院提起诉讼。如果事故发生地法院对于当事人来说诉讼更加便利，也可以主张向事故发生地法院起诉。

当然更重要的考虑因素是，在具体交通事故赔偿案件中对于赔偿标准的计算问题。根据《最高人民法院关于审理人身损害赔偿案件适用法律若干问题的解释》规定：以下赔偿费用按照受诉法院所在地的标准计算：①残疾赔偿金。根据受害人丧失劳动能力程度或者伤残等级，按照受诉法院所在地上一年度城镇居民人均可支配收入或者农村居民人均纯收入标准，自定残之日起按二十年计算。②被扶养人生活费。根据扶养人丧失劳动能力程度，按照受诉法院所在地上一年度城镇居民人均消费性支出和农村居民人均年生活消费支出标准计算。③丧葬费。按照受诉法院所在地上一年度职工月平均工资标准，以六个月总额计算。④死亡赔偿金。按照受诉法院所在地上一年度城镇居民人均可支配收入或者农村居民人均纯收入标准，按二十年计算。

上述司法解释确定的是交通事故人身损害的赔偿标准，很明显，案件的诉讼发生在经济发达地区还是经济欠发达地区对于最后当事人利益的伸张具有非常重要的意义。在本案中当事人并未受到人身伤害，因此，对于人身赔偿的标准问题可以不作为本案办理过程中需要格外注意的点。

2. 本案事实的认定

任何案件的处理，都需要从事实上对案件进行分析和判断。打官司就是讲道理，讲道理就要摆事实，这是最简单的逻辑。因此，在一个交通事故案件中我们需要注意的事实就包括，事故什么地方发生、事故发生的原因、当事人在该起事故中责任如何认定、责任方是否有保险、责任方的保险包含多少的项目、是不是足以赔付事故造成的损失、事故到底造成了多少的损失、人身还是财产、有没有可期待利益的损失。

就本案而言，交通事故发生的事实、责任都已经非常清楚，相关车辆的归属、保险公司的责任也都明确可知。

3. 如何确定损失

（1）交通事故财产损失的范围

根据《最高人民法院关于审理道路交通事故损害赔偿案件适用法律若干问题的解释》第十五条规定：“因道路交通事故造成下列财产损失，当事人请求侵权人赔偿的，人民法院应予支持：（一）维修被损坏车辆所支出的费用、车辆所载物品的损失、车辆施救费用；（二）因车辆灭失或者无法修复，为购买交通事故发生时与被损坏车辆价值相当的车辆重置费用；（三）依法从事货物运输、旅客运输等经营性活动的车辆，因无法从事相应经营活动所产生的合理停运损失；（四）非经营性车辆因无法继续使用，所产生的通常替代性交通工具的合理费用。”

在本案中，卞 × 车辆因为该起交通事故受到损害，事故责任方需要赔偿车辆维修的支出。因为卞 × 的车辆经过鉴定已经无法维修，应赔付“为购买交通事故发生时与被损坏车辆价值相当的车辆重置费用”。这里需要格外注意的一点是，作为此种类型的案件代理人主张的赔付费用不能理解为购买车辆的重置费用。如果做这样的理解，就会将诉请的金额扩大，变成要求对方赔偿重新购买一辆同款式汽车的费用，无异于获得了一辆新的汽车。侵权责任法的基本原则是“补偿性”的，当事人能够获得的赔偿仅仅是当事人的损失。任何人都不应当从自身所遭受的损失中获益。因此对于车辆无法修复的赔付标准，法律很严格界定为“购买交通事故发生时与被损坏车辆价值相当的车辆重置费用”，简单的理解就是赔偿车辆交通事故发生时的残值。通常对于此类价值认定，都需要通过鉴定机构进行。

本案在审理过程中，为确定车辆的具体价值，已经委托进行了鉴定，鉴定报告对此已有明确定论。

（2）“误工费”是否需要赔偿

①当事人主张“误工费”是否合理

“误工费”是指，赔偿义务人应当向权利人支付的受害人从遭受伤害到完全治愈这一期间（误工时间）内，因无法从事正常工作而实际减少的收入。根据《最高院关于审理人身损害赔偿案件适用法律若干问题的解释》第十七条第一款规定，“受害人遭受人身损害，因就医治疗支出的各项费用以及因误工减少的收入，包括医疗费、误工费、护理费、交通费、住宿费、住院伙食补助费、必要的营养费，赔偿义务人应当予以赔偿。”可见，在我国“误工费”仅仅适用于发生人身伤亡的侵权事件当中。

基于本案的事实情况，当事人卞 × 在本案中并没有任何人身伤害的事实，因此卞 × 在诉状中对于“误工费”的诉请是不符合法律规定的。但可以想见的是，卞 × 没有遭受人身伤害其所主张的必然不是人身损害的赔偿，那么当事人要的是什么赔偿呢？从案件的事实来看，卞 × 主张的应该是其因为事故，车辆受损无法从事营运活动所遭受的损失。就卞 × 而言，其主要工作就是利用该车辆进行运输，从一般口头表达习惯来判断，卞 × 主张的“误工费”应理解为车辆停运损失。

②车辆停运损失如何界定

车辆停运损失系指在道路交通事故中发生车辆的损害，如果受害人是以被损车辆用于货物运输或者旅客运输经营活动，则在被损车辆修复期间，受害人因无法进行正常的货物运输或者旅客运输经营而造成经济收入的减少或停运损失，由相关事故责任人对该损失进行的赔偿。

停运损失的数额一般应根据正常生产经营情况下平均实际收入和停产、停业期间的实际收入进行计算。实际收入应为正常业务收入扣减可变成本后的余额。成本是由可变成本和不变成本组成。不变成本包括税费、保险、运输管理费、客货运输附加费、工商管理费等；可变成本包括司机工资、燃油费、过路过桥费等。这就是说：每日纯收入 = 每日营业额 – 每日不变成本 – 每日可变成本。按照这样的标准进行计算确定。

根据前述引用的《最高人民法院关于审理道路交通事故损害赔偿案件适用法律若干问题的解释》第十五条规定（三）“依法从事货物运输、旅客运输等经营性活动的车辆，因无法从事相应经营活动所产生的合理停运损失”，法律对于这一赔偿的限制性条件也非常清晰，即“依法从事货物运输、旅客运输等经营性活动的车辆”，这里的“依法从事”就非常明确地对交通事故中可适用车辆停运损失的赔偿客体有了明确的要求——营运车辆。

所谓“营运车辆”系指经主管机关核准，可参加营运的车辆。包括技术完好的、在修的、待修的、长期停驶的以及拟报废尚未经上级主管部门批准的车辆。但不包括企业的非营运车辆（如架线车、油罐车、货车和其他专用车辆）和借入的客运车辆。换言之，非营运车辆不能成为停运损失的赔偿对象。

本案中，卞 × 的车辆没有办理“营运车辆”的核准证书，依法不能被认定为具有“营运车辆”的法律地位。但实务中普遍存在未经核准注册但挂靠在其他人名下，实际用于营运生产的车辆。对于此种车辆，法院一般也会从实际出发考虑当事人实际受损失的情况，支持停运损失的诉请。前提是需要卞 × 提供其车辆实际用于营运的合同或者挂靠的证明材料，但卞 × 无法提供相应材料，最终其该项主张无法得到法院支持。

另外，办理此类案件需要格外注意，根据《最高人民法院关于审理道路交通事故损害赔偿案件适用法律若干问题的解释》第七条“赔偿权利人请求因机动车交通事故造成车辆的维修费用或重置费用、车辆所载货物的损失、车辆施救费用、经营性车辆的停运损失或者非经营性车辆使用中断的损失以及其他财产损失的，人民法院应予支持。”本条所称“车辆的重置费用”，是指因机动车交通事故导致被侵权人的车辆灭失或无法修复的，被侵权人为取得与交通事故发生前被损害车辆价值相当的车辆所需要的金额。人民法院应当根据鉴定结论、该车辆的使用年限等因素确定该损失的数额。本条所称“经营性车辆的停运损失”，是指被侵权人用于货物运输、旅客运输或者汽车租赁等经营活动的车辆，无法从事相应经营活动而产生的损失。本条所称“非经营性车辆使用中断的损失”，是指被侵权人正在使用的非用于货物运输或者旅客运输经营活动的车辆无法继续使用而遭受的损失。人民法院可以根据被侵权人为获得通常的替代性交通工具已经支付的费用确定该损失的数额。赔偿权利人请求承保机动车第三者责任强制保险的保险公司赔偿经营性车辆的停运损失和非经营性车辆使用中断的损失的，人民法院不予支持。可见，停运损失的主张仅可向事故责任人个人主张，不属于保险公司第三者责任强制保险的赔付范围。

附：本案一审民事判决书

福建省闽清县人民法院

民事判决书

〔2016〕闽0124民初2×6号

原告：卞×，男，汉族，1984年×月×日出生，住福建省闽清县梅城镇××路×号。

委托诉讼代理人：李×，福建真×律师事务所律师

委托诉讼代理人：陈×，福建真×律师事务所律师。

被告：陈×，男，汉族，1984年×月×日出生，住江西省宜春市铜鼓县永宁镇×路×号5栋1单元×室。

被告：中国××财产保险股份有限公司福建分公司，住所地为福建省福州市台江区茶亭街道××路×号×大厦5层A单元。

负责人：苏×，总经理。

委托诉讼代理人：吴×贵，北京大×（福州）律师事务所律师。

委托诉讼代理人：杨×成，北京大×（福州）律师事务所律师。

被告：福州××物流有限公司，住所地为福建省福州市台江区×路×号轻工厂房1#楼5层。

法定代表人：郑×，总经理。

委托诉讼代理人：谢×强，系××物流员工，男。

原告卞×诉被告陈×、中国××财产保险股份有限公司福建分公司（以下简称××财保）、福州××物流有限公司（以下简称××物流）机动车交

通事故责任纠纷一案，本院于2016年4月8日立案后，依法适用简易程序公开开庭进行了审理。原告卞×委托诉讼代理人陈×、被告××财保委托诉讼代理人吴×贵、被告××物流委托诉讼代理人谢×强到庭参加诉讼，被告陈×经本院传票传唤，无正当理由拒不到庭参加诉讼。本案现已审理终结。

原告向本院提出诉讼请求：1. 三被告连带赔偿原告车辆损失24140元，并先由被告××财保在交强险限额内承担赔偿责任，不足部分在商业险限额内承担赔偿责任，仍有不足的，由侵权人承担；2. 三被告赔偿原告因车辆受损无法工作而产生的误工费32145.05元；3. 三被告承担本案律师费5000元及诉讼费。事实和理由：2015年4月23日18时54分许，被告陈×驾驶重型半挂牵引车后拖挂重型集装箱半挂车从闽清云龙往溪口方向行驶，行经202省道与南山路交叉路口路段右转弯过程中，该车发生侧翻，后碰撞由溪口往十字街方向行驶的由傅××驾驶的后载陈××的二轮摩托车及停在路边的六辆车辆、路边的房屋（闽清县梅城镇××路××号，该房屋土地使用者黄×生），造成包括原告所有的车辆及其他车辆损坏及傅××受伤、陈××当场死亡的交通事故。根据道路交通事故认定书（梅公交认字〔2015〕第0×××0号）认定被告应负本事故全部责任。事故发生后，原告根据被告××财保损失鉴定的要求将车辆拖至被告××物流指定的马尾六汇村××汽车修理厂。但据修理厂反映，该车已经无法修理，应予以报废。原告多次联系被告方要求赔偿，均无回应。原告系从事运输行业，受损车辆由原告驾驶运输货物以营生。本次事故导致原告营运车辆受损，而三被告至今未予及时赔偿，导致原告自事故发生以来无法继续从事运输工作，生活没有来源，更无法重新购买车辆进行运输营业，误工损失为32145.05元（2015年第三季度福建省城镇居民可支配收入26300.50元÷9×11）。

被告××财保辩称，一、答辩人因本起交通事故，在交强险和商业险范围内已实际赔付 581314 + 73400=654714 元，其中已向被告 ×× 物流理赔关于死者陈 ×× 损失 581314 元；根据台江区人民法院〔2015〕台民初字第 2××0 号民事判决书，已向中国 ×× 财产保险股份有限公司福州市分公司支付陈 ×× 所有的闽 A××××9 轿车车损 73400 元（含交强险 2000 元。另闽清县人民法院〔2015〕梅民初字第 1××0 号民事判决书判决答辩人赔偿陈 ××17000.9 元（亦含交强险 2000 元）尚在二审诉讼中；闽清县人民法院〔2015〕梅民初字第 1××1 号民事判决书判决答辩人赔偿黄 × 生 40710 元，尚在二审诉讼中；闽清县人民法院〔2016〕闽 0××4 民初 ×× 号民事判决书判决答辩人赔偿傅 ××352169.27 元。

二、原告诉请的赔偿项目及金额存在不合理：1. 车辆损失，同意按福建 ×× 司法鉴定所的鉴定意见计算，即确认闽 ××××1 号车因本案交通事故造成的损失金额为 24140 元；2. 误工费，根据《最高人民法院关于审理道路交通事故损害赔偿案件适用法律若干问题的解释》第十四条、第十五条规定，财产损失赔偿范围仅有四个：车辆维修费用、车辆灭失重置费用、货运或客运车辆的合理停运损失、非经营性车辆的替代性交通工具合理费用。原告卞 × 诉请的误工费属于《道路交通安全法》第七十六条规定的“人身伤亡”，而不适用于本案车辆损坏赔偿，故误工费不属于法律规定的财产损失赔偿范围，原告诉请的误工费没有法律依据。再者，《最高院关于审理人身损害赔偿案件适用法律若干问题的解释》第二十条规定，“误工费根据受害人的误工时间和收入状况确定”。本案交通事故未造成原告卞 × 受伤，其也未提供证据证明收入减少的事实，原告诉请误工费不能成立。3. 律师费：本案系机动车交通事故责任纠纷，律师费不属于本案赔偿范围，且属于间接损失，依法应由原告自行承担。4. 诉讼费、鉴定费不属于答辩人的赔偿责任范围。

被告 ×× 物流辩称，被告陈 × 是答辩人的员工，故其赔偿责任由答辩人承担，但原告主张的误工费、律师费不予支持，答辩人仅承担本案鉴定费及诉讼费。其他意见同被告 ×× 财保答辩意见一致。

本院经审理认定事实如下：2015年4月23日18时54分许，被告陈×（被告 ×× 物流聘请的司机）驾驶重型半挂牵引车后拖重型集装箱半挂车从闽清云龙往溪口方向行驶，行经202省道与南山路交叉路口路段右转弯过程中，该车发生侧翻，后碰撞由溪口往十字街方向行驶的由傅 ×× 驾驶的后载陈 ×× 的二轮摩托车及停在路边的六辆车辆、路边的房屋（闽清县梅城镇 ×× 路 × 号，该房屋土地使用者黄 × 生），造成包括原告所有的车辆及其他车辆损坏、傅 ×× 受伤、陈 ×× 当场死亡的交通事故。闽清县公安局交通管理大队于2015年5月19日作出事故责任认定，被告陈 × 应负本事故全部责任。事故发生后，原告根据被告 ×× 财保损失鉴定的要求将车辆拖至被告 ×× 物流指定的马尾六汇村 ×× 汽车修理厂。2016年6月30日，福建 ×× 司法鉴定所对闽 ××××1 号车的损失作出鉴定意见：（一）该车无修复价值，推定全损；（二）损失价格评估为人民币24140元。原告因此支出鉴定费1500元。重型半挂牵引车在被告 ×× 财保公司处投保交强险与商业险（限额100万，有投保不计免赔），事故发生在保险期间内。被告 ×× 财保已向本起事故的其他权利请求人在交强险及商业险限额内赔偿共计人民币654714元，即被告 ×× 财保基于〔2015〕台民初字第2××0号民事判决书向中国 ×× 财产保险股份有限公司福州市分公司支付车辆损失费73400元（其中在交强险范围内赔偿2000元，在商业险范围内赔偿71400元），向 ×× 物流支付陈 ×× 的保险理赔款581314元。

本院认为，本案事故经闽清县公安局交通管理大队处理，作出陈 ×× 负本事故全部责任的认定，事实清楚，证据充分，依法可以采纳并作为确定本案赔偿责任的依据。被告陈 ×× 是被告 ×× 物流公司的员工，在履行职务过程中发生本起道路交通事故，依法应当由用人单位被告 ×× 物流根据被告陈 ×× 在本事故中负全部责任的事实，承担全部的赔偿责任，被告陈 ×× 不承担赔偿责任。事故车辆在被告 ×× 财保公司处投保了交强险和商业险，事故发生在保险期间内，根据《中华人民共和国道路交通安全法》第七十六条及《最高人民法院关于审理道路交通事故损害赔偿案件适用法律若干问题的解释》第十六条规定，被告 ×× 财保公司应当先在交强险限额内承担赔偿责任，不足部分，在商业险的范围内予以赔偿；仍有不足的，依照道路交通安全法和侵权责任法的相关规定由侵权人即被告 ×× 物流予以赔偿。

关于赔偿金额与项目的认定，根据《侵权责任法》第十九条“侵害他人财产的，财产损失按照损失发生时的市场价格或者其他方式计算”以及《最高人民法院关于审理道路交通事故损害赔偿案件适用法律若干问题的解释》第十五条之规定，原告的合理损失为：1. 车辆损失，原告主张 24140 元，符合法律规定，可予采纳；2. 误工费 32145.05 元，因原告未提供因本事故导致无法从事相应经营活动所产生的合理停运损失的证明，故应承担举证不能的不利法律后果；3. 律师费 5000 元，缺乏法律依据，不予支持。

综上所述，被告 ×× 财保应在商业险限额内赔偿原告车辆损失 24140 元。被告 ×× 财保承保范围以外的鉴定费 1500 元由被告 ×× 物流赔偿。依照《中华人民共和国侵权责任法》第十九条、《中华人民共和国道路交通安全法》第七十六条、《最高人民法院关于审理道路交通事故损害赔偿案件适用法律若干问题的解释》第十六条、《最高人民法院关于审理道路交通事故损害赔偿案件适用法律若干问题的解释》第十五条、《最高人民法院关于民事诉讼证据的若干规定》第二条以及《中华人民共和国民事诉讼法》第一百四十四条规定，判决如下：

一、被告中国 ×× 财产保险股份有限公司福建分公司于本判决生效之日

起十日内向原告卞 × 支付赔偿款人民币 24140 元；

二、被告福州 ×× 物流有限公司于本判决生效之日起十日内向原告卞 × 支付赔偿款人民币 1500 元；

三、驳回原告卞 × 的其他诉讼请求。

如果未按本判决指定的期间履行给付金钱义务，应当依照《中华人民共和国民事诉讼法》第二百五十三条之规定，加倍支付迟延履行期间的债务利息。

案件受理费 3003 元，减半收取计 1501 元，由原告卞 × 负担 1216 元，被告福州 ×× 物流有限公司负担 285 元。

如不服本判决，可在判决书送达之日起十五日内，向本院递交上诉状，并按对方当事人的人数提出副本，上诉于福州市中级人民法院。

审　判　员　庞××

二〇一六年八月九日

书　记　员　潘×楚

附：本案适用法律条文

1.《中华人民共和国侵权责任法》第十九条　侵害他人财产的，财产损失按照损失发生时的市场价格或者其他方式计算。

2.《中华人民共和国道路交通安全法》第七十六条　机动车发生交通事故造成人身伤亡、财产损失的，由保险公司在机动车第三者责任强制保险责任限额范围内予以赔偿；不足的部分，按照下列规定承担赔偿责任：

（一）机动车之间发生交通事故的，由有过错的一方承担赔偿责任；双方都有过错的，按照各自过错的比例分担责任。

（二）机动车与非机动车驾驶人、行人之间发生交通事故，非机动车驾驶人、行人没有过错的，由机动车一方承担赔偿责任；有证据证明非机动车驾驶人、行人有过错的，根据过错程度适当减轻机动车一方的赔偿责任；机动车一方没有过错的，承担不超过百分之十的赔偿责任。

交通事故的损失是由非机动车驾驶人、行人故意碰撞机动车造成的，机动车一方不承担赔偿责任。

3.《最高人民法院关于审理道路交通事故损害赔偿案件适用法律若干问题的解释》第十六条　同时投保机动车第三者责任强制保险（以下简称“交强险”）和第三者责任商业保险（以下简称“商业三者险”）的机动车发生交通事故造成损害，当事人同时起诉侵权人和保险公司的，人民法院应当按照下列规则确定赔偿责任：

（一）先由承保交强险的保险公司在责任限额范围内予以赔偿；

（二）不足部分，由承保商业三者险的保险公司根据保险合同予以赔偿；

（三）仍有不足的，依照道路交通安全法和侵权责任法的相关规定由侵权人予以赔偿。

被侵权人或者其近亲属请求承保交强险的保险公司优先赔偿精神损害的，人民法院应予支持。

4.《最高人民法院关于审理道路交通事故损害赔偿案件适用法律若干问题的解释》第十五条　因道路交通事故造成下列财产损失，当事人请求侵权人赔偿的，人民法院应予支持：（一）维修被损坏车辆所支出的费用、车辆所载物品的损失、车辆施救费用；（二）因车辆灭失或者无法修复，为购买交通事故发生时与被损坏车辆价值相当的车辆重置费用；（三）依法从事货物运输、旅客运输等经营性活动的车辆，因无法从事相应经营活动所产生的合理停运损失；（四）非经营性车辆因无法继续使用，所产生的通常替代性交通工具的合理费用。

5.《最高人民法院关于民事诉讼证据的若干规定》第二条　当事人对自己提出的诉讼请求所依据的事实或者反驳对方诉讼请求所依据的事实有责任提供

证据加以证明。没有证据或者证据不足以证明当事人的事实主张的，由负有举证责任的当事人承担不利后果。

6.《中华人民共和国民事诉讼法》第一百四十四条　被告经传票传唤，无正当理由拒不到庭的，或者未经法庭许可中途退庭的，可以缺席判决。

执行申请提示：

《中华人民共和国民事诉讼法》第二百三十九条　申请执行的期间为二年。申请执行时效的中止、中断，适用法律有关诉讼时效中止、中断的规定。

前款规定的期间，从法律文书规定履行期间的最后一日起计算；法律文书规定分期履行的，从规定的每次履行期间的最后一日起计算；法律文书未规定履行期间的，从法律文书生效之日起计算。

第十一章　遗产继承的规则

一、案件简介

当事人郑 × 英与亡夫林 × 于 1994 年初结婚，与林 × 之子女林 × 宜、林 × 勇形成继母、继子女关系。郑 × 英与林 × 结婚之前，同其前夫育有一子，但经法院判决归其前夫抚养，该子未与林 × 形成抚养关系。同时，郑 × 英与林 × 婚后未生育子女，且林 × 之父母也早已死亡。因此，只有当事人郑 × 英、林 × 之子女林 × 宜、林 × 勇对林 × 的财产享有继承权。

林 × 于 2011 年 8 月 23 日病故，生前未留下遗嘱分配遗产，讼争房屋也一直由当事人郑 × 英居住。林 × 宜、林 × 勇于 2015 年 8 月 26 日向福州市鼓楼区人民法院提起诉讼，要求分别继承位于福州市鼓楼区洪山镇 × × 弄 × 号房产六分之一的份额。

讼争房产共三层，第三层为加盖。当事人郑 × 英持有由福州市人民政府于 1993 年 4 月 6 日颁发的房产证，而郑 × 英与林 × 结婚证的登记时间为 1994 年，由此可以证明讼争房产一、二层为郑 × 英婚前个人财产。同时，当事人出具了由 × × 经济合作社开具的该建筑加层于 1993 年建的证明，可以证实该房产第三层实际由当事人郑 × 英于 1993 年个人出资建造，而房产证是于婚后补办。因此，虽然讼争房产的房产证上的日期标注是 1998 年，但是根据当事人提供的证明，房产证的日期并不影响该房产实际是当事人郑 × × 婚前个人财产的事实的成立。

林 × 在 2006 年填写的福州市个人购房产权登记申请表中，个人声明的第一条声明中注明本人没有私房，可以证明林 × 本人也承认该房产确实是答辩人的婚前个人财产。同时，2006 年仍是当事人郑 × 英与林 × 婚姻关系的存续期间，林 × 当时购买的房产应当是与郑 × 英的共同财产，郑 × 英不仅享有一半的所有权，在林 × 去世后还享有另一半房产三分之一的继承权。也就是说，林 × 该套房产三分之二的份额现在都应归郑 × 英所有。但是郑 × 英本人表示，只想保住自己的房产，不想争取林 × 所购房产应有的份额。

福州市鼓楼区人民法院洪山法庭召集双方当事人于 2015 年 10 月 27 日进行庭前调解。郑 × 英与林 × 宜、林 × 勇达成调解协议：一、讼争房产系郑 × 英的婚前个人财产，林 × 宜、林 × 勇无权分割；二、郑 × 英自愿放弃林 × 于 2006 年所购房产的所有权和继承权；三、郑 × 英的其他任何个人财产与林 × 宜、林 × 勇无关。

二、本案及同类案件办理中会涉及的主要问题

1. 婚前财产和婚后财产的认定；
2. 继承顺位；
3. 具体继承规则；
4. 遗嘱继承；
5. 遗赠抚养协议；
6. 丧失继承权。

三、对上述问题的分析

1. 婚前财产和婚后财产的认定

婚前财产，指在结婚前夫妻一方就已经取得的财产。夫妻一方的婚前财产，

不管是动产还是不动产，是有形财产还是无形财产，只要合法取得，就依法受到法律保护。

《中华人民共和国婚姻法》第十八条规定："有下列情形之一的，为夫妻一方的财产：（一）一方的婚前财产；（二）一方因身体受到伤害获得的医疗费、残疾人生活补助费等费用；（三）遗嘱或赠与合同中确定只归夫或妻一方的财产；（四）一方专用的生活用品；（五）其他应当归一方的财产。"

《中华人民共和国婚姻法》第十九条规定："夫妻可以约定婚姻关系存续期间所得的财产以及婚前财产归各自所有、共同所有或部分各自所有、部分共同所有。约定应当采用书面形式。没有约定或约定不明确的，适用本法第十七条、第十八条的规定。夫妻对婚姻关系存续期间所得的财产以及婚前财产的约定，对双方具有约束力。夫妻对婚姻关系存续期间所得的财产约定归各自所有的，夫或妻一方对外所负的债务，第三人知道该约定的，以夫或妻一方所有的财产清偿。"

通常婚前财产可以分为以下几类：（1）夫妻婚前各自所有的财产，包括婚前个人的劳动所得，继承或受赠的财产，以及其他合法收入等。还包括，婚前各自为结婚所购置的财产。（2）复员、转业军人从部队带回来的医疗费和回乡生产补助费，以及婚后夫妻共同生活时间较短的军人的复员费和转业费。（3）离婚时，夫妻各自使用的衣物、生活用品和职业上的用物。当然，贵重物品除外。（4）离婚时与个人身份不可分离的婚后所得财产和未获得经济利益的知识产权。（5）夫妻间对财产的约定，对双方都具有约束力。包括合法的书面约定和双方均承认的符合事实的口头约定的个人财产。

婚前财产的界定时间为双方结婚登记之日，结婚登记前双方分别所有的财产归一方所有，结婚登记日后一方单独获得或双方共同所有的财产除法律另有规定或当事人特别约定外，作为婚后夫妻共同财产。这样规定的目的在于简化财产关系，便于离婚时分割夫妻共同财产。

2. 继承顺位

根据《继承法》的规定遗产继承顺序为：第一顺序：配偶、子女、父母。第二顺序：兄弟姐妹、祖父母、外祖父母。

继承开始后，由第一顺序继承人继承，第二顺序继承人不继承。没有第一顺序继承人继承的，由第二顺序继承人继承。

其中子女，包括婚生子女、非婚生子女、养子女和有扶养关系的继子女。父母，包括生父母、养父母和有扶养关系的继父母。兄弟姐妹，包括同父母的兄弟姐妹、同父异母或者同母异父的兄弟姐妹、养兄弟姐妹、有扶养关系的继兄弟姐妹。

在现实生活中，有的儿媳和女婿不仅在丧偶前与公婆或岳父母共同生活尽赡养义务，而且在丧偶后仍然继续赡养公婆或岳父母，为鼓励这种良好的道德风尚，我国《继承法》第十二条明确规定，丧偶儿媳对公婆，丧偶女婿对岳父母，尽了主要赡养义务的，作为第一顺序继承人。在实践中认定是否“尽了主要赡养义务”一般从以下两方面综合考虑：一是对公婆或岳父母提供了主要经济来源或者对公婆或岳父母在生活上提供了主要帮助；二是对公婆或岳父母尽赡养义务具有长期性、经常性。以上两个条件同时具备的，不论丧偶儿媳、丧偶女婿是否再婚，均为第一顺序继承人。

3. 继承规则

在具体遗产继承案件中，可以按照如下步骤进行继承适用。

（1）析产。析产，是指将共有财产中属于个人的份额分割出来。夫妻在婚姻关系存续期间所得的共同所有的财产，除有约定的以外，如果分割遗产，应当先将共同所有的财产的一半分出为配偶所有，其余的为被继承人的遗产。遗产在家庭共有财产之中的，遗产分割时，应当先分出他人的财产。

（2）对被继承人债务进行清偿。债务清偿遵循，限定清偿、继承人分担债务、执行遗赠不影响债务清偿、债务清偿不影响预留份这四个原则。特别注意所谓“预留份”系指《继承法》第十九条规定的“遗嘱应当对缺乏劳动能力又没有生活来源的继承人保留必要的遗产份额”。这一条所确定的是，为缺乏劳动能力又没有生活来源的继承人预留以保障其基本生活的份额。

（3）分割遗产。遗产的分割遵循有利于生产和生活需要，不损害遗产的效用以及保护他人合法权益的原则。例如：遗产分割时，应当保留胎儿的继承份额。为胎儿保留的遗产份额，如胎儿出生后死亡的，由其继承人继承，如胎儿出生时就是死体的，由被继承人的继承人继承。对继承人以外的依靠被继承人扶养的缺乏劳动能力又没有生活来源的人，或者继承人以外的对被继承人扶养较多的人，可以分给他们适当的遗产。

（4）无人继承又无人受遗赠的遗产归国家所有。死者生前是集体所有制组织成员的，归所在集体所有制组织所有。

（5）子女先于父母死亡的遗产继承。依据《继承法》的规定，被继承人的子女先于被继承人死亡的，由被继承人子女的晚辈直系血亲代位继承。代位继承人一般只能继承他的父亲或母亲有权继承的遗产份额。代位继承是指在法定继承中被继承人的子女先于被继承人死亡时，由被继承人的子女的晚辈直系血亲代位继承其应继承份额的法律制度。

4. 遗嘱继承

所谓遗嘱继承是指法定继承的对称，是指遗嘱中所指定的继承人根据遗嘱中对其所应当继承的遗产种类、数额等规定，继承被继承人遗产的一种继承方式。遗嘱继承人在按照遗嘱继承后，不影响其作为法定继承人继承其应得的法定继承份额。

遗嘱继承与法定继承的主要区别：

（1）法定继承是指按法律规定的继承人范围、继承顺序和遗产分配原则进行的继承。遗嘱继承是指按被继承人生前所立遗嘱中指定的继承人继承其遗产所进行的继承。法定继承是按法律规定的范围、顺序来进行的；而遗嘱继承则是按财产所有人生前的意思来继承的。

（2）法定继承人的继承份额是根据所有法定继承人的情况和赡养扶养情况来确定的；遗嘱继承人的继承份额是财产所有人在遗嘱中确定的。

（3）遗嘱继承人必须是属于法定继承人范围内的人，而法定继承人不一定都是遗嘱继承人。因为在遗嘱继承中，根据财产所有人的生前意愿，遗嘱继承人既可以是法定继承人中的一人，也可以是法定继承人中的若干人。哪些法定继承人能够继承遗产，这要取决于遗嘱的内容。

（4）我国实行遗嘱继承优先于法定继承的原则。也就是说，对公民个人遗产的继承，如果财产所有权人生前立有遗嘱，只要该遗嘱是合法有效的，必须按遗嘱继承，而不能按法定继承。

遗嘱继承转化为法定继承的情形如下。

①没有遗赠扶养协议，又没有合法遗嘱的情况下；

②遗嘱的继承人、受赠人先于遗嘱人死亡，遗嘱失去效力的情况下；

③遗嘱的继承人表示放弃继承的情况下；

④遗嘱的继承人丧失继承权的情况下；

⑤遗嘱的受赠人表示放弃赠与的情况下；

⑥遗嘱的受赠人丧失受赠权的情况下；

⑦遗嘱不合法或因故而全部无效的情况下；

⑧遗嘱部分无效情况下无效部分的遗产；

⑨未涉及遗产处理的遗嘱，继承人对遗产的处理；

⑩遗嘱指定的继承人或受赠人不履行遗嘱中的合法义务，被人民法院决定

取消继承或受赠权的情况下；

⑪ 遗嘱中为胎儿保留的特定遗产份额，胎儿出生时是死胎，其为胎儿保留的份额适用法定继承。

5. 遗赠扶养协议

遗赠扶养协议，是遗赠人与扶养人之间订立的，确定遗赠与扶养民事权利义务关系的协议。这种协议规定，扶养人承担遗赠人生养死葬的义务，并于遗赠人死后取得其遗产。《继承法》第三十一条第一款规定："公民可以与扶养人签订遗赠扶养协议。按照协议，扶养人承担该公民生养死葬的义务，享有受遗赠的权利。"一般来说，这里的遗赠人是没有子女或子女不在身边、独立生活存在困难而需要他人照顾的老人。他享有受扶养人扶养的权利，负有死后将其遗产遗赠给扶养人的义务。这里的扶养人一般是遗赠人的亲属、街坊邻居或者其他亲朋好友等。他负有扶养遗赠人、承担其生养死葬的义务，享有接受遗赠人遗赠财产的权利。须强调的是，遗赠扶养协议中的扶养人不能是法定继承人，因为法定继承人与被继承人之间具有法定的互相扶养和互相继承的权利义务关系，不需要以协议的形式来确定。

6. 丧失继承权的几种情况

按照我国《继承法》的规定，丧失继承权主要包括：故意杀害被继承人的；为争夺遗产而杀害其他继承人的；遗弃被继承人的，或者虐待被继承人情节严重的；伪造、篡改或者销毁遗嘱，情节严重的。

附：本案一审民事判决书

福州市鼓楼区人民法院

民事调解书

〔2015〕鼓民初字第5××3号

原告：林×宜，女，汉族，1977年×月×日出生，住福州市台江区××路×号××新村×座×。

原告：林×勇，男，汉族，1979年×月×日出生，住福州市台江区××路×号××新村×座×。

委托代理人：汪×，北京中×（福州）律师事务所律师。

委托代理人：陈×，北京中×（福州）律师事务所律师。

被告：郑×英，汉族，1955年×月×日出生，住福州市鼓楼区洪山镇××弄×号。

委托代理人：李×，福建真×律师事务所律师。

委托代理人：陈×，福建真×律师事务所律师。

本院于2015年8月26日立案受理了原告林×宜、林×勇与被告郑×英继承纠纷。

原告诉称，被继承人林×系二原告父亲，于2011年8月23日去世，生前未立遗嘱。原告母亲早于1991年死亡，二原告祖父母早已死亡。1994年，林×与被告登记结婚。故享有第一顺序继承人仅原、被告三人。位于福州市鼓楼区洪山镇××弄×号一层（混合）、二层、三层的房产系被继承人与被告婚后所建，并于1998年取得产权证（产权证号：榕房权证G字第×××号），产权登记在被告名下。为此，诉至法院，请求判令：1. 二原告各继承被继承人的遗产，即位于福州市鼓楼区洪山镇 ×× 弄 × 号的房产的六分之一份额；2. 本案诉讼费、鉴定费、保全费由被告承担。审理过程中，二原告增加诉请，认为位于福州市台江区 ×× 小区 × 座 × 单元的房产系被继承人与原告母亲生前租住的单位福利住房。2006 年，上述房产进行房改，被继承人与二原告出资购买了该房产，登记在被继承人名下。该房产购买后一直由原告林 × 勇居住至今。故请求增加诉请，判令：二原告各继承被继承人的遗产即位于福州市台江区 ×× 小区 × 座 × 单元（产权证号：榕房权证 T 字第 ××× 号）房产的二分之一份额。

本案在审理过程中，经人民法院主持调解，双方当事人自愿达成如下协议：

原告林 × 宜、林 × 勇自愿放弃位于福州市鼓楼区洪山镇 ×× 弄 × 号一层（混合）、二层、三层（产权证号：榕房权证 G 字第 ××× 号）的房产的继承权，该套房产被继承人林 × 的产权份额全部由被告郑 × 英继承，该套房产由被告郑 × 英所有；

二、被告郑 × 英自愿放弃位于福州市台江区 ×× 小区 × 座 × 单元（产权证号：榕房权证 T 字第 ××× 号）的房产的继承权及所有权，原告林 × 宜也自愿放弃该房产的继承权，该套房产被继承人林 × 的产权份额全部由原告林 × 勇继承，该套房产由原告林 × 勇所有；

原告林 × 宜、林 × 勇放弃对被告郑 × 英所有财产的继承权。

上述调解协议自双方当事人在本调解协议中签名或捺印后即具有法律效力。

本案诉讼费 11543 元（预收原告 23085 元）、保全费 5000 元，由原告林 × 勇承担。

上述协议不违反法律规定，本院依法予以确认。

代理审判员　刘 ×

二〇一五年十月二十一日

书　记　员　黄 ×

第十二章　保管责任的承担

一、案件简介

当事人周 × 建系被告周 × 萍父亲，两人系父女关系。由于周 × 建年事已高，行动不便，基于对周 × 萍的信任委托周 × 萍代为管理周 × 建账户（该账户主要用于收取周 × 建名下店面的租金收入）。周 × 建需要用钱时，均直接向周 × 萍支取。每次支取相应钱款，周 × 萍都会记录在“现金收付备查簿”中。在 2015 年底，周 × 建发现其名下账户中钱款不翼而飞，遂向周 × 萍追问事实情况，周 × 萍才透露因其女儿在银行工作需要存款业绩，便在未经其父亲同意的基础上将相关钱款以其个人名义存入女儿银行。周 × 建对周 × 萍的处理方式非常不满，遂要求周 × 萍归还相关款项，拒绝其再代为管理个人账户。但周 × 萍一直以各种理由予以拒绝，一会儿主张其母亲即周 × 建配偶对这笔钱也有权利，一会儿主张周 × 建其他子女生活困难需要用钱，这笔钱要给其他子女用。周 × 建迫于无奈诉至法院，要求周 × 萍返还三十余万元款项。

法院受理该案后，周 × 建配偶王 × 良申请成为该案共同原告，亦主张对该笔钱款具有所有权，要求共同支配该笔款项。

庭审过程中，法院对事实进行了调查。确认周 × 建确实将相关账户交由其女儿周 × 萍保管，日常用款由周 × 萍支付并记载在“现金收付备查簿”中。经查备查簿中记载款项余额为 317038 元。

周 × 萍当庭对事实予以了确认，但表示因为周 × 建与其母亲王 × 良对该笔款项的使用存在不同意见，所以其没有将款项支付给周 × 建，愿意在其父母对款项支取协商清楚的情况下分别支付给其父母。

法院认为夫妻共同财产制是我国法律夫妻财产的基本制度，双方对婚后财产共同享有所有权。夫妻双方对共同财产如何分配使用是夫妻双方的事情，应该由夫妻双方自行决定，其他人没有干涉和提出意见的权利。故判决周 × 萍应立即返还周 × 建和王 × 良余款三十余万元。

二、本案及同类案件办理中会涉及的主要问题

1. 保管合同及其效力；
2. 共有财产人的对外效力；
3. 家事权和个人财产权的协调。

三、对上述问题的分析

1. 保管合同及其效力

保管合同又称寄托合同、寄存合同，是指双方当事人约定一方将物交付他方保管的合同。保管合同是保管人有偿或无偿地为寄存人保管物品，并在约定期限内或应寄存人的请求，返还保管物品的合同。

寄存人只转移保管物的占有给保管人，而不转移使用和收益权，即保管人只有权占有保管物，而不能使用保管物。

从保管关系的特征上看：(1)我国法律将保管合同界定为提供劳务的合同。保管合同以物的保管为目的，保管人为寄存人提供的是保管服务。保管合同的履行，仅转移保管物的位置，而对保管物的所有权、使用权不产生影响。(2)保管合同是实践合同。就保管合同而言，仅有当事人双方意思表示一致，合

同还不能成立，还必须有寄存人将保管物交付给保管人的事实，《合同法》第三百六十七条规定："保管合同自保管物交付时成立，但当事人另有约定的除外。"（3）保管合同是双务不要式合同，有偿或无偿须根据当事人约定。

因此保管合同的寄存人可以随时领取保管物；当事人对保管期间没有约定或者约定不明确的，保管人可以随时要求寄存人领取保管物。约定保管期间的，保管人无特别事由，不得要求寄存人提前领取保管物。

作为保管合同的当事人，委托人将自己的物品交给保管人保管，只是把该物品的使用权交给保管人保管，该物的物权仍归委托人，保管人只能按合同约定妥善管理的义务，并承担保管期间的毁损、灭失责任。保管人不得将保管物转交第三人保管（但当事人另有约定的除外）。保管人违反该规定将保管物转交第三人保管，对保管物造成损失的，应当承担损害赔偿责任。保管期间，保管人自己保管财物，对保管物造成损失的，也应当承担赔偿责任。但因为保管关系本身没有有偿之规定，所以保管可以是无偿的。但无偿的保管依旧要求保管人承担赔偿责任，颇有加重保管义务之嫌。为此法律特别规定，在无偿保管之情况下，保管人若可证明自己没有重大过错行为则可以不承担保管财产损坏的责任。另外，根据《合同法》的规定，委托人交付的保管物有瑕疵或者按照保管物的性质需要采取特殊保管措施的，委托人应当将有关情况告知保管人。委托人未告知，致使保管物受损失的，保管人不承担损害赔偿责任；保管人因此受损失的，除保管人知道并未采取补救措施的以外，委托人应当承担损害赔偿责任。

保管合同可以因为履行、抵销、提存、协议而终止，但请注意，保管期间届满或者委托人提前领取保管物的，保管人应当将原物及其孳息归还委托人。对双方来说，如果因违约行为使对方失去实际上可获得的利益，包括利息的损失、自然孳息损失、利润损失等，应当赔偿受害方所遭受的损失。

就本案而言，周 × 建将个人账户交给其女周 × 萍管理的行为导致双方构成保管合同关系。且双方没有在该合同中约定保管费用。周 × 萍应对其父亲委托她代为保管的合同尽到认真履行、遵守约定、不随意处置之义务。但毫无疑问，周 × 萍在未经委托人周 × 建同意的情况下，私自处置该委托财产的行为构成了对保管合同义务之违背。周 × 建作为保管合同的委托人，其有权在任何时间要求保管人归还保管物，故周 × 建的主张完全合理。所幸周 × 萍的私自处理周 × 建财产的行为没有导致周 × 建财产的损失。

2. 财产共有的对外关系

共有可分为按份共有和共同共有。所谓按份共有是指两个或两个以上的人，对同一项财产按各自的份额分享权利、分担义务。具体来说：（1）按份共有的共有人按自己的份额分享权利、分担义务。如合伙企业的盈亏对内都是按照当初出资的份额来享受或承担。（2）在处分共有财产时，应协商一致进行，如不能协商一致，按照份额占一半以上人的意见处理，但处理时不得损害其他共有人的利益。（3）按份共有财产的每个共有人有权要求将自己的份额分出或者转让。其他共有人在同等条件下，有优先购买共有财产的权利，但优先权必须在规定的期限内行使，否则就丧失了这个权利。

所谓共同共有，是指两个或两个以上的人对同一项财产不分份额、平等地享有所有权，主要形式是夫妻共有财产和家庭共有财产。如房屋、家具、家庭日常生活用品等。对这些财产每个共有人都平等地享有所有权，没有权利大小、义务多少的区分。

本案诉讼过程中，周 × 建配偶王 × 良参与诉讼的原因系其主张对该财产的夫妻共有。夫妻对共同财产享有平等的权利和义务，对共同财产享有平等的所有权。夫妻对全部共同财产不分份额地享有权利和承担义务，平等地享有占有、使用、收益和处分的权利。其中处分权是所有权中的重要权能之一，直接关系到当事人的切身财产利益：（1）处理权平等，因日常生活需要而处理夫妻共同财产的，任何一方有权决定。（2）平等协商，取得一致意见，夫妻非因日常生活需要对共同财产做重要处理决定，夫妻双方应当平等协商，取得一致意见。夫妻一方未经对方同意，擅自做出重大处分决定的，另一方有权否认该处分的法律效力。但如第三人有理由相信该处分为夫妻双方共同意思表示的，另一方不得以不同意或不知道为由对抗该善意第三人。（3）承担一定的义务，家庭生活的费用，由共同财产支付，不足时，由夫或妻一方的个人财产分担。夫妻为共同生活或为履行抚养义务所负债务，由共同财产清偿，不足时，则由个人财产负连带责任。

王 × 良作为周 × 建的配偶，其与周 × 建对婚姻关系存续期间的财产构成共同共有之关系，这是毋庸置疑的。关键在于，王 × 良是否有必要作为共同诉讼人参与诉讼，是否能够在此对该财产提出独立的处理意见。其一，王 × 良作为共同共有人有权利参加诉讼，因为其对该笔财产与其配偶周 × 建共同享有所有权，完全可以单独或者共同作为诉讼参与人参加诉讼。其二，王 × 良作为配偶对该财产的处分权利属于王 × 良和周 × 建之间需要去协商的问题。周 × 建在该案件中起诉的是对财产的返还，依据的是保管合同关系提出的返还请求权。而不是对该财产如何进行分割或者处分的诉请，原则上周 × 建的主张没有超越他作为该财产权利人的权利范围，也没有侵害王 × 良作为共同共有人的权利范围。至于王 × 良和周 × 建之间如何分割或者如何处分该笔款项，不属于本案诉请标的的范围。

3. 家事权和个人财产权的协调

所谓家事权，不是一个法条概念，仅是一个学术概念。系指家庭成员在家庭事务中具有的权利。比如家庭成员对家庭财产的共同处分权利，家庭成员对家庭面对的养老等事项的共同决定权利等。

家事权概念的提出主要基于我国的传统家庭社会模式。特别是中国传统家族社会模式对家庭事务乃至家族事务的权利。家事权的基础是家庭身份，是以血缘为纽带而产生的特殊身份带来的具体权利。对家事权的处分更体现家庭身份的特殊文化背景，比如身份的高低，家族事务的最终决定等。

家事权的内容广泛，除了上述简单权利外，还包括诸多义务。例如家族互助义务，家族兴建出资义务，家族声誉维护义务等。传统的中国社会家事权的规则已经融入中国社会文化的血液之中，对于该权利的具体内容和范围基本上无须特别立法规范，都能获得认可。

当前中国社会已经不再是以家庭、家族为单位的传统社会形态了，对个人权利的认可和追求也已经深深改变了传统社会的家族权基础。但传统文化使得社会大众在处理家庭、家族事务的时候，依旧认为自身具有相应的家事权利，甚至于部分人为处理家事而漠视家庭成员的个人权利。

个人财产权利是现代民法个人权利的基础，是私权的物质保障。对现代法律社会来说具有非常重要的作用。虽然延续文化和家族的传承对中国人来讲具有重要的意义，但依旧需要我们在现代法治观念下，认真对待自己的权利，不可随意将家事权凌驾于个人权利之上。

附：本案一审民事判决书

福建省福州市鼓楼区人民法院

民事判决书

〔2016〕闽0102民初8×8号

原告：周×建，男，汉族，1936年×月×日出生，住福州市鼓楼区××路×号××新村×座×单元。

委托代理人：陈×、李×，福建真×律师事务所律师。

原告：王×良，女，汉族，1937年×月×日出生，住福州市晋安区有山乡××村×号。

被告：周×萍，女，汉族，1964年×月×日出生，住福州市鼓楼区××路×号×座×单元。

原告周×建、王×良诉被告周×萍保管合同纠纷一案，本院于2016年2月3日立案受理后，依法适用简易程序公开开庭进行了审理。原告周×建及其委托代理人陈×、原告王×良，被告周×萍到庭参加诉讼。本案现已审理终结。

两原告诉称，原告周×建与被告周×萍系父女关系，由于原告周×建年事已高，行动多有不便。原告周×建基于对被告的信赖让被告代为保管原告店面租金收入。原告周×建需要用钱时，均由被告处支取。上述情况均由被告记载于“现金收付备查簿”中，根据“现金收付备查簿”记载，至2016年1月7日止，扣除原告日常生活开支，该笔款项仍剩余317038元整。原告多次向被告要求返还剩余款项，被告均予以拒绝。原告认为自己将店面租金收入交给被告，并没有赠与的意思，只是将钱款交给被告保管，在原告需要该笔钱款的时候，被告应该无条件立刻交付给原告，但被告经原告多次催促，拒不归还上述款项。两原告系夫妻关系。故原告诉至法院诉请判令：1. 被告向原告返还 317038 元；2. 被告承担本案的诉讼费用。

被告辩称，确认原告的款项系在被告处保管，从1989年至今均由被告保管，现该笔款项剩余 317038 元。由于两原告对于款项的分配问题有争议，故尚未将款项退还，若两原告对该笔款项分配清楚，愿意返还该笔款项。

经审理查明，两原告系夫妻关系，被告系原告的女儿。原、被告均确认原告的 317038 元款项在被告处，由被告保管。

本院认为，依法成立的合同受法律保护。原、被告之间成立保管合同关系，现原告要求被告返还保管的 317038 元，本院予以支持。根据《中华人民共和国合同法》第八条、第六十条、第三百七十六条之规定，判决如下：

被告周×萍于本判决生效之日起十日内返还原告周×建、王×良 317038 元。

本案诉讼费 6280 元，适用简易程序减半收取 3140 元，由被告负担。

被告如未按本判决指定的期限履行给付金钱义务，应当依照《中华人民共和国民事诉讼法》第二百五十三条之规定，加倍支付迟延履行期间的债务利息。

如不服本判决，可在本判决书送达之日起十五日内，向本院递交上诉状，并按对方当事人的人数提出副本，上诉于福建省福州市中级人民法院。

代理审判员　林　×

二〇一六年四月二十七日

书　记　员　郑××

附相关法律条文：

《中华人民共和国合同法》

第八条　依法成立的合同，对当事人具有法律约束力。当事人应当按照约定履行自己的义务，不得擅自变更或者解除合同。

依法成立的合同，受法律保护。

第六十条　当事人应当按照约定全面履行自己的义务。

当事人应当遵循诚实信用原则，根据合同的性质、目的和交易习惯履行通知、协助、保密等义务。

第三百七十六条　寄存人可以随时领取保管物。

当事人对保管期间没有约定或者约定不明确的，保管人可以随时要求寄存人领取保管物；约定保管期间的，保管人无特别事由，不得要求寄存人提前领取保管物。

《中华人民共和国民事诉讼法》

第二百三十九条　申请执行的期间为二年。申请执行时效的中止、中断，适用法律有关诉讼时效中止、中断的规定。

前款规定的期间，从法律文书规定履行期间的最后一日起计算；法律文书规定分期履行的，从规定的每次履行期间的最后一日起计算；法律文书未规定履行期间的，从法律文书生效之日起计算。

第十三章　借名购房的风险认知

一、案件简介

当事人周×建系被告周×萍父亲，两人系父女关系。由于周×建年事已高，达不到银行贷款的条件，遂与周×萍口头约定：由周×萍签署购房合同购买坐落于福州市晋安区新店镇××路×号×园××××单元房产（榕房权证R字第××××××号）（以下称：争议房产），并以周×萍名义办理银行按揭贷款，待房屋产权证办好之后，双方协商尽快办理产权过户事宜，将产权归还周×建。签署购房合同和按揭合同后，周×建遂支付房屋首付款并承担每月银行按揭贷款的归还。因周×建曾将个人账户钱款交由周×萍打理，每次用钱都由周×萍支付，并记载在“现金付款备查簿”中，故该房产相关付款信息都可在“现金备查簿”中得以体现。2015年10月，周×建将按揭贷款还清后，要求周×萍返还房产，但周×萍拒绝归还，违反双方约定，故周×建为维护自己权益，向法院提出诉讼请求。

法院受理该案后，第一次开庭周×萍陈述，之前没有归还房产系因为考虑家庭因素，希望将房产给其他家庭成员，而不是由周×建进行分配。

第二次开庭前，法院主动追加周×萍配偶徐×敏作为本案第二被告。徐×敏开庭辩称，在买该房产时即了解到是周×建要赠与周×萍和徐×敏的。这房产是用周×萍和徐×敏的公积金购买的，产权是属于周×萍和徐×敏共有的，故不同意归还房产。

一审法院遂以证据不足，依据不动产登记簿相关信息对该争议房产产权作出应归属于周 × 萍之判决。

二、本案及同类案件办理中会涉及的主要问题

1.“借名买房”的问题；

2. 赠与合同的效力；

3. 赠与的撤销。

三、对上述问题的分析

1.“借名买房”的问题

“借名买房”指自限购政策施行之后，部分有购房需求的人失去了购房资格，即使能签买卖合同，也无法在房地产中心进行交易过户。在此情况下，个别购房者采用了“借名买房”的方式，即以父母、子女或者其他人的名义购房，而购房款项却由购房者自己支付。

“借名买房”主要适用于：

（一）规避法律或者政策。购买房产需要一定的资格，事实购房人没有资格购买，而登记购房人具有资格购买是最常见的情形。比如，有些人不具备购买经济适用房的条件又想买这样的房屋，就只能借他人名义买房。再比如，已经拥有住房的居民以他人的身份证登记购买房屋，以规避“限购令”关于不得购买第二或第三套住房的规定。

（二）贪图便宜享受优惠。比如，只有具有城镇户口的在岗职工，才能享受住房公积金贷款。购房人没有资格办这种贷款，于是以别人的名义办理公积金贷款。还有单位建集资房的，价格实惠，但单位员工却没有经济实力，单位

有明文规定，集资房只对本单位员工出售，所以购房人与员工私下签订买房协议，以该员工的名义先签订购房合同，所有房款均由购房人支付，并另外给该员工一定的转让费，待到房产证下来以后，再根据协议办理过户手续。

（三）转移财产逃避债务。债务人不履行到期债务的，债权人有权要求债务人以其所有的动产或不动产偿还债务。有些债务人为了隐匿财产，恶意躲债，事先就把房屋登记在他人名下，给债权人和法院造成自己无财产的假象。

（四）简便手续，减少税费。比如，父母为了逃避将来有可能开征的遗产税，以未成年人的名义购买房屋等。

借名买房的变通方式实际上存在很大风险。房地产作为不动产，以物权登记为准。在借名买房的情况下，房地产交易中心登记的对外公示的房产所有权人是实际出资人的父母或子女，即“名义产权人”，而实际出资人则是“实际产权人”。如果名义产权人未经过实际产权人的同意将该房地产擅自出售，且买家是以正常价格购买的，则实际产权人则无法要求取消交易。

《中华人民共和国物权法》规定：“不动产权属证书是权利人享有该不动产物权的证明”，此系中国法律对房屋权属的形式要求。而中国民法又充分尊重当事人意思自治原则，在不违反法律强制性规定以及社会公共利益的前提下，允许当事人之间自由订立合同，因此北京市高级人民法院《关于审理房屋买卖合同纠纷案件适用法律若干问题的指导意见（试行）》第十五条规定：“当事人约定一方以他人名义购买房屋，并将房屋登记在他人名下，借名人实际享有房屋权益，借名人依据合同约定要求登记人（出名人）办理房屋所有权转移登记的，可予支持。”

就本案来说，就是一个典型的“借名买房”引起的权利纠纷。《物权法》规定了明确的公示原则即以“不动产登记簿”所记载内容为准。但民法本身是私人意志的体现，尊重意思自治应是民法之精要和必须遵守的原则。故而司法解释又明确了“借名买房”的合法性和可裁判性。但对于这一关系的具体裁判首先要看待双方是否有证据来证明存在“借名买房”的关系。如果有明确的书面合同，那么主张一般可以得到支持。如果没有书面合同仅仅是口头约定，就存在对双方真实意思的探究，这需要结合案件的具体情况来判断。比如对付款主体、使用主体、其他法律关系的履行等做综合判断。

本案虽然当事人周 × 建主张了“借名买房”且能够证明周 × 建全额支付了购房款，但因为双方没有书面合同，且以父女关系作为前提，在通常情况下理解为“赠与”也很正常。

2. 赠与合同的效力

赠与合同系指赠与人把自己的财产无偿地送给受赠人，受赠人同意接受的合同。赠与合同可以发生在个人对国家机关、企事业单位和社会团体以及个人相互之间。赠与的财产不限于所有权的移转，如抵押权、地役权的设定，均可作为赠与的标的。

赠与合同一般具有以下性质：（1）双方行为。赠与合同须当事人双方意思表示一致才能成立，如果赠与人有赠与的表示，但受赠人并没有接受的意思，则合同仍不能成立，故与馈赠这种单方行为不同。（2）诺成合同，赠与合同在当事人双方意思表示一致时即告成立，不必等待交付赠与物，即为诺成行为。（3）无偿行为。除合同中双方约定附条件的义务外，原则上受赠人并不因赠与合同而承担义务，故为单务合同。

赠与人的义务主要包括：（1）转移赠与标的物的义务。赠与合同以使赠与财产的权利归于受赠人为直接目的，赠与人的主要义务是依照合同约定的期限、地点、方式、标准将标的物转移给受赠人。赠与的财产需要办理登记等手续的，应当办理有关手续。赠与合同系无偿合同，因此，《合同法》第一百八十九条规定：“赠与人只在因故意和重大过失致使赠与的财产毁损、灭失的，赠与人才承担损害赔偿责任。”（2）瑕疵担保义务。赠与合同中，一般不要求赠与人承担瑕疵担保义务。但有如下两种例外。首先是在附义务赠与中，赠与的财产有瑕疵的，赠与人在附义务的限度内承担与出卖人相同的违约责任。所谓附义务的赠与，是指赠与人在赠与时使受赠人负担一定义务的赠与。附义务赠与是一种特殊赠与，所附的义务不是单独的另一个合同的内容，而是赠与合同的一部分。由于赠与合同为单务无偿合同，因此，附义务赠与所附的义务不是赠与的对价，赠与人不能以受赠人不履行义务为抗辩。原则上，赠与人履行交付赠与财产的义务后，开始发生受赠人履行其所附义务的义务。附义务赠与与目的赠与和附条件、附期限赠与不同。目的赠与是指为实现这一目的，达到一定结果而为的赠与。其与附义务赠与的区别，主要体现在目的赠与的赠与人不得向受赠人请求结果的实现，而只能在结果不能实现时请求受赠人返还不当得利；而在附义务赠与中，受赠人不按照约定履行义务的，赠与人可以请求其履行。附条件或附期限的赠与中，条件或期限直接关系到赠与合同的效力，所附义务的履行与否不影响赠与合同的效力。其次是赠与人故意不告知赠与财产的瑕疵或保证赠与的财产无瑕疵，造成受赠人损失的，应当承担损害赔偿责任。

受赠人的主要权利义务：受赠人有无偿取得赠与物的权利，但赠与合同约定负担义务的，受赠人须按约定履行义务。对于具有救灾、扶贫等社会公益、道德义务性质的赠与合同，以及经过公证的赠与合同，赠与人不交付赠与物的，受赠人可以请求交付。在赠与属于附义务赠与时，受赠人应在赠与物的价值限度内履行所附义务，受赠人不履行其义务时，赠与人有权请求受赠人履行其义务或撤销其赠与。

3. 赠与的撤销

赠与的撤销指的是赠与合同的赠与人撤销赠与的意思表示，并使得赠与不再发生或者赠与回转的法律行为。具体来看，赠与的撤销可以包括任意撤销和法定撤销两种。

首先，赠与是无义务、无对价的，因此赠与人享有任意撤销的权利。但是任意撤销也不能毫无限制地进行，为维护合同的严肃性，法律规定赠与人撤销赠与也是有条件的、相对的。

（1）赠与人撤销赠与必须在赠与财产的权利转移之前。若赠与财产的权利已经转移，赠与人不得撤销赠与。若赠与财产的权利已经转移一部分，则赠与人仅能就未转移部分进行撤销，对已经转移部分不得撤销。对于动产而言，在赠与物交付前，赠与人可以撤销赠与。对于不动产而言，在办理权利转移登记之前，赠与人可以撤销赠与。对于财产权利而言，根据法律规定转移权利是否以登记为生效要件，在财产权利交付或办理权利转移登记之前，赠与人可以撤销赠与。

（2）赠与人可撤销的赠与必须不是救灾、扶贫等具有社会公益、道德义务性质的赠与。由于救灾、扶贫等具有社会公益性质的赠与使得赠与具有了重要的社会意义，若赠与人可以随意撤销这种赠与，则违背了社会公序良俗。具有道德义务性质的赠与，是指基于道义上的情感而作出的赠与，如果允许赠与人随意撤销这种赠与，不仅于道义不符，而且会给受赠人造成情感上的极大伤害。因此，凡是救灾、扶贫等具有社会公益、道德义务性质的赠与，不论当事人依何种形式订立赠与合同，赠与人均不得撤销该赠与。

（3）赠与人撤销赠与，仅限于没有经过公证的赠与合同。此类合同中，赠与人作出赠与的意思表示不能不说是经过法律上的慎重考虑，不存在一时冲动考虑欠周的问题，如果允许赠与人随意撤销这种赠与，既严重违背诚实信用原则，也蔑视公证的严肃性。所以，若赠与合同已经过公证，则不得撤销。

另外，赠与人撤销赠与，须将其撤销赠与的意思通知受赠人，如果赠与人不向受赠人表示撤销赠与的意思，不能发生撤销赠与的法律效果。

另一种为法定撤销，是法律明确规定可以撤销赠与之情形：①受赠人严重侵害赠与人或者赠与人的近亲属。②受赠人对赠与人有扶养义务而不履行的。③受赠人不履行赠与合同约定的义务。

第三种为法定解除赠与。指的是在赠与人的经济状况显著恶化，严重影响其生产经营或者家庭生活的，可以解除赠与合同，不再履行赠与义务。该合同解除不发生溯及既往的效力，赠与人就原已履行的赠与，无权要求受赠人返还。

就本案来看，双方赠与关系成立，没有符合法律规定的赠与撤销或解除之情况，要撤销赠与着实困难。

附：本案一审民事判决书

福建省福州市晋安区人民法院

民事判决书

〔2016〕闽0104民初3××8号

原告：周×建，男，1936年×月×日出生，汉族，住址福建省福州市鼓楼区××路新村×座×单元。

委托诉讼代理人：陈×，福建真×律师事务所律师。

被告：周×萍，女，1964年×月×日出生，汉族，住址福州市鼓楼区××路×号×单元。

被告：徐×敏，男，1964年×月×日出生，汉族，住址同上。

原告周×建与被告周×萍所有权纠纷一案，本院于2016年4月15日立案受理后，依法适用普通程序，于2016年7月12日、2016年8月31日公开开庭进行了审理。诉讼中，本院依申请追加徐×敏为本案共同被告参加诉讼。原告周×建及委托诉讼代理人陈×，被告周×萍、徐×敏到庭参加诉讼，本案现已审理终结。

周×建向本院提出诉讼请求：请求周×萍返还坐落于福州市晋安区新店镇×路×号××园×单元房产一套。因自身年龄过大，达不到银行贷款的条件，遂与周×萍口头约定由周×萍签署购房合同，并以周×萍名义办理银行按揭贷款，待房屋产权证办好之后，双方协商尽快办理产权过户事宜，将产权归还周×建。签署购房合同和按揭合同后，周×建遂支付房屋首付款并承担每月银行按揭贷款的归还。周×萍没有承担过其中任何一笔贷款，以上事实均有周×萍手书备忘录及周×萍手书现金账簿为证。2015年10月，周×建将按揭贷款还清后，要求周×萍返还房产，但周×萍拒绝归还，违反双方约定，故周×建为维护自己权益，向法院提出诉讼请求。

周×萍辩称，坐落于福州市晋安区新店镇×路×号××园×单元房产（榕房权证R字第×××号）确实登记在周×萍名下。这套房产是周×建要买房给周×萍的。在第一次庭审中，周×萍陈述要把房产还给周×建，是为了解决家庭矛盾，但此事并未告知徐×敏。但现在徐×敏不肯归还该房产。

徐×敏辩称，在买该房产时，徐×敏了解到是周×建要赠与周×萍和徐×敏的。这房产是用周×萍和徐×敏的公积金购买的，产权是属于周×萍和徐×敏共有的。故不同意归还房产。

当事人围绕诉讼请求依法提交了证据，本院组织当事人进行了证据交换和质证，对当事人无异议的证据，本院予以确认并在卷佐证。

对有争议的证据，本院认定如下：

本院认为，周×建提交周×萍手写的备忘录以及手书现金账簿作为证据，而周×萍认可备忘录及现金账簿真实性，故备忘录及现金账簿所记载的内容可作为证据使用。

对于争议的事实部分，本院认定如下：

本案中周 × 建与周 × 萍、徐 × 敏争议的焦点是：备忘录中载明内容“现产权证交给周 × 建”如何理解。周 × 建认为，是以周 × 萍名义购房但双方仍约定该房产实为周 × 建所有。周 × 萍、徐 × 敏认为，该房产确系周 × 建出资购买，但周 × 建是基于父女关系，将房产赠与周 × 萍和与徐 × 敏的。

本院认为，周 × 建之主张暂借用周 × 萍名义购房但产权应为周 × 建所有，但周 × 建未能举证证明周 × 建与周 × 萍、徐 × 敏存有本案诉争产权归周 × 建所有的约定，故周 × 建之主张的事实无依据，不予支持。

综上所述，本院认为，根据法律规定，不动产登记簿是物权归属和内容的根据。不动产权属证书是权利人享有该不动产物权的证明。本案诉争房产坐落于福州市晋安区新店镇 × 路 × 号 × × 园 × 单元房产（榕房权证R字第 × × × 号）登记在周 × 萍名下，其权利所有人应为周 × 萍。周 × 建主张周 × 萍应归还房产，其提供的证据不足，故周 × 建之诉讼请求，不予支持。为此。依照《中华人民共和国物权法》第九条、第十六条、第十七条，《最高人民法院关于适用〈中华人民共和国民事诉讼法〉的解释》第九十条之规定，判决如下：

驳回原告周 × 建的诉讼请求。

案件受理费 15420 元，由周 × 建负担。

如不服本判决，可在判决书送达之日起十五日内，向本院递交上诉状，并按对方当事人的人数提出副本，上诉于福建省福州市中级人民法院。

审　判　长　董 × 明

人民陪审员　吴 × 华

人民陪审员　林　×

二〇一六年十月十四日

附本案适用的主要法律条文：

《中华人民共和国物权法》

第九条　不动产物权的设立、变更、转让和消灭，经依法登记，发生效力；未经登记，不发生效力，但法律有规定的除外。

依法属于国家所有的自然资源，所有权可以不登记。

第十六条　不动产登记簿是物权归属和内容的根据。不动产登记簿由登记机构管理。

第十七条　不动产权属证书，是权利人享有该不动产物权的证明。不动产权属证书记载的事项，应当与不动产登记簿一致；记载不一致的，除有证据证明不动产登记簿确有错误外，以不动产登记簿为准。

《最高人民法院关于适用〈中华人民共和国民事诉讼法〉的解释》

第九十条　当事人对自己提出的诉讼请求所依据的事实或者反驳对方诉讼请求所依据的事实，应当提供证据加以证明，但法律另有规定的除外。

在作出判决前，当事人未能提供证据或者证据不足以证明其事实主张的，由负有举证证明责任的当事人承担不利的后果。

第十四章　民间借贷的处理办法

一、案件简介

陈 × 忠和被告陈 × 光系亲兄弟，二人于 2014 年 4 月 7 日以签订“借款条”的形式，约定陈 × 光向陈 × 忠借款 20 万元，利息为每月 3000 元。双方于 2014 年 6 月 12 日再次签订借款条，约定陈 × 光向陈 × 忠借款 100 万元，利息为每月 1.5 万元。但此后，陈 × 光一直没有支付利息，陈 × 忠多次口头催促陈 × 光还款，陈 × 光一直未予归还。暂算至 2016 年 8 月 6 日，陈 × 光拖欠前述借款 20 万元利息 8.4 万元，拖欠前述 100 万元借款利息 39 万元。陈 × 忠无奈，将陈 × 光诉至法院。

庭审过程中，陈 × 光称对于借款 120 万元并无异议。2014 年 4 月 7 日，陈 × 光向陈 × 忠出具借条，确认截至 2014 年 4 月 7 日，陈 × 忠借款 20 万元给陈 × 光。但在 2014 年 4 月 8 日，陈 × 光向陈 × 忠还款 20.515 万元，该 20 万元借款已全部还清。陈 × 光于 2015 年 3 月 7 日向陈 × 忠还款 10 万元，于 2016 年 2 月 6 日向陈 × 忠还款 5 万元，均系归还借款本金。因此，陈 × 光尚欠陈 × 忠借款为 85 万元。

陈 × 光在庭审时主张，陈 × 忠所谓的“还款”实质上是在签署“借款条”后的利息支付，而且从银行流水上看，两者的时间都在同一天。从双方银行流水的构成来看，应该说不构成对前面借款的返还。

法院于 2016 年 11 月 7 日作出〔2016〕闽 0121 民初第 3× ×6 号民事判决:

1. 被告陈 × 光应于本判决生效之日起三十日内返还原告陈 × 忠借款100万元并支付利息，利息按月利率1.5%计算，从2014年6月12日起计算至被告陈 × 光还款之日止；2. 驳回原告陈 × 忠其他诉讼请求。案件受理费18966元，因适用简易程序审结，依法减半收取，实收9483元，由陈 × 忠负担1300元，由陈 × 光负担8183元。

陈 × 忠不服，进行上诉。认为一审法院认定事实不清，证据不足，无故减少其债权金额，严重损害其利益，故提出上诉。

其上诉理由如下：

1. 一审法院对陈 × 忠与陈 × 光之间20万借贷关系的认定存在根本错误，事实不清，证据不足

陈 × 忠与陈 × 光之间存在生意关系，日常确实互有款项往来，但是从双方提供的银行流水可以非常明确地看出陈 × 光向陈 × 忠转账款项的用途，用于生意往来的款项陈 × 光在银行流水“摘要”一栏都明确标注为“货款”，用以跟借贷还款进行区分。截至2014年4月7日，双方对前期债务进行口头结算，为方便后期清账，双方约定陈 × 光向陈 × 忠偿还20.515万元，陈 × 忠保留整数20万元的债权，并签订“借款条”加以确认。次日，陈 × 光依约向陈 × 忠转账20.515万元。陈 × 忠的该主张合情合理，并提供2012年开始的多次转账记录共计34.5万元（未含利息）加以证明。以上事实清楚，双方关系明确，然而一审法院却不予认定。

反之，一审法院认定了陈 × 光在2014年4月7日借款20万元的次日向陈 × 忠支付了20.515万元，清偿了债务，该债随之消灭。一审法院的该认定严重违背常理，首先，若双方真的消灭了债务，依常理，陈 × 光务必向陈 × 忠要回借款条，消灭陈 × 忠的债权。然而，陈 × 光自始至终从未有过该主张，因为事实如陈 × 忠所主张的：陈 × 光出具该借款条确认借款20万元，是因

为扣除陈 × 光预期第二天付款的20.515万元；其次，双方在借款条上约定"月息公式：200000 × 0.015=3000"，可见该20万元并非一个短期债务，当日借款20万元之巨，次日便偿还，亦是不符合常理，并且仅仅借款一日利息便高达5150元，折算为月利息77.3%，年利息为940%，此举更是严重违背常理、违背双方常年约定月利息为1.5%的借贷习惯，同时也违背了相关法律规定。

2. 陈 × 忠20万元的合法债权理应受到法律保护

《民法通则》第九十条规定"合法的借贷关系受法律保护。"陈 × 忠与陈 × 光之间的借贷关系完全合法，且利率也在法律规定的合理范围之内。仅仅因为出于对作为亲兄弟的陈 × 光的信任，让其先写了借款条，后对借款条之余的欠款进行偿还，造成陈 × 忠主张合情合理且有相关银行流水证明的情况下，却未被一审法院认可。本应得到法律保护的20万元合法债权因而被消灭，一审法院的判决严重损害了陈 × 忠的合法权益。

一审法院收到上诉状后，将案件转交上一级人民法院。后当事人另行委托代理人。

二、本案及同类案件办理中会涉及的主要问题

1. 民间借贷的效力；

2. 民间借贷的利息规则；

3. 该类案件其他注意事项。

三、对上述问题的分析

1. 民间借贷的效力

民间借贷是一种历史悠久、在世界范围内广泛存在的民间金融活动，主要

指自然人之间、自然人与法人或其他组织之间，以及法人或其他组织相互之间，以货币或其他有价证券为标的进行资金融通的行为。经金融监管部门批准设立的从事贷款业务的金融机构及其分支机构，发放贷款等相关金融业务，不属民间借贷范畴之列。

民间借贷合同是要物性合同，自出借人提供的借款被借款人接受时成立。在借款协议达成后，借款提供前，出借人可以将允诺撤回，借款人无权要求法院强制出借人履行诺言，提供借款。出借人提供借款具有下列情形之一，可以视为具备合同法关于自然人之间借款合同的生效要件：以现金支付的，自借款人收到借款时；以银行转账、网上电子汇款或者通过网络贷款平台等形式支付的，自资金到达借款人账户时；以票据交付的，自借款人依法取得票据权利时；出借人将特定资金账户支配权授权给借款人的，自借款人取得对该账户实际支配权时；出借人以与借款人约定的其他方式提供借款并实际履行完成时。

同时，法律还规定了集中民间借贷无效的情形：（1）套取金融机构信贷资金又高利转贷给借款人，且借款人事先知道或者应当知道的；（2）以向其他企业借贷或者向本单位职工集资取得的资金又转贷给借款人牟利，且借款人事先知道或者应当知道的；（3）出借人事先知道或者应当知道借款人借款用于违法犯罪活动仍然提供借款的；（4）违背社会公序良俗的；（5）其他违反法律、行政法规效力性强制性规定的。

需要说明的是，借款人或者出借人的借贷行为涉嫌犯罪，或者已经生效的判决认定构成犯罪时，民间借贷合同并不当然无效。民间借贷合同的效力应当根据《中华人民共和国合同法》第五十二条、《最高人民法院关于审理民间借贷案件适用法律若干问题的规定》第十四条的规定认定。

2. 民间借贷的利息规定

利息是指债权人因贷出货币或货币资本而从债务人手中获得的报酬。包括存款利息、贷款利息和各种债券发生的利息。民间借贷的利息是根据双方在成立借贷关系的合同中约定的债务人支付给债权人的货币报酬。

根据民法意思自治的原则，民间借贷是否有利息由当事人自行约定，可以高于银行贷款利息，当事人在借贷关系中明确约定的利息是具有法律效力的。但对利息的约定也应当在社会合理范围以内，避免其他有损社会利益之情形。

所以《最高人民法院关于审理民间借贷案件适用法律若干问题的规定》(下称《借贷规定》)第二十六条规定："借贷双方约定的利率未超过年利率24%，出借人请求借款人按照约定的利率支付利息的，人民法院应予支持。借贷双方约定的利率超过年利率36%，超过部分的利息约定无效。借款人请求出借人返还已支付的超过年利率36%部分的利息的，人民法院应予支持。"

《借贷规定》第二十八条规定："借贷双方对前期借款本息结算后将利息计入后期借款本金并重新出具债权凭证，如果前期利率没有超过年利率24%，重新出具的债权凭证载明的金额可认定为后期借款本金；超过部分的利息不能计入后期借款本金。约定的利率超过年利率24%，当事人主张超过部分的利息不能计入后期借款本金的，人民法院应予支持。按前款计算，借款人在借款期间届满后应当支付的本息之和，不能超过最初借款本金与以最初借款本金为基数，以年利率24%计算的整个借款期间的利息之和。出借人请求借款人支付超过部分的，人民法院不予支持。"

《借贷规定》第二十九条规定："借贷双方对逾期利率有约定的，从其约定，但以不超过年利率24%为限。未约定逾期利率或者约定不明的，人民法院可以区分不同情况处理：(一)既未约定借期内的利率，也未约定逾期利率，出借人主张借款人自逾期还款之日起按照年利率6%支付资金占用期间利息的，人民法院应予支持；（二）约定了借期内的利率但未约定逾期利率，出借人主张借款人自逾期还款之日起按照借期内的利率支付资金占用期间利息的，人民法院应予支持。”

《借贷规定》第三十条规定：“出借人与借款人既约定了逾期利率，又约定了违约金或者其他费用，出借人可以选择主张逾期利息、违约金或者其他费用，也可以一并主张，但总计超过年利率 24% 的部分，人民法院不予支持。”

《借贷规定》第三十一条规定：“没有约定利息但借款人自愿支付，或者超过约定的利率自愿支付利息或违约金，且没有损害国家、集体和第三人利益，借款人又以不当得利为由要求出借人返还的，人民法院不予支持，但借款人要求返还超过年利率 36% 部分的利息除外。”

以上各条，充分说明我国法律对民间借贷的利息是以 24% 为标准的，24% 基本都会得到支持，24%~36% 的部分在当事人自愿支付的情况下债权人可以获得，超过 36% 的部分则法律规定为无效债务，即便支付也可以要求返还。

3. 该类案件其他注意事项

民间借贷案件在实务中的问题主要集中在诸多社会习惯和传统习惯与现有法律制度存在一定的偏差上。

（1）借条上未载明出借人，能否推定借条持有人为出借人？

当事人持有的借据、收据、欠条等债权凭证没有载明债权人，持有债权凭证的当事人提起民间借贷诉讼的，人民法院一般予以受理。借条持有人为实际出借人只是基于日常经验规则的一种推定，并非绝对。当然，在借条持有人最终与实际出借人系同一或者意志相一致的情况下，只要借款人无合理异议的，法院可以推定借条持有人为实际出借人，而无需深入借条持有人与实际出借人之间的法律关系当中进行审查。但若借款人有合理异议，或借条确存在种种异常，法院应当要求借条持有人对其确系实际出借人进行进一步说明、举证。人民法院经审理认为原告不具有债权人资格的，裁定驳回起诉。

（2）借条所载出借人姓名与原告同音不同字，如何认定原告系实际出借人？

自然人之间的借贷行为，当事人书写欠条有时书写不规范，易把名字写为同音字，或者写成熟称等其他称谓。持有债权凭证的当事人提起民间借贷诉讼，借条所载出借人姓名与原告同音不同字，且该借条现为原告所实际持有，可推定原告为借条所涉借款的出借人，具有原告的诉讼主体资格。人民法院应予受理，并综合其他证据进行判断，在被告对债权人资格提出抗辩但无法举证证明时，可以认定原告的诉讼主体资格，即为实际出借人。

（3）以企业法定代表人或者负责人个人名义借款，款项用于企业生产经营的，如何认定还款责任人？

代表法人行使职权的负责人是法人的法定代表人。企业法定代表人或负责人以个人名义签订借款合同，企业同意还款或者有证据证明借款用于企业的，实际受益人为企业，按照权利与义务对等的原则，出借人请求企业与企业法定代表人或负责人承担连带责任的，人民法院应予支持。如果判决生效后企业可以证明该笔借款实际由个人使用，则可以就该部分款项向个人追偿。

（4）小额贷款公司与自然人、法人、其他组织之间的借贷行为，是否受民间借贷相关司法解释的调整？

经政府主管部门批准设立的小额贷款公司等非金融机构法人及其分支机构，通过贷款、担保等形式进行资金融通是否应受《借贷规定》的调整，在该司法解释的起草、审议过程中有争议。最终，《借贷规定》将民间借贷定义为自然人、法人、其他组织之间及其相互之间进行资金融通的行为。《借贷规定》第一条第二款规定："小额贷款公司与自然人、法人、其他组织之间的借贷行为受《借贷规定》的调整。"目前，对于小额贷款公司等约定利率畸高，当事人请求予以调整的，人民法院应按照民间借贷利率标准予以调整。

（5）双方当事人就其之间法律关系为商品房买卖合同关系还是民间借贷关系产生争议的，应当如何认定与处理？

认定当事人之间是否存在债权债务关系，书面合同并非是不可缺少的要件。双方当事人就其之间法律关系为商品房买卖合同关系还是民间借贷关系产生争议，如一方当事人主张双方为借贷关系，但缺少了关键性的证据（比如“借款合同”），另一方当事人主张双方为商品房买卖合同关系，同样不能出示关键性的证据（比如商品房买卖合同或销售不动产发票等），同时对收到款项的性质亦不能给出合理的解释，也就是在双方证据均有缺陷的情况下，应当结合双方当事人提交的证据，探究合同签订时双方当事人的真实意思，进而对当事人之间的法律关系作出判断。只要确认双方当事人就借贷问题达成了合意且出借方已经实际将款项交付给借款方，即可认定债权债务关系成立。这里尤其应注意《借贷规定》第二十四条的规定：“当事人以签订买卖合同作为民间借贷合同的担保，借款到期后借款人不能还款，出借人请求履行买卖合同的，人民法院应当按照民间借贷法律关系审理，并向当事人释明变更诉讼请求。当事人拒绝变更的，人民法院裁定驳回其起诉。按照民间借贷法律关系审理作出的判决生效后，借款人不履行生效判决确定的金钱债务，出借人可以申请拍卖买卖合同标的物，以偿还债务。就拍卖所得的价款与应偿还借款本息之间的差额，借款人或者出借人有权主张返还或补偿。”该条的适用条件是“当事人以签订买卖合同作为民间借贷合同的担保”，即当事人的意思表示是单一纯粹的以买卖担保借贷，而无买卖的意思表示。此种情形下，人民法院审理此类案件时，裁判规则应当统一到《借贷规定》第二十四条上来。

（6）以签订“商品房买卖合同”及“回购协议”方式进行资金融通的，应当如何认定与处理？

当事人签订了“商品房买卖合同”和“回购协议”，并发生资金转让，但各方对债权债务的性质各执一词，一方主张是商品房买卖，一方主张是民间借贷，双方均未提供足以证明自己的主张或者足以反驳对方主张的证据。在双方证据均有缺陷的情况下，应当结合双方当事人提交的证据，探究“商品房买卖合同”与“回购协议”签订时合同当事人的真实意思，进而对合同当事人之间法律关系的性质作出判断。若从当事人所签订的“商品房买卖合同”和“回购协议”的合同目的及履行情况看，双方缔约的真实意思并非以取得案涉房屋所有权为目的，而是为了实现资金融通，签订商品房买卖合同是为担保债权的实现，此种情形下，人民法院应当按照民间借贷法律关系审理。

（7）当事人同时有房屋买卖与民间借贷意思表示的，应当如何认定与处理？

司法实践中，民间借贷一个纠纷涉及房屋买卖合同、借款合同两个法律关系的情况在一定时期比比皆是，个案案情又有所不同，如何根据合同的背景、约定及履行情况探究双方当事人的真实意思表示，进而正确认定当事人之间的法律关系成为难点。应当说，很多案件当事人的意思表示并非是单一纯粹一成不变的，有的案件中当事人的意思表示具有复合性，房屋买卖与借贷法律关系并存；有的案件中当事人意思表示还会发生转化，起始为借贷，后期又转化为房屋买卖。从当事人的交易目的看，他们之间的法律关系并不是必然停留在某一个法律关系之中且不能转换，如何转换取决于当事人的意思自治；从约定的房屋价格看，双方当事人履行“商品房买卖合同”不会导致利益严重失衡。据此，借款人为借款与出借人签订买卖合同，借款到期后借款人不能还款，出借人要求履行买卖合同的，人民法院应当将民间借贷合同和买卖合同合并审理。一般情况下认为该类合同不违反《担保法》第四十条、《物权法》第一百八十六条有关“禁止流押”的规定，应支持债权人关于取得房屋所有权的主张。

（8）双方当事人因终止合伙关系而达成债权债务清算协议，一方请求偿还欠款的，应否支持？

《借贷规定》第十五条规定："民间借贷纠纷中，原告以借据、收据、欠条、承诺书等债权凭证为依据提起民间借贷诉讼，被告依据基础法律关系提出抗辩，人民法院应当依据查明的案件事实，识别双方当事人之间的基础法律关系并予以审理。但当事人通过调解、和解或者清算达成的债权债务协议，不适用前款的规定。"据此，欠款纠纷当事人之间存在合伙关系，原告以双方达成的债权债务清算协议为凭据提起诉讼，被告主张双方之间实际系合伙法律关系，不存在借贷事实，若人民法院依据查明的案件事实，认定该清算协议系合伙人终止合伙关系后对投入财产的处理而达成的债权债务清算协议，被告应予偿还欠款。

（9）当事人签订合作合同后，又签订借款合同作为合作合同履行内容的一部分，当事人单独请求归还借款合同本息的，是否应予支持？

当事人签订民事合同具有复杂的动机、目的和作用，合同除确定具体的交易关系外，还可以具有规范和指引作用，即当事人通过合同对以后发生的权利义务关系进行规范和指引；合同还可以具有确认和评价的作用，即当事人通过合同对双方既往发生的民事法律行为的性质、目的和作用加以确认、补充、完善和评价。当事人签订合作合同后，又签订借款合同作为合作合同履行内容的一部分，根据合作合同约定，合作双方对合作项目应当共担风险、共享利润，当事人将借款合同与合作合同割裂开来，独立主张借款合同本息的，不予支持。特别是在合作合同明确规定了资金分配顺序的情形下，当事人独立请求偿还借款本息没有事实依据，更不应支持。

（10）双方当事人在资产委托管理合同中约定"委托人"获得固定本息回报的，能否认定当事人之间构成民间借贷法律关系？

案件定性难是民间借贷纠纷审理中的一个突出问题，其中一类是以其他关系掩盖民间借贷关系，如以买卖关系掩盖民间借贷关系、以委托理财关系掩盖民间借贷关系等；另一类是以民间借贷关系掩盖其他法律关系。这些案件纷繁复杂，给人民法院准确定性带来很大难度。在审理此类案件时，应该透过合同的标题、形式去审视合同的实质内容，应进一步区分不同权利义务约定以界定其法律关系并确定案由。双方当事人在资产委托管理合同中约定或以事实行为表明，无论盈亏均保证“委托人”获得固定本息回报的，虽资金的定向使用、配套保证金、专用账户资产总额监控及强行平仓等部分内容的约定与一般民间借贷有所区别，但这类合同的实质还是体现为“委托人”出借资金，“受委托人”在合同履行期限内保证偿还“委托人”固定本息，其余超额投资收益抑或造成经济损失均由“受委托人”自行承担。该合同应认定为名为委托理财实为借贷，当事人之间构成民间借贷法律关系。以借款合同纠纷确定案由，并适用相关法律、行政法规和司法解释的规定予以处理。

（11）双方当事人明确约定股权转让剩余款项转为贷款，并签订了借条的，能否认定为民间借贷?

在民间借贷诉讼中，被告提供证据证明债权纠纷非民间借贷行为引起的，人民法院应当按照基础法律关系审理。原告依据被告出具的借条要求偿还借款及利息，被告抗辩认为借条约定的借款并未交付，双方当事人并未形成真实的借款法律关系，而是双方约定将股权转让剩余款项转为贷款，因此签订的借条是对股权转让余款的处理，双方系股权转让产生的纠纷，而非民间借贷纠纷。若被告所提供的证据能够证明借款合同并未实际履行，并证实债权纠纷非民间借贷行为引起的，人民法院应当依据查明的案件事实，按照基础法律关系审理。此时，借条只是对合同未付的股权转让余款进行确认和处分，其虽然名为“借条”，但实质上应是“欠条”。当然，根据《借贷规定》第十五条“但书”的规定，当事人通过调解、和解或者清算达成的债权债务协议，不适用上述规定，即应当按照民间借贷关系审理。

（12）在单位内部以借款形式向职工筹集资金用于生产经营，借贷合同是否有效？

《最高人民法院关于如何确认公民与企业之间借贷行为效力问题的批复》规定，公民与非金融企业之间的借贷属于民间借贷。只要双方当事人意思表示真实即可认定有效。但是，具有下列情形之一的，应当认定无效：（一）企业以借贷名义向职工非法集资……非法集资系向社会公众即社会不特定对象吸收资金，未向社会公开宣传，在亲友或者单位内部针对特定对象吸收资金的，不属于非法吸收或者变相吸收公众存款。《借贷规定》第十二条规定："法人或者其他组织在本单位内部通过借款形式向职工筹集资金，用于本单位生产、经营，且不存在合同法第五十二条、本规定第十四条规定的情形，当事人主张民间借贷合同有效的，人民法院应予支持。"此为关于企业以借贷名义向职工集资借贷合同效力的规定，人民法院审理类似案件时应予以适用。

（13）民间借贷涉嫌或构成犯罪的，应当如何认定借贷合同及其担保合同的效力？民间借贷纠纷应当继续审理还是中止诉讼抑或驳回起诉？

民间借贷纠纷中，借款人或出借人涉嫌犯罪，或者其借贷行为涉嫌犯罪的情况客观存在，如涉嫌非法集资罪、非法吸收公众存款罪、合同诈骗罪等。《借贷规定》第五条前段规定："人民法院立案后，发现民间借贷行为本身涉嫌非法集资犯罪的，应当裁定驳回起诉。"对于涉嫌其他犯罪行为的，民间借贷纠纷应当继续审理还是中止诉讼抑或驳回起诉？最高人民法院负责人在答记者问时指出，除涉嫌非法集资犯罪外，因其他犯罪行为导致与民间借贷案件发生刑民交叉的，人民法院应当坚持"刑民并立"的处理原则。即作为民事纠纷的民间借贷案件继续审理，而不必等待刑事案件的处理结果出来，只有民间借贷的基本案件事实必须以刑事案件审理结果为依据，而该刑事案件尚未审结的，人民法院才可以裁定中止民间借贷案件的审理。借贷合同的效力及其担保责任如何认定？借贷行为涉嫌犯罪，或者已经生效的判决认定构成犯罪，民间借贷合同并不当然无效。人民法院应当根据《合同法》第五十二条、《借贷规定》第十四条的规定，认定民间借贷合同的效力。担保人以借款人或出借人的借贷行为涉嫌犯罪或者已经生效的判决认定构成犯罪为由，主张不承担民事责任的，人民法院应当依据民间借贷合同与担保合同的效力、当事人的过错程度，依法确定担保人的民事责任。

附：本案一审民事判决书

福建省闽侯县人民法院

民事判决书

〔2016〕闽0121民初3×6号

原告：陈×忠，男，1977年×月×日出生，汉族，住闽侯县青口镇镜上村××路×号。

委托诉讼代理人：颜×东、孙×晖（实习），福建真×律师事务所。

被告：陈×光，男，1964年11月9日出生，汉族，住闽侯县青口镇镜上村××路×号。

委托诉讼代理人：吴×超，王×芳（实习），福建融×律师事务所。

原告陈×忠与被告陈×光民间借贷纠纷一案，本院于2016年9月1日立案后，依法适用简易程序，公开开庭审理。原告陈×忠及其委托诉讼代理人颜×东、孙×晖与被告陈×光委托诉讼代理人吴×超到庭参加诉讼。本案现已审理终结。

陈×忠向本院提出诉讼请求：请求被告返还借款120万元并按月利率1.5%支付利息。其中20万元借款利息从2014年4月7日起算，100万元借款利息从2014年6月12日起算，均计算至还款之日止。事实和理由：原告和被告于2014年4月7日以签订借款条的形式，约定被告向原告借款20万元，利息为每月3000元，双方于2014年6月12日再次签订借款条，约定被告向原告借款100万元，利息为每月1.5万元。此后，被告一直没有支付利息，原告多次口头催告被告还款，被告一直未予还款。暂算至2016年8月6日，被告拖欠上述欠款20万元，利息8.4万元，拖欠上述100万元借款，利息39万元。被告曾于2015年7月支付利息10万元。综上所述，原告和被告之间的债务关系清楚明确，被告理应立刻归还所欠款项并按照合同约定支付利息。

陈×光辩称：被告对借款120万元没有异议。2014年4月7日，被告向原告出具借款条，确认截止至2014年4月7日，原告借款20万元给被告。但在2014年4月8日，被告向原告还款20.515万元，该20万元欠款已全部还清。被告于2015年3月7日向原告还款10万元，于2016年2月6日向原告还款5万元，均系归还借款本金。综上，被告尚欠原告借款为85万元，当时双方口头并没有约定借款利息，请求法院依法判决。

本院经审理认定事实如下：原、被告之间互有款项往来，被告为此向原告出具了借款条。

2012年4月7日，原告向被告转账12.2万元。2013年4月1日，原告向被告转账20万元。2013年4月2日，原告向被告转账2.3万元。2014年3月21日，被告向原告转账10万元。2014年4月7日，被告向原告出具一张借款条，确认向原告借款20万元，月利息3000元。被告于2014年4月8日向原告转账20.515万元。2014年6月12日，被告向原告出具一张借款条，确认向原告借款100万元，月利息1.5万元。被告于2015年3月7日两次向原告合计转账 10 万元。被告于 2016 年 2 月 6 日向原告转账 5 万元。

本案存在两个争议焦点。焦点一，被告是否已返还讼争还款 20 万元。本院分析认为，被告在确认该笔借款的次日向原告支付了 20.515 万元，被告清偿了债务，原告的权利得以实现，该债随之消失，原告主张之所以被告出具借款条确认 20 万元，是因为扣除被告预期第二天付款 20.515 万元，由于原告该事实主张缺乏依据，且不合常理，本院不予认定。

焦点二，被告于2015年7月3日与2016年2月6日向原告合计付款15万元，系被告支付借款利息还是返还借款本金。本院分析认为，由于双方对此没有约定，而被告所支付的15 万元不足以清偿全部债务，故此，本院认定该款项系抵充讼争借款 100 万元的利息。被告主张双方口头并没有约定该借款利息缺乏依据，本院不予认定。

本院认为，原告主张被告欠其借款 100 万元之证据充分，约定明确，借贷合同有效，依法应当受法律保护，原告请求被告返还该借款并支付利息本院予以支持。原告其他请求缺乏依据，本院不予支持。依照《中华人民共和国合同法》第一百零五条、第二百零六条、第二百一十条及最高人民法院《关于民事诉讼证据的若干规定》第二条的规定，判决如下：

一、被告陈 × 光应于本判决生效之日起三十日内返还原告陈 × 忠借款 100 万元并支付利息，利息按月利率 1.5% 计算，从 2014 年 6 月 12 日起计算至被告陈 × 光还款之日止；

二、驳回原告陈 × 忠其他诉讼请求。

如果未按判决指定的期间履行给付金钱义务，应当按照《中华人民共和国民事诉讼法》第二百五十三条之规定，加倍支付延迟履行期间的债务利息。

案件受理费18966元，因适用简易程序审结，依法减半收取，实收9483元，由陈 × 忠负担 1300 元，由陈 × 光负担 8183 元。

如不服本判决，可在判决书送达之日起十五日内，向本院递交上诉状，并按对方当事人的人数提出副本，上诉于福建省福州市中级人民法院。

审　判　员　陈×力

二〇一六年十一月七日

书　记　员　岳×

附：本民事判决书引用的主要法律条款

《中华人民共和国合同法》第二百零五条　借款人应当按照约定的期限支付利息。对支付利息的期限没有约定或者约定不明确，依照本法第六十一条的规定仍不能确定，借款期间不满一年的，应当在返还借款时一并支付。借款期间一年以上的，应该在每届满一年时支付，剩余期间不满一年的，应当在返还借款时一并支付。

第二百零六条　借款人应当按照约定的期限返还借款。对借款期限没有约定或者约定不明确的，依照本法第六十一条的规定仍不能确定的，借款人可以随时返还；贷款人可以催告借款人在合理期限内返还。

第二百一十条　自然人之间的借款合同，自贷款人提供借款时生效。

最高人民法院关于适用《中华人民共和国合同法》若干问题的解释（二）

第二十一条　债务人除主债务之外还应当支付利息和费用，当其给付不足以清偿全部债务时，并且当事人没有约定的，人民法院应当按照下列顺序抵充：

（一）实现债权的有关费用；

（二）利息；

（三）主债务。

《中华人民共和国民事诉讼法》第二百三十九条　申请执行的期间为二年。

申请执行时效的中止、中断，适用法律有关诉讼时效中止、中断的规定。前款规定的期间，从法律文书规定履行期间的最后一日起计算；法律文书规定分期履行的，从规定的每次履行期间的最后一日起计算；法律文书未规定履行期间的，从法律文书生效之日起计算。

第二百五十三条　被执行人未按判决、裁定和其他法律文书指定的期间履行给付金钱义务的，应当加倍支付迟延履行期间的债务利息。被执行人未按判决、裁定和其他法律文书指定的期间履行其他义务的，应当支付迟延履行金。

最高人民法院《关于民事诉讼法证据的若干规定》第二条　当事人对自己提出的诉讼请求所依据的事实或者反驳对方诉讼请求所依据的事实有责任提供证据加以证明。

没有证据或者证据不足以证明当事人的事实主张的，由负有举证责任的当事人承担不利后果。

第十五章　夫妻共同债务的认定标准

一、案件简介

2015 年 4 月起，王 × 以经营酒店为由多次通过张 × 向林 × 借款，总计金额达到 893000 元。期间，王 × 或通过个人账户或通过其配偶陈 × 宁账户支付过利息及部分还款。但从 2016 年 4 月 15 日起，王 × 便不再向林 × 支付任何款项。2016 年 6 月 12 日，王 × 向林 × 出具借条载明“为酒店经营需要，截至 2016 年 6 月 12 日共收到林 × 以银行转账出借的 450000 元，月利率 3%，于每月 1 日支付当月利息。”张 × 在“借条”的担保人处签名确认。但之后王 × 依旧没有支付任何款项。林 × 无奈将王 × 及其配偶陈 × 宁、担保人张 × 诉至法院。

一审过程中，王 × 对借贷事实没有任何否认。一审遂作出相关判决，判令王 × 与其配偶陈 × 宁、担保人张 × 共同向林 × 负担还款义务。但判决后，鉴于最高人民法院颁布《最高人民法院关于审理涉及夫妻债务纠纷案件适用法律有关问题的解释》，王 × 及其配偶陈 × 宁遂提出上诉，认为相关债务不属于夫妻共同债务。

二审过程中，林 × 代理人通过举证证明王 × 配偶陈 × 宁对该债务确系明知，且协助还款，应认定为夫妻共同债务。二审完全维持了原判。

二、本案及同类案件办理中会涉及的主要问题

1. 担保人及担保人的责任；

2. 夫妻共同债务的认定；

3. 离婚时约定个人承担债务是否有效。

三、对上述问题的分析

1. 担保人及担保人的责任

《担保法》规定，第三人和债权人约定，当债务人不履行债务时，保证人按照约定履行债务或者承担责任，这里的第三人即担保人，包括具有代为清偿债务能力的法人、其他组织或者公民。

一般情况下担保人应满足一定的资格条件：

第一，具有代为清偿债务能力的法人、其他组织或者公民，可以作保证人。但是，不具有完全代偿能力的法人、其他组织或者自然人，以保证人身份订立保证合同后，又以自己没有代偿能力要求免除保证责任的，人民法院不予支持。

第二，根据民法通则的有关规定，个体工商户、农村承包经营户是公民的一种特殊形态。因此，作为保证人的公民，也可以是个体工商户、农村承包经营户。

第三，可以充当保证人的包括：依法登记领取营业执照的独资企业、合伙企业；依法登记领取营业执照的联营企业；依法登记领取营业执照的中外合作经营企业；经民政部门核准登记的社会团体；经核准登记领取营业执照的乡镇、街道、村办企业。

第四，企业法人的分支机构未经法人书面授权提供保证的，保证合同无效。企业法人的职能部门提供保证的，保证合同无效。

第五，以公益为目的的事业单位、社会团体不得充当保证人。而从事经营活动的事业单位、社会团体为保证人的，如无其他导致保证合同无效的情况，其所签订的保证合同应当认定为有效。

第六，国家机关在接受外国政府或者国际经济组织提供的贷款的过程中，并经国务院批准后可以作为保证人。其他情况下不允许作为保证人。

担保人的担保分为一般保证和连带保证。前者仅在债务人不能履行债务时承担保证责任，一般保证的保证人在主合同纠纷未经审判或者仲裁，并就债务人财产依法强制执行仍不能履行债务前，对债权人可以拒绝承担保证责任。后者则是和债务人一同承担偿债责任，债务人在主合同规定的债务履行期届满没有履行债务的，债权人可以要求债务人履行债务，也可以要求保证人在其保证范围内承担保证责任。

担保人承担保证责任的范围具体包括：主债权及利息、违约金、损害赔偿金和实现债权的费用。保证合同另有约定的，按照约定。

但《担保法》同时还规定了诸多担保责任免除或者减轻的情形：

第五条　担保合同是主合同的从合同，主合同无效，担保合同无效。担保合同另有约定的，按照约定。担保合同被确认无效后，债务人、担保人、债权人有过错的，应当根据其过错各自承担相应的民事责任。

第二十二条　保证期间，债权人依法将主债权转让给第三人的，保证人在原保证担保的范围内继续承担保证责任。保证合同另有约定的，按照约定。

第二十三条　保证期间，债权人许可债务人转让债务的，应当取得保证人书面同意，保证人对未经其同意转让的债务，不再承担保证责任。

第二十四条　债权人与债务人协议变更主合同的，应当取得保证人书面同意，未经保证人书面同意的，保证人不再承担保证责任。保证合同另有约定的，按照约定。

第二十五条　一般保证的保证人与债权人未约定保证期间的，保证期间为主债务履行期届满之日起六个月。在合同约定的保证期间和前款规定的保证期间，债权人未对债务人提起诉讼或者申请仲裁的，保证人免除保证责任；债权人已提起诉讼或者申请仲裁的，保证期间适用诉讼时效中断的规定。

第二十六条　连带责任保证的保证人与债权人未约定保证期间的，债权人有权自主债务履行期届满之日起六个月内要求保证人承担保证责任。在合同约定的保证期间和前款规定的保证期间，债权人未要求保证人承担保证责任的，保证人免除保证责任。

第二十七条　保证人依照本法第十四条规定就连续发生的债权作保证，未约定保证期间的，保证人可以随时书面通知债权人终止保证合同，但保证人对于通知到债权人前所发生的债权，承担保证责任。

第二十八条　同一债权既有保证又有物的担保的，保证人对物的担保以外的债权承担保证责任。债权人放弃物的担保的，保证人在债权人放弃权利的范围内免除保证责任。

第二十九条　企业法人的分支机构未经法人书面授权或者超出授权范围与债权人订立保证合同的，该合同无效或者超出授权范围的部分无效，债权人和企业法人有过错的，应当根据其过错各自承担相应的民事责任；债权人无过错的，由企业法人承担民事责任。

第三十条　有下列情形之一的，保证人不承担民事责任：（一）主合同当事人双方串通，骗取保证人提供保证的；（二）主合同债权人采取欺诈、胁迫等手段，使保证人在违背真实意思的情况下提供保证的。

2. 夫妻共同债务的认定

夫妻共同债务是指为满足夫妻共同生活需要所负的债务。夫妻共同债务主要是基于夫妻家庭共同生活的需要，以及对共有财产的管理、使用、收益和处分而产生的债务。

《最高人民法院关于审理涉及夫妻债务纠纷案件适用法律有关问题的解释》已于2018年1月8日由最高人民法院审判委员会第1731次会议通过，自2018年1月18日起施行。其中，对夫妻共同债务做了明确具体的规定：

第一条　夫妻双方共同签字或者夫妻一方事后追认等共同意思表示所负的债务，应当认定为夫妻共同债务。

第二条　夫妻一方在婚姻关系存续期间以个人名义为家庭日常生活需要所负的债务，债权人以属于夫妻共同债务为由主张权利的，人民法院应予支持。

第三条　夫妻一方在婚姻关系存续期间以个人名义超出家庭日常生活需要所负的债务，债权人以属于夫妻共同债务为由主张权利的，人民法院不予支持，但债权人能够证明该债务用于夫妻共同生活、共同生产经营或者基于夫妻双方共同意思表示的除外。

可见，夫妻共同债务可以包括以下几个方面：

（1）婚前一方借款购置的财产已转化为夫妻共同财产，为购置这些财产所负的债务；（2）夫妻为家庭共同生活所负的债务；（3）夫妻共同从事生产、经营活动所负的债务，或者一方从事生产经营活动，经营收入用于家庭生活或配偶分享所负的债务；（4）夫妻一方或者双方治病以及为负有法定义务的人治病所负的债务；（5）因抚养子女所负的债务；（6）因赡养负有赡养义务的老人所负的债务；（7）为支付夫妻一方或双方的教育、培训费用所负的债务；（8）为支付正当必要的社会交往费用所负的债务；（9）夫妻协议约定为共同债务的债务；（10）其他应当认定为夫妻共同债务的债务。

其中，（1）夫妻共同经营所负的债务包括双方共同从事工商业或农村承包经营所负的债务，购买生产资料所负的债务，共同从事投资或者其他金融活动所负的债务，以及在这些生产、经营活动中欠缴的税款等。这里的共同经营既包括夫妻双方一起共同从事投资、生产经营活动，也包括夫妻一方从事生产、经营活动但利益归家庭共享的情形。

共同经营所负债务缘于夫妻共同经营费用的不足，故不论债务最初由谁借的，以谁的名义借的，只要所生债务是因夫妻共同经营所致，则为夫妻共同债务，应共同偿还，只问其用途，而不究其形式。

（2）关于夫妻抚养子女、赡养老人所负债务，根据我国《婚姻法》的规定，父母对子女有抚养教育的义务，子女对父母有赡养扶助的义务。父母不履行抚养义务时，未成年的或不能独立生活的子女，有要求父母付给抚养费的权利。子女不履行赡养义务时，无劳动能力的或生活困难的父母，有要求子女付给赡养费的权利。有负担能力的祖父母、外祖父母，对于父母已经死亡或父母无力抚养的未成年的孙子女、外孙子女，有抚养的义务。有负担能力的孙子女、外孙子女，对于子女已经死亡或子女无力赡养的祖父母、外祖父母，有赡养的义务。有负担能力的兄、姐，对于父母已经死亡或父母无力抚养的未成年的弟、妹，有扶养的义务。由兄、姐扶养长大的有负担能力的弟、妹，对于缺乏劳动能力又缺乏生活来源的兄、姐，有扶养的义务。

抚养子女、赡养父母是父母和子女应尽的义务。在特定情况下，祖父母、外祖父母与孙子女、外孙子女之间有抚养与赡养义务，兄、姐与弟、妹之间互有扶养义务。夫妻各自因为履行其应尽的抚养、赡养、扶养的法定义务，比如为必须予以抚养、赡养、扶养的亲属支付生活费、医疗费、教育费等而负下债务，此种债务因属于履行法定义务所形成，因而属于夫妻共同债务，应由夫妻共同承担。

3. 离婚时约定个人承担债务是否有效

《婚姻法》规定，夫妻双方可以书面约定婚姻关系存续期间所得的财产以及婚前财产归各自所有、共同所有或部分各自所有、部分共同所有。夫妻对婚姻关系存续期间所得的财产以及婚前财产的约定，对双方具有约束力。同样，夫妻也可以约定双方的共同债务由个人承担，此是双方当事人的自由意思表示，该约定也对双方具有约束力，但是对债权人并不具有约束力。因为按照我国婚姻法的立法精神，在婚姻关系存续期间，夫妻双方如无特别约定，夫妻财产适用法定的所得共有制，夫妻对共同债务都负有连带清偿责任。这种连带清偿责任，根据“债务的转让得经债权人同意”的民法精神，不经债权人同意，债务人之间无权自行改变其性质，否则将会损害债权人的利益。因此，夫妻之间离婚时对财产的分割，只能对彼此内部有效，不能向外对抗其他债权人。所以，债权人仍然有权就原夫妻所负共同债务向原夫妻双方或者其中任何一方要求偿还。而以逃避债务为目的约定由个人承担的债务，更是属于“恶意串通，损害国家、集体或者第三人利益”的无效民事行为，因而不具有法律效力。

根据最高人民法院的司法解释精神，当事人的离婚协议对债务作出约定，或者人民法院的判决书、裁定书、调解书已经对夫妻财产分割问题作出处理的，虽然约定其共同债务只由一方承担，但债权人仍有权就夫妻共同债务向男女双方主张权利。一方就共同债务承担连带清偿责任后，基于离婚协议或者人民法院的法律文书向另一方主张追偿的，人民法院应当支持。

附：本案一审、二审民事判决书

福建省福州市鼓楼区人民法院

民事判决书

〔2017〕闽0102民初5××7号

原告：林×，女，1979年×月×日出生，汉族，住福建省福州市台江区××新村×座×单元。

委托诉讼代理人：陈×、孙×晖，福建真×律师事务所律师。

被告：王×，男，1983年×月×日出生，汉族，住福建省福州市鼓楼区××路×号××家园×座×单元。

被告：陈×宁，女，1982年×月×日出生，汉族，住福建省福州市仓山区××路×号××明珠二期（××尚书院）×座×单元。

被告：张×，女，1980年×月×日出生，汉族，住福建省福州市晋安区××新村二区×座×单元。

委托诉讼代理人：陈×如，福建臻×律师事务所律师。

原告林×诉被告王×、陈×宁、张×民间借贷纠纷一案，本院于2017年6月21日受理后，依法适用普通程序，公开开庭进行了审理。原告林×的委托诉讼代理人陈×、孙×晖，被告张×的委托诉讼代理人陈×如到庭参加诉讼，被告王×、陈×宁经本院合法传唤，无正当理由未到庭参加诉讼。本案现已审理终结。

林×向本院提出诉讼请求：1. 判令被告王×立即向原告支付欠款450000元并支付利息（按月利率2%算，从2016年6月12日起计至被告实际还清款项之日止）；2. 判令被告陈 × 宁、张 × 对上述第 1 项诉求承担连带责任；3. 判令本案诉讼费由三被告承担。事实与理由：原告与被告王 × 系朋友关系，2015 年 1 月起，被告王 × 以经营酒店为由多次向原告借款，共计 893000 元。其中，经原告账户向被告王 × 转账 250000 元，向被告张 × 转账 393000 元，经原告丈夫李 × 强向被告王 × 转账 50000 元，经原告婆婆吴 × 娟向被告张 × 转账 50000 元，经原告朋友刘 × 向被告张 × 转账 50000 元。期间被告履行过部分还款付息义务，但从 2016 年 4 月 15 日起，便不再向原告支付任何款项。后经原告多次催促，2016 年 6 月 12 日，三方对前述债务进行确认和核对，被告针对未偿还部分共计 450000 元向原告出具借条，被告王 × 为借款人，被告张 × 为担保人，借条约定月利息为 3%。然而，借条出具后，被告依然未履行任何还款付息义务。原告多方催讨，均无果。被告王 ×、陈 × 宁系夫妻关系，该债务是两被告夫妻关系存续期间的共同债务，承担连带责任。

王 ×、陈 × 宁未作答辩。

张 × 辩称，450000 元的金额仅由原告和王 × 来确认，张 × 并没有进行核算确认，仅因对王 × 的信任而予以签字，450000 元借款之前被告有按月利率 5% 支付的利息，应予以扣减。

当事人围绕诉讼请求依法提交了证据，本院组织当事人进行了证据交换和质证。对当事人无异议的证据，本院予以确认并在卷佐证。2016 年 6 月 12 日，王 × 向林 × 出具“借条”，载明：“为酒店经营需要，截至 2016 年 6 月 12 日共收到林 × 以银行转账出借的 450000 元，月利率 3%，于每月 1 日支付当月利息。”张 × 在“借条”的担保人处签名确认。2015 年 4 月 16 日，林 × 向张 × 转账 20000 元。2015 年 6 月 1 日，林 × 通过其婆婆林 × 向张 × 转账 50000 元。2015 年 8 月 1 日，林 × 通过其朋友林 × 向张 × 转账 50000 元。

2015 年 8 月 31 日，林 × 向张 × 转账 100000 元。2015 年 9 月 16 日，林 × 向王 × 转账 100000 元。2015 年 10 月 22 日，林 × 向王 × 转账 150000 元。2015 年 12 月 15 日，林 × 向张 × 转账 150000 元。2016 年 1 月 13 日，林 × 通过支付宝向张 × 转账 30000 元。2016 年 2 月 19 日，林 × 向张 × 转账 100000 元。2016 年 2 月 29 日，林 × 通过其丈夫李 × 强向王 × 转账 50000 元。2016 年 3 月 18 日，林 × 向张 × 转账 89000 元。2016 年 4 月 4 日，林 × 通过支付宝向张 × 转账 4000 元。林 × 共向王 ×、张 × 转账共计 893000 元。林 × 称，双方经结算后，王 ×、张 × 出具了诉争“借条”。

另查，被告王 ×、陈 × 宁系夫妻关系。

本院认为，原、被告间债权债务关系清楚，借款事实明确，原告诉请被告偿还借款本金 450000 元，于法有据，本院予以支持。根据最高人民法院《关于审理民间借贷案件适用法律若干问题的规定》第二十九条规定：“借贷双方对逾期利息有约定的，从其约定，但以不超过年利率 24% 为限。”故原告诉请被告按照月利率 2% 从 2016 年 6 月 12 日起计付利息，本院予以照准。最高人民法院《关于适用〈中华人民共和国婚姻法〉若干问题的解释（二）》第二十四条规定：“债权人就婚姻关系存续期间夫妻一方以个人名义所负债务主张权利的，应当按夫妻共同债务处理。但夫妻一方能够证明债权人与债务人明确约定为个人债务，或者能够证明属于婚姻法第十九条第三款规定情形的除外。”该债务系王 ×、陈 × 宁夫妻关系存续期间的共同债务，应共同承担。张 × 系担保人，根据《中华人民共和国担保法》第十九条规定：“当事人对保证方式没有约定或者约定不明确的，按照连带责任保证承担保证责任。”故原告诉请张 × 对借款本息承担连带清偿责任，本院予以支持。被告王 ×、陈 × 宁经本院公告传唤，公告期届满未到庭应诉，本院依法缺席审理和判决。依据《中华人民共和国民法通则》第一百零八条，《中华人民共和国合同法》第二百零六条，《中华人民共和国担保法》第十九条，《中华人民共和国民事诉讼法》第九十二条、第一百四十四条，最高人民法院关于适用《中华人民共和国婚姻法》若干问题解释（二）第二十四条，最高人民法院《关于审理民间借贷案件适用法律若干问题的规定》第二十九条规定，判决如下：

一、被告王 ×、陈 × 宁于本判决生效之日起十日内向原告林 × 偿还借款本金 450000 元并支付利息（按照月利率 2% 计付，自 2016 年 6 月 12 日起计至被告还清款项之日止）；

二、被告张 × 对上述借款 450000 元本金及利息承担连带责任。

如被告未按本判决指定的期间履行给付金钱义务，应当依照《中华人民共和国民事诉讼法》第二百五十三条的规定，加倍支付延迟履行期间的债务利息。

本案诉讼费 9380 元，保全费 3310 元，由三被告共同负担；公告费 560 元，由被告王 ×、陈 × 宁负担。

如不服本判决，可在本判决书送达之日起十五日内，向本院递交上诉状，并按对方当事人的人数提出副本，上诉于福建省福州市中级人民法院。

审　判　员　　林　×

审　判　员　　梁 × 鸿

人民陪审员　　潘 × 惠

二〇一七年十月二十六日

书　记　员　　郑 × 怡

福建省福州市中级人民法院
民事判决书

〔2018〕闽01民终5××7号

上诉人（原审被告）：王×，男，1983年×月×日出生，汉族，住福建省福州市鼓楼区××路×号××家园×座×单元。

上诉人（原审被告）：陈×宁，女，1982年×月×日出生，汉族，住福建省福州市仓山区××路×号××明珠二期（×尚书院）×座×单元。

委托诉讼代理人：郑×，福建臻×律师事务所律师。

被上诉人（原审原告）：林×，女，1979年×月×日出生，汉族，住福建省福州市台江区××新村×座×单元。

委托诉讼代理人：陈×、孙×晖，福建真×律师事务所律师。

原审被告：张×，女，1980年×月×日出生，汉族，住福建省福州市晋安区新村二区×座×单元。

上诉人王×、陈×宁因与被上诉人林×、原审被告张×民间借贷纠纷一案，不服福建省福州市鼓楼区人民法院〔2017〕闽0102民初5××7号民事判决，向本院提起上诉。本院于2018年6月7日立案受理后，依法组成合议庭进行了审理。上诉人王×、陈×宁的委托诉讼代理人郑×、被上诉人林×的委托诉讼代理人孙×晖到庭参加诉讼。原审被告张×经本院合法通知，无正当理由拒不到庭参加诉讼。本案现已审理终结。

王×、陈×宁上诉请求：撤销原判，发回重审或依法改判，由被上诉人承担全部一、二审诉讼费用。事实和理由："借条"是三方结算后出具的，45

万元已包括利息，至2016年4月15日上诉人王×与张×共向林×转账574750元，为方便记忆，确认未偿还部分的本金及利息合计45万元，实际未偿还本金仅剩余389000元，根据相关司法解释的规定，借款人在借款期间届满后应当支付的本息之和，不能超过最初借款本金与以最初借款本金为基数，以年利率24%计算的整个借款期间的利息之和；本案借款是上诉人王×因经营酒店需要产生的，属于个人债务，借条也是王×个人出具的，陈×宁有正当职业和合法收入，不需要借贷维持家庭生活，本案借贷与陈×宁无关，不是用于家庭共同生活，陈×宁也不认识林×，王×也是通过张×认识的林×，林×也知道本案借款与陈×宁无关等，本案借款应认定为个人债务，故特提起上诉，希判如所请。

林×辩称：上诉人的上诉缺乏事实依据，虽然借条上双方约定月息为3%，但答辩人起诉时仅要求以年利率24%计算未还本金45万元的利息，符合法律规定，依法应予以支持；本案借贷双方并未约定还款期限，何来借款期限届满的问题？从2015年4月15日开始，答辩人通过不同账户转账12次向上诉人出借了89.3万元，该事实得到了上诉人的确认，2015年7月14日张×转给林×伟的3000元，由于答辩人并不认识林×伟，该笔金额与本案无关，应当予以剔除；答辩人确实收到了由两上诉人王×和张×转账的571750元，除了张×转账的几笔备注利息外，其他转账均未进行备注，由于答辩人与上诉人之间存在长期、大量的经济往来，双方口头约定的年利息2分至5分，本息早已混淆，并非上诉人清单中一一对应关系，为了方便记忆，上诉人、被上诉人、担保人才在2016年6月12日经过结算后出具了45万元的“借条”，系三方在平等自愿的前提下签订的，均为本金，未包括利息；上诉人在提交的证据中已经自认陈×宁多次参与借款本息的偿还；虽然借条上只有王×一个人签名，但是陈×宁长期、持续地参与借款往来，比如2016年1月5日陈×

宁向答辩人转账 30000 元、1 月 7 日转账 57000 元、1 月 12 日转账 20000 元、1 月 21 日转账 13500 元、3 月 5 日转账 3000 元等，足以证明陈 × 宁对本案借款是知晓的，本案债务是两上诉人夫妻共同意思表示，应当认定为夫妻共同债务等，一审判决正确，请求驳回上诉，维持原判。

原审被告张 × 未到庭答辩。

林 × 向一审法院起诉请求：1. 判令被告王 × 立即向原告支付欠款 450000 元并支付利息（按月利率 2% 计算，从 2016 年 6 月 12 日起计至被告实际还清款项之日止）；2. 判令被告陈 × 宁、张 × 对上述第 1 项诉求承担连带责任；3. 判令本案诉讼费由三被告承担。

一审法院认定事实：2016 年 6 月 12 日，王 × 向林 × 出具“借条”，载明：“为酒店经营需要，截至 2016 年 6 月 12 日共收到林 × 以银行转账出借的 450000 元，月利率 3%，于每月 1 日支付当月利息。”张 × 在“借条”的担保人处签名确认。2015 年 4 月 16 日，林 × 向张 × 转账 20000 元。2015 年 6 月 1 日，林 × 通过其婆婆林 × 向张 × 转账 50000 元。2015 年 8 月 1 日，林 × 通过其朋友林 × 向张 × 转账 50000 元。2015 年 8 月 31 日，林 × 向张 × 转账 100000 元。2015 年 9 月 16 日，林 × 向王 × 转账 100000 元。2015 年 10 月 22 日，林 × 向王 × 转账 150000 元。2015 年 12 月 15 日，林 × 向张 × 转账 150000 元。2016 年 1 月 13 日，林 × 通过支付宝向张 × 转账 30000 元。2016 年 2 月 19 日，林 × 向张 × 转账 100000 元。2016 年 2 月 29 日，林 × 通过其丈夫李 × 强向王 × 转账 50000 元。2016 年 3 月 18 日，林 × 向张 × 转账 89000 元。2016 年 4 月 4 日，林 × 通过支付宝向张 × 转账 4000 元。林 × 向王 ×、张 × 转账共计 893000 元。林 × 称，双方经结算后，王 ×、张 × 出具了诉争“借条”。

另查，被告王 ×、陈 × 宁系夫妻关系。

原审法院认为，原、被告间债权债务关系清楚，借款事实明确，原告诉请被告偿还借款本金 450000 元，于法有据，法院予以支持。根据最高人民法院《关于审理民间借贷案件适用法律若干问题的规定》第二十九条规定："借贷双方对逾期利息有约定的，从其约定，但以不超过年利率 24% 为限。"故原告诉请被告按照月利率 2% 从 2016 年 6 月 12 日起计付利息，法院予以照准。最高人民法院《关于适用〈中华人民共和国婚姻法〉若干问题的解释（二）》第二十四条规定："债权人就婚姻关系存续期间夫妻一方以个人名义所负债务主张权利的，应当按夫妻共同债务处理。但夫妻一方能够证明债权人与债务人明确约定为个人债务，或者能够证明属于婚姻法第十九条第三款规定情形的除外。"该债务系王 ×、陈 × 宁夫妻关系存续期间的共同债务，应共同承担。张 × 系担保人，根据《中华人民共和国担保法》第十九条规定："当事人对保证方式没有约定或者约定不明确的，按照连带责任保证承担保证责任。"故原告诉请张 × 对借款本息承担连带清偿责任，法院予以支持。被告王 ×、陈 × 宁经法院公告传唤，公告期届满未到庭应诉，法院依法缺席审理和判决。依据《中华人民共和国民法通则》第一百零八条，《中华人民共和国合同法》第二百零六条，《中华人民共和国担保法》第十九条，《中华人民共和国民事诉讼法》第九十二条、第一百四十四条，最高人民法院关于适用《中华人民共和国婚姻法》若干问题解释（二）第二十四条，最高人民法院《关于审理民间借贷案件适用法律若干问题的规定》第二十九条规定，判决如下：

一、被告王 ×、陈 × 宁于本判决生效之日起十日内向原告林 × 偿还借款本金 450000 元并支付利息（按照月利率 2% 计付，自 2016 年 6 月 12 日起计至被告还清款项之日止）；二、被告张 × 对上述借款 450000 元本金及利息承担连带责任。

二审中，当事人没有提交新证据，本院对一审认定的事实予以确认。

本院认为，原审被告张×经本院合法通知，无正当理由拒不到庭参加诉讼，视为自动放弃诉讼权利；上诉人王×、陈×宁未提供2016年6月12日“借条”中已包含利息的证据，被上诉人林×亦予以否认，故上诉人主张“借条”金额已包括利息的上诉理由缺乏事实依据，本院不予以支持；虽然2016年6月12日“借条”中只有借款人王×、担保人张×签名，但是当事人在本案诉讼过程中提供的银行转账凭证，明确体现上诉人陈×宁曾多次向被上诉人林×转账，应视为上诉人陈×宁知晓本案债务，因此两上诉人关于本案债务系上诉人王×个人债务之上诉理由与事实不符，本院不予采纳。综上所述，王×、陈×宁的上诉请求不能成立，应予驳回；一审判决认定事实清楚，适用法律正确，应予维持。依照《中华人民共和国民事诉讼法》第一百七十条第一款第一项规定，判决如下：

驳回上诉，维持原判。

二审案件受理费9380元，由上诉人王×、陈×宁负担。

本判决为终审判决。

审 判 长　卢×华

审 判 员　郑×影

审 判 员　张　×

二〇一八年七月二十六日

书 记 员　张×梅

附：相关法律条文

《中华人民共和国民法通则》

第一百零八条　债务应当清偿。暂时无力偿还的，经债权人同意或者人民法院裁决，可以由债务人分期偿还。有能力偿还拒不偿还的，由人民法院判决强制偿还。

《中华人民共和国合同法》

第二百零六条　借款人应当按照约定的期限返还借款。对借款期限没有约定或者约定不明确，依照本法第六十一条的规定仍不能确定的，借款人可以随时返还；贷款人也可以催告借款人在合理期限内返还。

《中华人民共和国担保法》

第十九条　当事人对保证方式没有约定或者约定不明确的，按照连带责任保证承担保证责任。

最高人民法院《关于适用〈中华人民共和国婚姻法〉若干问题的解释（二）》

第二十四条　债权人就婚姻关系存续期间夫妻一方以个人名义所负债务主张权利的，应当按夫妻共同债务处理。但夫妻一方能够证明债权人与债务人明确约定为个人债务，或者能够证明属于婚姻法第十九条第三款规定情形的除外。

最高人民法院《关于审理民间借贷案件适用法律若干问题的规定》

第二十九条　借贷双方对逾期利率有约定的，从其约定，但以不超过年利率 24% 为限。

第十六章　合同无效与合同可撤销的差异

一、案件简介

被继承人施 × 宝于 1997 年 10 月 22 日死亡，于 2000 年 10 月 24 日因死亡办理户口注销。被继承人父母均先于被继承人死亡；被继承人配偶系魏 × 英，二人于 1966 年按传统习俗结婚，共生育两个儿子施 × 忠和施 × 红。

坐落于福州市晋安区 ×× 村 × 号房产系魏 × 英与丈夫施 × 宝夫妻共同财产，产权属二人共同所有。被继承人施 × 宝死亡后，三个继承人未对该财产进行分割。

2017 年 9 月，上述房产被依法征迁。根据榕晋房征〔2017〕10 号文件批准，晋安区住房保障和房产管理局同意对上述房产进行征收补偿，合计补偿金额为 2017773 元。2017 年 9 月 23 日，魏 × 英在施 × 忠的欺骗下，与施 × 忠、施 × 红签订了“遗产分割协议书”。但事后魏 × 英在与他人聊天中发现该“遗产分割协议书”严重侵害了她个人权利，将原本属于自己的个人所有份额也当作被继承人的遗产予以继承了。

魏 × 英认为个自身年龄很大，且没有文化，不识字，被施 × 忠、施 × 红欺骗签署了“遗产分割协议书”。如果不是别人告诉，自己甚至不知道自己的权利受到了严重侵害，如果知道，绝对不会这样处分权利。原代理律师主张起诉合同无效，但进入诉讼后发现该诉请事由明显难以成立，遂撤回起诉。当事人重新委托新的代理人后以重大误解提起合同撤销之诉，要求法院撤销该合同，并依法对房产进行分割。

法院受理该案后对案件进行了开庭审理。庭审过程中，施 × 忠、施 × 红抗辩说协议系原告真实意思的表示，但无法举证证明协议书上所表述的相关遗产如何能够包括魏 × 英的个人财产部分。施 × 红同时举证证明自己是残疾人，需要在分配遗产时有所偏向。

最终法院依法作出判决，撤销该份遗产继承协议书，并肯定了原协议中各方对遗产分割的比例，对作为施 × 宝遗产部分进行了合理分割，魏 × 英获得房产的 60.57%；施 × 忠获得 17.74%；施 × 红获得 21.69%。

二、本案及同类案件办理中会涉及的主要问题

1. 无效合同的认定；
2. 可撤销合同的认定；
3. 继承规则结合本案特殊情况之处理。

三、对上述问题的分析

1. 无效合同的认定

无效合同，是指合同虽然已经成立，但因其严重欠缺有效要件，在法律上不按当事人之间的合意赋予其法律效力。可见，无效合同是已经成立的合同，是欠缺生效要件，不具有法律约束力的合同，不受国家法律保护。无效合同自始无效，合同一旦被确认无效，就产生溯及既往的效力，即自合同成立时起不具有法律的约束力，以后也不能转化为有效合同。

《民法总则》第一百四十六条规定，“行为人与相对人以虚假的意思表示实施的民事法律行为无效。以虚假的意思表示隐藏的民事法律行为的效力，依照

有关法律规定处理”。

《合同法》第五十二条规定，“有下列情形之一的，合同无效：（一）一方以欺诈、胁迫的手段订立合同，损害国家利益；（二）恶意串通，损害国家、集体或者第三人利益；（三）以合法形式掩盖非法目的；（四）损害社会公共利益；（五）违反法律、行政法规的强制性规定”。

（1）以欺诈、胁迫手段订立合同，损害国家利益

根据《最高人民法院关于贯彻执行〈中华人民共和国民法通则〉若干问题的意见》（以下简称《民法通则若干问题的意见》）第六十八条之规定，所谓欺诈是指一方当事人故意告知对方虚假情况，或者故意隐瞒真实情况，诱使对方当事人作出错误的意思表示。因欺诈而订立的合同，是在受欺诈人因欺诈行为发生错误认识而作意思表示的基础上产生的。

根据《民法通则若干问题的意见》第六十九条的规定，所谓胁迫，是以给公民及其亲友的生命健康、荣誉、名誉、财产等造成损害或者以给法人的荣誉、名誉、财产等造成损害为要挟，迫使相对方作出违背真实意思表示的行为。胁迫也是影响合同效力的原因之一。

依《合同法》第五十二条规定，一方以欺诈、胁迫等手段订立的合同，只有在有损国家利益时，该合同才为无效。

（2）恶意串通，损害国家、集体或者第三人利益

所谓恶意串通，是指当事人为实现某种目的，串通一气，共同实施订立合同的民事行为，造成国家、集体或者第三人的利益损害的违法行为。

恶意串通而订立的合同，其构成要件是：①当事人在主观上具有恶意性。即明知或者知其行为会造成国家、集体或者第三人利益的损害，而故意为之；②当事人之间具有串通性。串通是指相互串连、沟通，使当事人之间在行为的动机、目的、行为以及行为的结果上达成一致，使共同的目的得到实现。在实

现非法目的的意思表示达成一致后，当事人约定互相配合或者共同实施该种合同行为；③双方当事人串通实施的行为损害国家、集体或者第三人的利益。恶意串通的结果，应当是国家、集体或者第三人的利益受到损害。法律并不禁止当事人在合同的订立和履行中获得利益。但是，如果双方当事人在谋求自己的利益的同时而损害国家、集体或第三人的利益的时候，法律就要进行干预。

恶意串通所订立的合同，是绝对无效的合同，应将双方当事人因该合同所取得的财产，收归国有或者返还集体或者个人。

（3）以合法形式掩盖非法目的

以合法形式掩盖非法目的，也称为隐匿行为，是指当事人通过实施合法的行为来掩盖其真实的非法目的，或者实施的行为在形式上是合法的，但是在内容上是非法的行为。

当事人实施以合法形式掩盖非法目的的行为，当事人在行为的外在表现形式上，并不是违反法律的。但是这个形式并不是当事人所要达到的目的，不是当事人的真实意图，而是通过这样的合法形式，来掩盖和达到其真实的非法目的。因此，对于这种隐匿行为，应当区分其外在形式与真实意图，准确认定当事人所实施的合同行为的效力。

以合法形式掩盖非法目的而订立的合同，应当具备下列要件：①当事人所要达到的真实目的或者其手段必须是法律或者行政法规所禁止的；②合同的当事人具有规避法律的故意；③当事人为规避法律、行政法规的强制性规定而采用了合法的形式对非法目的进行了掩盖。

（4）损害社会公共利益

在法律、行政法规无明确规定，但合同又明显地损害了社会公共利益时，可以适用“损害社会公共利益”条款确认合同无效。

（5）违反法律、行政法规的强制性规定

违反法律、行政法规的强制性规定的合同，是指当事人在订约目的、订约内容都违反法律和行政法规强制性规定的合同。最高人民法院关于适用《中华人民共和国合同法》若干问题的解释（一）第四条明确规定："合同法实施以后，人民法院确认合同无效，应当以全国人大及其常委会制定的法律和国务院制定的行政法规为依据，不得以地方性法规、行政规章为依据。"

需要说明的是，违反法律、行政法规的强制性的合同，当事人在主观上是故意所为，还是过失所致，均不问。只要合同违反法律、行政法规的强制性规定，就确认该合同无效。

《合同法》关于合同无效的法律后果规定了两个条文。第五十八条规定："合同无效或者被撤销后，因该合同取得的财产，应当予以返还；不能返还或者没有必要返还的，应当折价补偿。有过错的一方应当赔偿对方因此所受到的损失，双方都有过错的，应当各自承担相应的责任。"第五十九条规定："当事人恶意串通，损害国家、集体或者第三人利益的，因此取得的财产收归国家所有或者返还集体、第三人。"

（1）返还财产，即指合同当事人在合同被确认为无效或者被撤销以后，对已经交付给对方的财产，享有返还财产的请求权，对方当事人对于已经接受的财产负有返还财产的义务。

（2）折价补偿，即指在因无效合同所取得的对方当事人的财产不能返还或者没有必要返还时，按照所取得的财产的价值进行折算，以金钱的方式对对方当事人进行补偿的责任形式。

（3）赔偿损失，根据《合同法》第五十八条之规定，当合同被确认为无效后，如果由于一方或者双方的过错给对方造成损失时，还要承担损害赔偿责任。如果合同双方当事人都有过错，双方应各自承担相应的责任，即适用过错的程度，如一方的过错为主要原因，另一方为次要原因，则前者责任大于后者；此所谓过错的性质如一方系故意，另一方系过失，故意一方的责任应大于过失一方的责任。

（4）非民事性后果，即指合同被确认无效或被撤销后，除发生返还财产、赔偿损失等民事性法律后果外，在特殊情况下还发生非民事性后果，如当事人恶意串通损害国家、集体或者第三人利益所取得的财产追缴回来，收归国家或返还给受损失的集体、第三人。

2. 可撤销合同的认定

可撤销合同是指合同因欠缺一定的生效要件，其有效与否，取决于有撤销权的一方当事人是否行使撤销权的合同。可撤销合同是一种相对有效的合同，在有撤销权的一方行使撤销权之前，合同对双方当事人都是有效的。

对于可撤销合同，《民法总则》做了非常清晰的规定：

第一百四十七条　基于重大误解实施的民事法律行为，行为人有权请求人民法院或者仲裁机构予以撤销。

第一百四十八条　一方以欺诈手段，使对方在违背真实意思的情况下实施的民事法律行为，受欺诈方有权请求人民法院或者仲裁机构予以撤销。

第一百四十九条　第三人实施欺诈行为，使一方在违背真实意思的情况下实施的民事法律行为，对方知道或者应当知道该欺诈行为的，受欺诈方有权请求人民法院或者仲裁机构予以撤销。

第一百五十条　一方或者第三人以胁迫手段，使对方在违背真实意思的情况下实施的民事法律行为，受胁迫方有权请求人民法院或者仲裁机构予以撤销。

第一百五十一条　一方利用对方处于危困状态、缺乏判断能力等情形，致使民事法律行为成立时显失公平的，受损害方有权请求人民法院或者仲裁机构予以撤销。

《合同法》第五十四条则规定为“下列合同，当事人一方有权请求人民法院或者仲裁机构变更或者撤销：（一）因重大误解订立的；（二）在订立合同时显失公平的。一方以欺诈、胁迫的手段或者乘人之危，使对方在违背真实意思的情况下订立的合同，受损害方有权请求人民法院或者仲裁机构变更或者撤销。当事人请求变更的，人民法院或者仲裁机构不得撤销”。两个法律规定内容基本一致。

可见，作为可撤销合同具体指：（1）重大误解订立的合同。《民法通则意见》第七十一条规定对此解释为“行为人因对行为的性质、对方当事人、标的物的品种、质量、规格和数量等的错误认识，使行为的后果与自己的意思相悖，并造成较大损失的，可以认定为重大误解”。在这种情况下，误解是由误解方自己的过失造成的，即因其不注意、不谨慎造成的，而不是因为受他人的欺骗或不正当影响造成的。虽然《民法通则意见》已经被部分废止，但其对某些概念的解释在实务中依旧具有指导性作用。（2）显失公平的合同。即一方当事人利用优势或者利用对方没有经验，致使双方的权利与义务明显违反公平、等价有偿原则的民事行为。（3）以欺诈、胁迫的手段或者乘人之危而订立的合同。如一方当事人趁对方处于危难之机，为谋取不正当利益迫使对方作出不真实的意思表示而签订的合同，严重损害对方利益的，用于乘人之危而订立的合同。

可撤销合同和无效合同的差别主要表现为：

（1）性质不同。无效合同从性质上说虽然合同存在，但是自始至终都是无效的。它是损害国家和人民利益，损害公共利益，损害第三人利益，违反法律、行政法规的强制性规定，是以欺诈、胁迫和恶意串通，以合法的形式掩盖非法目的的。因此它始终没有转变为有效合同的可能，是一种绝对无效的合同。可撤销合同是在合同被撤销前，保持着法律效力，只是法律赋予一方当事人享有撤销权。它的构成原因是一方以欺诈、胁迫方式订立合同，乘人之危订立合同，因重大误解而订立的合同，因显失公平而订立的合同。在可撤销的合同中，具有撤销权的当事人有权撤销合同，但是当事人的这种权利并非没有任何限制，相反撤销权人必须在规定的撤销期间行使撤销权……合同法规定的撤销权的行使时间为一年，在此期间，撤销权人必须行使其撤销权，否则，就失去了撤销合同的权利。如果一方当事人撤销权消灭，可撤销的合同就是有效的合同。

（2）法律后果不同。首先，无效合同因为从开始就不产生任何法律效力，因此也就不能发生当事人所预期的法律后果。也就是说其合同尚未履行的，不得履行；已经开始履行的，应立即终止履行；如果合同已履行完毕的，也必须恢复到合同履行前的状况。二是按照合同法所规定的双方当事人按照各自的错误状况和程度承担所需承担的责任。如果一方当事人给另一方当事人造成损失的，有过错的当事人应承担赔偿另一方当事人损失的责任。三是收缴一方或双方当事人在无效合同中的非法收入。

可撤销合同，如果享有撤销权的当事人不愿意撤销合同和放弃对合同的撤销权，那么人民法院则依照法律规定对其合同予以承认和保护，其合同就要按照其条文和规定予以履行；如果有撤销权的当事人在法律规定的期限内请求人民法院拟用其合同或有关合同条文，人民法院或仲裁机构则依法对其予以撤销。很显然被撤销的合同也就随之失去自始的法律效力，即产生和无效合同相同的救济手段和补救措施。由此我们可以看出，无效合同不但自始至终不能产生法律效力，而且有关当事人还对其行为负有不可推卸的法律责任。而可撤销合同是根据享有撤销权一方当事人的主观意愿而决定其法律义务和责任的。

（3）体现原则不同。因为无效合同是危害国家、公共和第三人的利益，并且是违反国家法律、法规的行为。所以，无效合同即使是当事人愿意履行其合同义务，国家法律也是坚决不能允许的。这体现了国家利益、人民利益需要用国家法律的强制力量来保证有效的合同的正当履行。可撤销合同是有撤销权一方当事人有权自主决定对其合同在法定期限内是否向人民法院或仲裁机构申请合同的撤销，体现了当事人意思自治原则。

就本案来说，如果以合同无效来作为诉请，则陷入了举证不能的境地，原告无法举证证明被告的行为属于无效的法律情形，所以只能够以可撤销来起诉。且本案中，原告本身年事已高，没有文化，其主张的“重大误解”完全符合法律的规定。

3. 继承规则结合本案特殊情况之处理

如果本案中双方签署的“遗产继承协议书”能够被撤销，那么就需要依照继承规则来处理，即对该房产首先析产，将属于魏 × 英的个人财产部分归属于魏 × 英个人，然后将剩余继承财产在几个继承人间进行平均分配。

鉴于本案的被告之一施 × 红为残疾人，依法进行财产分割的时候需要适当照顾。但如何适当处理，反而没有标准可循。

法院的最后的判决中，采取了非常灵活的做法，即首先认定原来的“遗产继承协议书”是魏 × 英重大误解之下签署的合同，应被撤销。其次对遗产进行分配时，参照了在“遗产继承协议书”中各方对财产分配的比例，法院认为该分配比例既没有违反法律又符合生活常理，可以作为最后遗产分配的比例来处理。于是，在原协议书比例基础上对遗产分割部分进行了相应比例判决。

但是，因为“遗产继承协议书”既然已经被撤销了，那么一个已经撤销的合同是否还有法律效力呢？毫无疑问，答案是没有。既然是一个没有法律效力的协议书，又怎么能够依据该协议书的分配比例来作为各方分割继承财产的比例要求呢？这个判决所依据的协议书比例又有什么合法性呢？所以，严格来说，笔者认为这个判决虽然灵活但依旧值得探讨。

附：本案一审民事判决书

福建省福州市晋安区人民法院

民事判决书

〔2016〕闽0111民初3××9号

原告：魏×英，女，1949年×月×日出生，汉族，住福建省福州市晋安区岳峰镇×村×号。

委托诉讼代理人：陈×，福建真×律师事务所兼职律师。

委托诉讼代理人：郑×达，福建真×律师事务所执业律师。

被告：施×忠，男，1969年×月×日出生，汉族，住福建省福州市晋安区岳峰镇×村×号。

被告：施×红，男，1972年×月×日出生，汉族，住福建省福州市晋安区岳峰镇×村×号。

委托诉讼代理人：江×，福建宽×（政和）律师事务所法律援助律师。

原告魏×英诉被告施×忠、施×红法定继承纠纷一案，本院于2018年7月25日立案后，依法适用普通程序，公开开庭进行了审理。原告魏×英及其委托诉讼代理人郑×达，被告施×忠，被告施×红及其委托的诉讼代理人江×到庭参加诉讼。本案现已审理终结。

魏×英向本院提出诉讼请求：1.依法撤销魏×英与施×忠、施×红于2017年9月23日签订的"遗产分割协议书"；2.依法确认坐落于福州市晋安区岳峰镇××村×号房产的房屋征收安置补偿权益的50%归魏×英个人所有；3.按法定继承分割被继承人施×宝的遗产即坐落于福州而晋安区岳峰镇××村×号房产的房屋征收安置和偿权益的50%；4. 判令由施×忠、施×红承担本案诉讼费用。事实和理由：被继承人施×宝于1997年10月22日死亡，于2000年10月24日被注销户口。被继承人父母均先于被继承人死亡；魏×英系被继承人施×宝的配偶，两人于1996年按传统习俗结婚，婚后共生育两个儿子，即施×忠、施×红。坐落于福州市晋安区岳峰镇××村×号房产系魏×英与被继承人施×宝夫妻共同财产，产权属两人共同所有。被继承人死亡后上述财产的50%份额作为被继承人遗产依法应由魏×英与施×忠、施×红继承，后因种种原因，该遗产一直未分割。2017年9月，上述房产被依法征迁。根据榕晋房征〔2017〕10号文件批准，晋安区住房保证和房产管理局同意对上述房产进行征收补偿，合计补偿金额为2017773元。2017年9月23日，魏×英在施×忠、施×红的欺骗下，误将原本属于其个人所有的份额当作被继承人的遗产，与施×忠、施×红签署了“遗产分割协议书”。该协议书违背了魏×英的真实意思表示，存在重大误解，属于可撤销合同。因魏×英与施×忠、施×红就补偿金额的分配未达成共识，导致其继承权利无法实现，现为维护其合法权益，诉至法院，望判如所请。

施×忠辩称，魏×英不是在他的欺骗下签订的协议，双方是在协商一致后去拆迁办签订协议，其现在没有房子，也需要最低住房保障45平方米，请求驳回魏×英的诉讼请求。

施×红辩称，1. 魏×英没有证据证明本案当中存在重大误解，也没有证据证明其对魏×英进行欺骗，更没有证据证明施×忠欺骗魏×英，因此魏×英主张存在重大误解的事由，没有依法履行举证责任；2. 双方之间的遗产分割协议合法有效，各方当事人应当遵守。首先，依据分割协议，前面部分阐述了签署遗产按法定继承分割，因为之前没有分割，各继承人按协议继承。针对协议进行继承说明本案是协议继承不是法定继承。协议继承的结果是各继承人自愿处分及各自继承的体现，协议中的分割方式不是按照法定继承，而是一方作出处分另一方作出协商一致的结果。这份协议经过各方当事人一致确认有效，不存在继续按照法定继承遗产的事实。在签订协议时，作为母亲的魏×英，只是为了储备养老基金以备不时之需，剩余的给予施×忠、施×红。基于施×红是残疾人，因此分割遗产时更加偏向施×红，这也是人之常情。魏×英以重大误解为由对协议进行撤销，违反诚实信用原则，因此本案不存在魏×英因重大误解签错协议处分自己财产的情形，更不能以魏×英的自我阐述就认定为重大误解，魏×英应对本案承担举证责任，故魏×英的所有诉请均不应得到支持。

当事人围绕诉讼请求依法提交了证据，本院组织当事人进行了质证，对于当事人无异议的证据，本院予以确认并在卷佐证。对于魏×英提供的“房屋征收补偿妥置协议书”，虽有魏×英的签名，但未经征收部门及征收实施单位盖章确认，故该协议书本院不予采信。根据当事人提供的证据及当事人陈述，本院认定事实如下：

被继承人施×宝于1937年4月10日出生，于2000年10月24日因死亡注销户口，其生前与魏×英共生育两个儿子，即长子施×忠、次子施×红。坐落于福州市晋安区岳峰镇××村×号（房产证登记地址：福州市郊区洪山乡东门村）房产（以下简称讼争房产）于1988年6月16日取得房屋所有权证，所有权人登记为施×宝，建筑面积62.57平方米。2017年9月23日，魏×英、施×忠、施×红以法定继承方式就讼争房产（含已办理权属登记面积62.57平方米及未办理权属登记的面积部分）签订一份“遗产分割协议书”，约定魏×英继承讼争房产的26.82平方米，施×忠继承讼争房产的45平万米，施×红继承讼争房产的55平方米，魏×英、施×忠、施×红三人均在上述协议的尾部签名捺印。同日，魏×英、施×忠、施×红又签订一份“补充协议”，约定施 × 红以 115000 元的总价向魏 × 英购买 5 平方米的面积，上述款项在回迁交房时一次性付清，魏 × 英、施 × 忠、施 × 红亦在上述补充协议下方签名捺印。

另查，施 × 宝去世前未留有遗嘱，施 × 宝的父母早于施 × 宝去世。施 × 红为肢体残疾人，伤残程度为三级。2017 年，上述房产因旧屋改造项目而被征收，现讼争房产已被拆除。

本院认为，魏 × 英、施 × 忠、施 × 红作为被继承人施 × 宝的第一顺序法定继承人，在被继承人施 × 宝生前并未立遗嘱的情况下，均享有继承遗产的权利，各法定继承人之间有权对遗产的分割进行约定。讼争房产系魏 × 英与施 × 宝婚姻关系存续期间内取得，应属于魏 × 英与施 × 宝的夫妻共同财产，由于讼争房产现已被征收，故被征收所得的安置补偿权益亦为魏 × 英与施 × 宝的夫妻共同财产。双方在“遗产分割协议书”中注明“前述遗产法定继承方式由各继承人继承”，且签署上述协议时，魏 × 英已年近七十，其又不识字，仅能书写自己的姓名，故其主张在签订“遗产分割协议书”时，其对于本属于其个人所有的财产误当作遗产进行处分，存在重大误解，尚属合理，本院予以支持。但对于讼争房屋中属于施 × 宝的遗产部分，魏 × 英、施 × 忠、施 × 红三方达成的一致意见并无存在重大误解的情形，故根据三方所签订分割面积可以得知，魏 × 英、施 × 忠、施 × 红分别按 10.57%、17.74%、21.69% 的比例取得讼争房屋中属于施 × 宝的遗产范围，且结合施 × 红的残疾情况，上述分割协议符合家庭生活的常理，故关于魏 × 英超出上述范围的诉请，本院不予支持。鉴于三方所签订的“补充协议”的基础即三方所取得的遗产份额发生变化，施 × 红是否还需增加面积无法确定，且魏 × 英在本案中未对“补充协议”提出主张，故在本案中不予处理，但三方仍可根据实际取得的遗产份额再次达成新的协议。

综上所述，现讼争房产已被征收拆除，魏 × 英有权取得讼争房产 60.57%（10.57%+50%）的房屋征收补偿安置权益，施 × 忠取得讼争房产 17.74% 的房屋征收补偿安置权益，施 × 红取得讼争房产 21.69% 的房屋征收补偿安置权益。依照《中华人民共和国合同法》第五十四条，《中华人民共和国继承法》第十条、第十一三条、第二十六条，《最高人民法院关于民事诉讼证据的若干规定》第二条，《最高人民法院关于适用〈中华人民共和国民事诉讼法〉的解释》第九十条规定，判决如下：

一、魏 × 英、施 × 忠、施 × 红于 2017 年 9 月 23 日签订的“遗产分割协议书”对不属于被继承人施 × 宝的遗产部分的处分无效；

二、施 × 宝名下坐落于福州市晋安区岳峰镇 × 村 × 号（房产证登记地址：福州市郊区洪山乡东门村，建筑面积 62.57 平方米）房产的房屋征收安置补偿权益由魏 × 英、施 × 忠、施 × 红分别按照 60.57%、17.74%、21.69% 比例享有；

三、驳回魏 × 英的其他诉讼请求。

案件受理费 22942 元，由魏 × 英负担 13896 元，由施 × 忠负担 4070 元，由施 × 红负担 4976 元。施 × 忠、施 × 红负担的案件受理费，应于本判决生效之日起七日内向本院缴纳。

如不服本判决，可在判决书送达之日起十五日内向本院递交上诉状，并按照对方当事人的人数提出副本，上诉于福建省福州市中级人民法院。

审 判 长 陈 ×

人民陪审员 林 ×

人民陪审员 吴 ×

二〇一九年一月二十四日

书 记 员 陈 ××

第十七章　工程质保金的性质

一、案件简介

2010年9月30日，闽清××建筑工程有限公司（下称：闽清×建）与福州市第×中学（下称：×中）双方就×中校园扩建及建设教学楼项目签订"建设工程施工合同"，约定由闽清×建承建该项目，合同价款为7516387元，并经"补充协议书"增加工程造价781750元，项目总价8298137元。双方同时签订"工程质量保修书"，约定以工程总价款的5%，即414907元作为该工程质量保修金。该工程于2010年11月25日开工，2011年12月30日竣工，并通过验收单位的竣工验收。根据合同约定×中应当在质量保修期满后14天内（即2017年1月13日前）将质量保修金及利息返还给闽清×建。

合同期限届满后，闽清×建于2017年1月17日正式发律师函向×中催讨相关费用，但×中拒不履行返款义务，闽清×建遂将×中诉至仓山区法院。

法院开庭审理中，×中抗辩认为闽清×建房屋质量存在问题，其自身进行维修花费巨大，并举证照片及相关维修单据。但庭审中发现×中主张的质量问题没有第三方鉴定机构鉴定，且其主张的质量问题部分已经超过建设工程单项质保期时间。同时，×中举证的维修费用没有发票支持，没有使用维修明确证据。庭审过程中被一一驳回。后×中提出诉讼时效之抗辩，但基于质保合同刚刚届满，该抗辩同样没有得到法院支持。

经审理，法院依法判决×中如数返还质保金。

二、本案及同类案件办理中会涉及的主要问题

1. 工程质量保修期；

2. 工程缺陷责任期；

3. 工程质量保修期与工程缺陷责任期差别；

三、对上述问题的分析

1. 工程质量保修期

工程质量保修期是指在正常使用条件下，建设工期的最低保修期限。

《建筑法》第六十二条："建筑工程实行质量保修制度。建筑工程的保修范围应当包括地基基础工程、屋面防水工程和其他土建工程，以及电气管线、上下水管线的安装工程，供热、供冷系统工程等项目；保修的期限应当按照保证建筑物合理寿命年限内正常使用，维护使用者合法权益的原则确定。"《建设工程质量管理条例》第三十九条第一款"建设工程实行质量保修制度"，第四十条："在正常使用条件下，建设工程的最低保修期限为：（一）基础设施工程、房屋建筑的地基基础工程和主体结构工程，为设计文件规定的该工程的合理适用年限；（二）屋面防水工程、有防水要求的卫生间、房间和外墙面的防渗漏，为5年；（三）供热与供冷系统，为2个采暖期、供冷期；（四）电气管线、给排水管道、设备安装和装修工程，为2年。其他项目的保修期限由发包方与承包方约定。建设工程的保修期，自竣工验收合格之日起计算。"另有《房屋工程质量保修办法》的第七条和第八条也做了类似的规定。

国务院的《建设工程质量管理条例》第四十条"施工单位对施工中出现质

量问题的建设工程或者竣工验收不合格的建设工程，应当负责返修。（一）基础设施工程、房屋建筑的地基基础工程和主体结构工程，为设计文件规定的该工程的合理使用年限；（二）屋面防水工程、有防水要求的卫生间、房间和外墙面的防渗漏，为5年；（三）供热与供冷系统，为2个采暖期、供冷期；（四）电气管线、给排水管道、设备安装和装修工程，为2年。”第四十一条“建设工程在保修范围和保修期限内发生质量问题的，施工单位应当履行保修义务，并对造成的损失承担赔偿责任”，也作出了相同规定。

2. 工程缺陷责任期

工程缺陷责任期是指承包人按照合同约定承担缺陷修复义务，且发包人预留质量保证金的期限，自工程通过竣工验收之日起计算。缺陷责任期一般为6个月、12个月或24个月。

《建筑工程保证金管理暂行办法》（2005版）第二条第三款：“缺陷责任期一般为六个月、十二个月或二十四个月，具体可由发、承包双方在合同中约定。”

缺陷责任期是一种当缺陷责任期内出现质量缺陷时，承包商应当负责维修的担保形式。维修保证可以包含在履约保证之内，这时履约保证有效期要相应地延长到承包商完成了所有的缺陷修复。

缺陷责任期从工程通过竣（交）工验收之日起计。由于承包人原因导致工程无法按规定期限进行竣（交）工验收的，缺陷责任期从实际通过竣（交）工验收之日起计。由于发包人原因导致工程无法按规定期限进行竣（交）工验收的，在承包人提交竣（交）工验收报告90天后，工程自动进入缺陷责任期。

缺陷责任期内，由承包人原因造成的缺陷，承包人应负责维修，并承担鉴定及维修费用。如承包人不维修也不承担费用，发包人可按合同约定扣除保留金，并由承包人承担违约责任。承包人维修并承担相应费用后，不免除对工程的一般损失赔偿责任。

缺陷责任期的起算日期必须以工程的实际竣工日期为准，与之相对应的工程照管义务期的计算时间是以业主签发的工程接收证书起。对于有一个以上交工日期的工程，缺陷责任期应分别从各自不同的交工日期起算。

3. 两者的差别

住房和城乡建设部颁布的《建筑工程保证金管理暂行办法》(2005 版）第二条第一款的规定，“本办法所称建筑工程质量保证（保修）金是指发包人与承包人在建设工程承包合同中约定，从应付的工程款中预留，用以保证承包人在缺陷责任期内对建设工程出现的缺陷进行维修的资金”。从该条款可见，在我国，质量保证（保修）金是针对建筑物缺陷责任的保证。

换言之，因为立法本身的称呼问题，导致实务中对这两者产生了诸多的混淆和误解。两者实质上存在诸多差异：（1）保修期：指承包单位对所完成工程的保修期限，超过这个保修期限则无义务实施保修；（2）缺陷责任期：指承包单位对所完成的工程产品发生质量缺陷后的修补预留金额的期限；（3）保修期期限：最低为两年（水、电、装修等），防水为 5 年，主体结构、基础为设计的合理使用年限（50 年）；（4）缺陷责任期期限：通常为 6 个月、12 个月、24 个月，具体双方在合同中约定。

就本案而言，合同附件三的“工程质量保修书”应该说涵盖了质量保修期和缺陷责任期的概念，双方当事人对两个概念没有进行严格的区分。从约定上看，“工程质量保修书”的“三、质量保修责任”应被理解为双方对工程质量保修期和保修责任的约定。“四、质量保修金的支付”和“五、质量保修金的返还”应理解为对缺陷责任期间及相关内容的约定。

但“五、质量保修金的返还”中所列“发包人在质量保修期满后 14 天内，将剩余保修金和利息返还承包人”的约定结合“二、质量保修期”中对期限的规定出现了混同质量保修期和缺陷责任期的状态。据此，依据《建筑工程保证金管理暂行办法》(2005版)的第二条第三款对缺陷责任期可以由双方在合同中约定条款以及法律对缺陷责任期和质量保修期的法律条文规定精神之不同来看，“二、质量保修期”条款中所列“(1)地基基础工程和主体结构工程为设计文件规定的该工程合理适用年限”应理解为双方约定不明。

对“工程质量保修书”中“二、质量保修期”的“(1)地基基础工程和主体结构工程为设计文件规定的该工程合理使用年限”的模糊约定应用何种标准来界定。我们可以从以下几个思路来分析：

(1)直接适用《建筑法》《建筑工程质量管理条例》《房屋工程质量保修办法》中关于工程最低质量保修年限的规定是不合适的。

《建筑法》《建筑工程质量管理条例》和《房屋工程质量保修办法》中对质量保修年限的规定是法定最低年限的规定，该期间属于法定期间。该法定期间并不以合同当事人的约定而发生任何变化。应该讲，质量保修年限对建筑企业来说是终身制的，是否留存质量保证(保修)金并不影响质量保证责任的存在，也不影响质量保修期间的存续。因此，直接适用最低质量保修年限的规定和基于缺陷责任的质量保证金的作用及性质是相违背的。

其次，所谓“合理使用年限”，根据我国建筑物质量标准的规定，重点建筑的基本合理使用年限为50年。如果在本案中或者说在所有的工程合同法律关系中，在质量保证金范围内对“合理使用年限”的认识直接适用此标准，就意味着作为施工企业的闽清×建来说有接近5%的工程款是基本无望获得之状态。这就从根本上违背了民法的公平合理的原则，违背了《建筑工程保证金管理暂行办法》(2005版)的基本精神，混淆了立法区分缺陷责任期和工程质量保修期的意义。

(2)《建筑工程保证金管理暂行办法》(2005版)的规定可以予以适用

根据《合同法》第六十一条的规定，在合同约定不明确的情况下，双方当事人可以协议补充，如果不能达成补充协议的，则按照合同有关条款或者交易习惯来确定。从本案来看，双方对期限约定不明的，我们从交易管理来看待这个问题。一般交易中，对缺陷责任的约定期间都是在 1 年到 2 年，本案虽然约定不明但适用这个期间也是合理的。因为依据《建筑工程保证金管理暂行办法》(2005 版) 第二条第三款“缺陷责任期一般为六个月、十二个月或二十四个月，具体可由发、承包双方在合同中约定”的规定来看，该办法中“一般”一词已经肯定了作为一年或二年的缺陷责任期间在交易中的合理性和普遍性。在面对约定不明的情况下，适用此条款的规则，是完全符合法律规定和交易惯例的。

(3) 双方当事人的行为也可用于明确模糊的期限

《合同法》六十一条规定当事人可以以补充协议的方式来明确期限。同时依据法律规定，合同可以是书面形式，也可以是以实际行为形成之合同关系。就本案来说，× 中在一审中提交证据证明在 2014 年 × 中曾要求闽清 × 建提供全额质保金发票一张。据此，我们认为 × 中也已经通过交付质保金发票的这一行为达成一个基本的合意，即双方对该工程的质量特别是主体工程和地基工程的质量也都是满意的。而该行为应该说是双方基于此对“工程质量保修书”中“二、质量保修期。(1) ……合理使用年限”的明确化。否则，如果 × 中没有对建筑的质量和缺陷责任保证年限有确信，如何可能发生要求闽清 × 建出具质保金发票这一行为呢？由此可见，双方已经以实际行为确认了这个约定不明的期限。而闽清 × 建在出具发票后亦自愿遵守“保修书”对保修期限的其他明确约定。

综上所述，我们认为，在本案中的“工程质量保修书”是双方对建筑物质量保修责任和工程缺陷责任期的约定，虽然因为合同当事人均不是专业法律人士之缘故对相关概念没有进行明确的区分，但综合我国相关法律法规和部门规章的立法精神、综合理解法律概念的差异以及遵循《建筑工程保证金管理暂行办法》(2005版)的规定、行业交易惯例以及双方当事人的基本行为，应将该《工程质量保修书》之“二、质量保修期。(1)……合理使用年限”界定为2年。

附：本案一审民事判决书

福建省福州市仓山区人民法院

民事判决书

〔2017〕闽0104民初1××5号

原告：福建省闽清县××建筑工程公司，住所地为福建省闽清县坂东镇××街×号。

法定代表人：黄×锥，总经理。

委托诉讼代理人：陈×、孙×晖，福建真×律师事务所律师。

被告：福州市第×中学，住所地为福建省福州市仓山区××路×号弄×号。

法定代表人：黄×文，校长。

委托诉讼代理人：卢×，北京×成(福州)律师事务所律师。

原告福建省闽清县××建筑工程公司与被告福州市第×中学建设工程施工合同纠纷一案，本院于2017年3月3日立案后，依适用普通程序，公开开庭进行了审理。原告委托诉讼代理人陈×、孙×晖，被告委托诉讼代理人卢×到庭参加诉讼。本案现已审理终结。

原告福建省闽清县××建筑工程公司向本院提出诉讼请求：1. 判令被告立即向原告支付工程质量保修金414907元及利息157664.66元（年利率6%）暂算至2017年1月30日，直至被告还清质保金及利息之日）；2. 判令本案诉讼费由被告承担。事实和理由：2010年9月30日，原、被告双方就被告校园扩建及建设教学楼项目签订“建设工程施工合同”，约定由原告承建该项目，合同价款为7516387元，并经“补充协议书”增加工程造价781750元，项目总价8298137元。双方同时签订“工程质量保修书”，约定以工程总价款的5%，即414907元作为该工程质量保修金。该工程于2010年11月25日开工，2011年12月30日竣工，并通过验收单位的竣工验收。根据合同约定被告应当在质量保修期满后14天内（即2017年1月13日前）将质量保修金及利息返还给原告。合同期限届满后，原告于2017年1月17日正式发律师函向被告催讨相关费用，但被告拒不履行返款义务。

被告福州市第×中学辩称，1. 被告无须向原告支付质保金。工程于2010年11月25日开工，2011年12月30日竣工，逾期190天，因原告工期延误造成的赔偿可以从工程款中扣除；2. 原、被告双方没有约定利息，故利息主张无依据；3. 根据合同约定，原告有五年维修义务，被告多次要求原告维修，原告不予处理，致使被告自行维修，该款应予扣除；四、原告证据不足以证明还有414907元未支付。

当事人围绕诉讼请求依法提交了证据，本院组织当事人进行了证据交换和质证。双方对真实性无异议的证据：原告提供的“补充协议书”“工程质量保修书”“福建省房屋建筑工程竣工验收报告”“福州市第×中学校园扩建及建设教学楼项目工程结算审核报告”，被告提供的“建设工程施工合同”、2017年1月16日告知函，本院经审查予以确认并在卷佐证。对双方有争议的证据及事实，本院认定如下：原告提供的“建设工程施工合同”与被告提供的“建设工程施工合同”内容一致，本院予以采纳。被告提供的“监理工程师通知书”，未提供原件核对，本院不予采纳。被告提供的照片，不能证明照片的拍摄时间、地点，亦不能证明系原告过错造成质量问题，与本案无关联性，本院不予采纳。被告提供的2017年2月27日告知函，与其提供的2017年1月16日告知函相互印证，本院予以采纳，但系被告单方制作，不能证明因原告过错造成诉争建筑存在质量问题。被告提供的临时工资表系被告单方制作，本院不予采纳。被告提供的发票不能证明系因原告过错造成诉争建筑存在质量问题所发生的维修费用支出，与本案不具有关联性，本院不予采纳。

经被告申请，证人赵×俊出庭作证，拟证明因原告过错造成诉争建筑存在质量问题，被告支付了相关维修费用的事实。然证人在被告处工作十几年，与被告具有利害关系，且无其他证据与证人证言互佐证，故本院对赵×俊证词的真实性不予认可。

根据当事人陈述和经审查确认的证据，本院认定事实如下：2010年9月30日，原告（承包人）与被告（发包人）订立“建设工程施工合同”及附件，约定由原告承建被告校园扩建及建设教学楼项目，合同工期总天数210天，合同价款7516387元。承包人的工期延误：逾期竣工违约金的计算方法即总工期每延误1天赔偿3000元；逾期竣工违约金的限额为签约合同价款的10%；误期赔偿金额由发包人直接从承包人的工程款中扣抵，如确因发包人或不可抗力的原因造成停工影响工期的，由发包人和监理工程师确认后可免予罚款。工程竣工验收合格的日期为竣工日期，质量保修期从工程实际竣工之日算起，分单项竣工验收的工程，按单项工程分别计算质量保修期，其中地基基础工程和主体结构工程为设计文件规定的该工程的合理使用年限，屋面防水工程、有防水要求的卫生间、房间和外墙面的防渗漏为5年，装修电气管线、给排水管道、设备安装、住宅小区内的给排水设施、道路等配套工程及其他项目保修期限为

2年等。工程约定质量保修金为工程竣工结算价款的5%，发包人在质量保修期满后14天内，将剩余保修金和利息返还承包人。后原、被告签订“补充协议书”，同意增加工程造价781750元。2011年12月30日，福建省住房和城乡建设厅出具“福建省房屋建筑工程竣工验收报告”，确认诉争项目竣工日期为2011年12月30日，审查结论为本工程已完成设计及合同约定的所有内容，各类资料齐全，符合要求，同意验收。2012年9月10日，仓山区政府投资项目审计中心出具“福州市第×中学校园扩建及建设教学楼项目工程结算审核报告”，确认诉争工程审定金额为8298137元。2017年，被告向原告发送告知函，载明因原告过错造成诉争项目存在质量问题，然原告未履行维修义务，应在质量保证金中扣除被告自行维修的费用，余款归还原告。庭审过程中，原、被告双方确认工程总造价为8298137元。

本院认为，原、被告签订的“建设工程施工合同”及附件、“补充协议书”系双方真实意思表示，内容合法有效，对双方均有约束力。原告已完成合同约定的所有内容，各类资料齐全，工程于2011年12月30日通过竣工验收。原告主张质量保修期满后14天内（即2017年1月13日前）被告应将质量保修金414907元（8298137元×5%）及利息返还给原告。对此，被告抗辩认为原告主张的质量保修金数额与事实不符，然未提交证据证实该质量保修金已全额支付或部分支付，应自行承担举证不能的不利后果，对原告主张的质量保修金数额，本院予以确认，被告应予以返还。对于原告主张自工程竣工之日即2011年12月3日起计算利息，然“建设工程施工合同”关于“工程约定质量保修金为工程竣工结算价款的5%，发包人在质量保修期满后14天内，将剩余保修金和利息返还承包人”的约定中，利息的计算方式约定不明，由于利息在性质上属于工程价款的法定孳息，根据《最高人民法院关于审理建设工程施工合同纠纷案件适用法律问题的解释》第十七条关于“当事人对欠付工程价款利息计付标准有约定的，按照约定处理；没有约定的，按照中国人民银行发布的同期同类贷款利率计息。”及第十八条关于“利息从应付工程价款之日计付”的规定，本院仅支持自被告应付质量保修金之日即2017年1月14日起按中国人民银行同期同类人民币贷款利率计算利息，原告主张的超出该部分的利息请求，本院不予支持。被告抗辩主张原告逾期竣工190天，质量保修金不足以抵扣逾期竣工的违约金，但未提交证据证实其主张，故被告抗辩主张无须向原告支付质量保修金，本院不予支持。被告抗辩主张诉争工程存在质量问题，原告未予维修，为此，被告向第三方支付了相关维修费用，然被告未对主张的诉争工程质量问题进行鉴定，亦无充足证据证明质量问题系原告应予维修的范围，且被告未就质量问题提起反诉，故本院不予支持。依照《中华人民共和国合同法》第一百零七条、第二百八十六条，《最高人民法院关于审理建设工程施工合同纠纷案件适用法律问题的解释》第十七条、第十八条及《中华人民共和国民事诉讼法》第六十四条第一款规定，判决如下：

一、被告福州市第×中学应于本判决生效之日起十日内向原告福建省闽清县××建筑工程公司支付质量保修金414907元及利息（以414907元为基数，自2017年1月14日起按中国人民银行同期同类人民币贷款基准利率标准计算至款项还清之日止）；

二、驳回原告福建省闽清县××建筑工程公司的其他诉讼请求。

如果未按本判决指定的期间履行给付金钱义务，应当依照《中华人民共和国民事诉讼法》第二百五十三条之规定，加倍支付迟延履行期间的债务利息。

案件受理费9526元，由原告福建省闽清县××建筑工程公司负担2003元，被告福州市第×中学负担7523元。被告应于本判决生效之日起七日内向本院交纳，逾期本院将依法予以强制执行。

如不服本判决，可以在判决书送达之日起十五日内，向本院递交上诉状，并按对方当事人的人数或代表人人数提出副本，上诉于福建省福州市中级人民法院。

审 判 长 吴×云

人民陪审员 苏×生

人民陪审员 陈 ×

二〇一八年一月二十五日

书 记 员 刘×燕

附：本民事判决书引用的主要法律条款

1.《中华人民共和国合同法》

第一百零七条 当事人一方不履行合同义务或者履行合同义务不符合约定的，应当承担继续履行、采取补救措施或者赔偿损失等违约责任。

第二百八十六条 发包人未按照约定支付价款的，承包人可以催告发包人在合理期限内支付价款。发包人逾期不支付的，除按照建设工程的性质不宜折价、拍卖的以外，承包人可以与发包人协议将该工程折价，也可以申请人民法院将该工程依法拍卖。建设工程的价款就该工程折价或者拍卖的价款优先受偿。

2.《最高人民法院关于审理建设工程施工合同纠纷案件适用法律问题的解释》

第十七条 当事人对欠付工程价款利息计付标准有约定的，按照约定处理；没有约定的，按照中国人民银行发布的同期同类贷款利率计息。

第十八条 利息从应付工程价款之日计付。当事人对付款时间没有约定或者约定不明的，下列时间视为应付款时间：

（一）建设工程已实际交付的，为交付之日；

（二）建设工程没有交付的，为提交竣工结算文件之日；

（三）建设工程未交付，工程价款也未结算的，为当事人起诉之日。

3.《中华人民共和国民事诉讼法》

第一百四十四条　被告经传票传唤，无正当理由拒不到庭的，或者未经法庭许可中途退庭的，可以缺席判决。

第二百三十九条　申请执行的期间为二年。申请执行时效的中止、中断，适用法律有关诉讼时效中止、中断规定。

前款规定的期间，从法律文书规定履行期间的最后一日起计算；法律文书规定分期履行的，从规定的每次履行期间的最后一日起计算；法律文书未规定履行期间的，从法律文书生效之日起计算。

第二百五十三条　被执行人未按判决、裁定和其他法律文书指定的期间履行给付金钱义务的，应当加倍支付迟延履行期间的债务利息。被执行人未按判决、裁定和其他法律文书指定的期间履行其他义务的，应当支付迟延履行金。

第十八章　公房拆迁权利的归属

一、案件简介

1992 年 9 月 18 日，经福州市 ×× 医院（原名“福州市公费医疗 × 门诊部”）分房小组会议通过，将该单位坐落于瑞荣坊 × 号（后地址变更为：瑞荣坊 ×× 号）的房屋一间分配给江 × 娟的丈夫陈 × 文（原为被告 ×× 医院职工）居住，此后江 × 娟一家一直居住在该房屋，虽后来搬出该房屋，但户口一直没有迁出。

2007 年，该房屋因被列入仓山区南江滨朝阳区片旧屋改造范围，由福州 ×× 资产营运有限公司作为拆迁人，福州市 ×× 征收工程公司作为拆迁实施单位，对讼争房屋进行拆迁。经查实，该房屋原系福州市革委会没收非法财产，而后经革委会会议决定将房屋交由福州市 × 门诊部用于筹备福州市公费医疗 ×× 门诊部使用，从性质上相关文件已经认定该房产应为医疗用房。后因福州市公费医疗 ×× 门诊部筹备事宜搁浅，福州市 ×× 门诊部遂将该房产挪为他用，但使用方式并未经过上级领导批准，无法改变该房产原始用途类型。基于此，拆迁人及拆迁实施单位与福州市 ×× 医院签署了“拆迁货币补偿安置协议”，并对该房产实施了拆迁。

在拆迁之时，江 × 娟的丈夫陈 × 文患重症正在医院住院治疗，并于 2008 年 4 月 28 日病逝。病逝后经过数年，福州市 ×× 医院通知江 × 娟来医院补办亡夫陈 × 文住房补贴的相关手续。江 × 娟才发现原来之前其丈夫在世时并没有实际领取公房补贴，是 ×× 医院以公房补贴的名义为其丈夫进行的医疗补助。她认为其公有住房的权利被侵犯，在其没有享有公房待遇的情况下剥夺了其公房拆迁应该有的权利。江 × 娟遂多次到医院进行协商，并反复通过信访手段向医院施压。后江 × 娟将福州市 ×× 医院、福州 ×× 资产营运有限公司、福州市 ×× 征收工程公司诉至法院，要求法院确认三方签署的“拆迁货币补偿安置协议”无效。

法院一审裁定驳回江 × 娟的诉讼请求。

二、本案及同类案件办理中会涉及的主要问题

1. 拆迁及拆迁权益；

2. 住房补贴；

3. 公房拆迁的几个问题。

三、对上述问题的分析

1. 拆迁及拆迁权益

拆迁是指取得拆迁许可的单位，根据城市建设规划要求和政府所批准的用地文件，依法拆除建设用地范围内的房屋和附属物，将该范围内的单位和居民重新安置，并对其所受损失予以补偿的法律行为。

拆迁权益即拆迁人应当享有的权利。一般情况下拆迁权益应该包括：（1）拆迁许可证的知情权：即拆迁许可证颁发后，拆迁人应就拆迁许可证的拆迁范围、拆迁期限，补偿资金、价格评估及拆迁方面的法律、政策向被拆迁人进行充分的解释与说明。（2）依法要求拆迁人给予合理的拆迁补偿安置。（3）依法要求拆迁人就拆迁补偿进行协商的权利。（4）选择拆迁补偿安置方式的权利，

货币补偿或产权调换。(5)评估机构的选择权：在拆迁人与被拆迁人不能达成补偿协议时，双方可协商或投票决定评估机构对拆迁房屋进行市场评估。(6)评估结果的复核权：拆迁人与被拆迁人对评估结果不服时，均有提起复核的权利。(7)申请鉴定权：拆迁当事人一方对评估结果有异议，则可申请房屋拆迁主管部门组织专家鉴定委员会对评估结果进行技术鉴定。(8)申请裁决权：达不成拆迁补偿安置协议时，被拆迁人可以向拆迁管理部申请行政裁决。(9)申请行政复议、提起诉讼权利：拆迁人与被拆迁人对行政机关作出的拆迁补偿安置裁决不服时，任何一方均可依法申请行政复议或者向人民法院提起诉讼。(10)依法请求回避的权利：请求评估机构的工作人员回避；请求作出行政裁决的工作人员回避；请求听证主持人的回避；请求仲裁员的回避；请求审判工作人员的回避。

但是，要成为拆迁人却需要一定的条件，对被拆迁人资格的认定，根本问题在于被拆迁房屋的所有人是否在拆迁公告前合法取得房屋所有权。凡是在拆迁公告前合法取得被拆迁房屋及其附属物所有权者，均是被拆迁人，否则，不应认定为被拆迁人。通常情况下在拆迁范围内的单位和个人，具备以下条件之一的即可认定为被拆迁人：

(1)私有房屋的所有人。所有人必须提供当地产权产籍管理机关或区、县人民政府发给的房屋产权证及身份证明。(2)公有房屋的产权人，即国家授权的国有房屋的管理人，通常称之为产权人。国家授权管理的房屋又分为直管房和代管房。产权人必须提供当地产权产籍管理机关或区县机关或区、县人民政府发给的房屋产权证书以及身份证明。(3)被拆迁房屋的代管人。代管有两种形式：国家代管和代理人代管。国家代管是指所有人下落不明又无合法代理人或所有权归属不明的私有房屋。其代管部门为房屋所在地房管机关，其权责关系由法律法规直接规定。代理人代管是城市私有房屋所有人因不在房屋所在地或其他原因不能管理房屋时，委托他人代为管理，其所有人与代理人的权利义务关系应当适用民事法律关系中的代理制度来调整。这里所讲的被拆迁房屋的代管人是指国家代管的代管部门，即房屋所在地的房管机关。

另外，需注意的是，承租人或者房屋的使用人不是被拆迁人，但是他可以与被拆迁人一起成为拆迁安置协议的主体。

就本案来说，该拆迁房屋产权的归属应该是毫无异议的。案件审理过程中 ×× 医院出具的相关生效司法判决也都已经说明了这个问题。那么 ×× 医院作为拆迁人享有拆迁权益理所应当。问题的关键在于江 × 娟作为 ×× 医院职工的配偶，其主张亡夫的拆迁权益是否合适？从一般情况看来，其亡夫和单位形成的仅仅是租赁关系或者是内部分房关系，在单位依旧对拆迁房屋坚持产权归属不动摇不放弃的情况下，其亡夫的权利仅仅只能是附随单位拆迁权利的权利，而不是独立的拆迁权益。

2．住房补贴

住房补贴是国家为职工解决住房问题而给予的补贴资助，即将单位原有用于建房、购房的资金转化为住房补贴，分次（如按月）或一次性地发给职工，再由职工到住房市场上通过购买或租赁等方式解决自己的住房问题。

1998 年 7 月，国务院发出了《关于进一步深化住房制度改革加快住房建设的通知》，明确指出停止住房实物分配、逐步实行住房分配货币化。什么是住房分配货币化？目前有很多种解释。有人认为，住房分配货币化就是住房分配工资化、市场化。即改变住房实物分配制度为发放货币形态的住房补贴，也就是将过去单位以实物方式给职工分配住房，转换为在按劳分配的前提下把住房分配列入职工工资。也有人认为，住房分配货币化就是以住房补贴的形式将住房建设资金全部打入工资之内。还有人认为，住房分配货币化就是在原来实行住房公积金制度的基础上，从根本上取消实物分房方式，转而根据职工工资、工龄、级别、现行住房状况，将原来用于建房、购房等资金以住房补贴、住房津贴、住房有价证券的方式发给职工，由职工自己到市场上去购买或租赁住房，从而实现住房的社会化和商品化。住房实物分配向住房货币化分配转换，实质上是把原来用于住房建设的资金等转化为住房补贴资金。

企事业单位住房补贴发放的对象是职工。目前，经济发达地区的行政机关和事业单位已经实施，企业根据自身的条件参照执行，经济欠发展的地区还无法实施。

已按房改优惠政策购买了规定面积标准住房的职工不享受住房补贴；承租公有住房的职工在自愿退出所租住的住房后，可以享受住房补贴。职工住房面积未达到规定标准的住房补贴办法和职工住房面积标准按地方政府规定施行。

住房补贴的方式有一次性住房补贴、基本补贴加一次性补贴和按月补贴等三种形式。（1）一次性补贴方式，主要针对无房的老职工，在职工购房时一次性发放。（2）基本补贴加一次性补贴方式，按一般职工住房面积标准，逐步发放基本补贴，各级干部与一般职工因住房补贴面积标准之差形成的差额，在购房时一次性发放。（3）按月补贴方式，主要针对新职工，在住房补贴发放年限内，按月计发。

目前，多数人仅仅理解住房公积金，住房公积金和住房补贴两者应该说是不同的概念，但也存在特定情况下的互通。（1）对象不同。住房公积金的建立范围基本上是各单位的全体在职职工，不含离退休职工；住房补贴的发放对象范围是各单位的无房职工和住房面积未达到其职级所对应的住房补贴面积标准的职工，包括离退休职工，是全体职工中（符合特定条件）的一部分职工。（2）构成不同。住房公积金是由职工个人从工资中扣缴和单位资助两部分构成；住房补贴是由单位单方面给予职工的资助，不需职工个人从工资中扣缴。（3）在某种情况下，住房公积金等同于住房补贴。企事业单位实行住房分配货币化时，既可以采取建立补充住房公积金的形式，也可以采取直接发放住房补贴的形式。因此，在单位采取建立补充住房公积金的形式实行货币化时，此时在职工原有住房公积金缴存额基础上新补充的住房公积金实质上就是住房补贴。住房公积金与住房补贴资金的管理和使用基本相同。目前住房补贴资金是必须要在住房资金管理中心系统开立职工住房补贴账户，比照住房公积金进行专户存储和专项使用的，与住房公积金分别核算。两者在具体的资金管理模式和使用方向上基本一致。

本案中，福州市 ×× 医院曾以发放住房补贴的形式向其职工陈 × 文（即江 × 娟配偶）发放补贴，该补贴系用于陈 × 文的疾病治疗。但福州市 ×× 医院因没有其他渠道发放疾病补贴只好以该名义进行财务核算。但事后再通知江 × 娟补办住房补贴领取手续却导致了后续纠纷的发生。应该说医院在该事件中是存在程序上的疏忽的。通常一次性住房补贴的发放主体是有关住房管理部门，补贴应该直接发放到个人，医院用这种方式不恰当。进一步说，采取该种方式也影响到另外一个问题，那就是作为已经领取了住房补贴的职工是否还能够享有公房待遇。

一般来说，住房补贴是对公房待遇的替代，享有公房待遇的职工不能领取住房补贴，没有享受公房待遇的职工才可以享有住房补贴，两者不能同时成立。

3. 公房拆迁的几个问题

作为公房拆迁有诸多问题需要我们在实务中进行总结。

（1）承租公房的分类

承租公房分为公有居住房屋和公有非居住房屋。公有居住房屋是指政府和单位分配给职工，并且按照政府规定的租金标准执行的居住房屋。公有非居住房屋包括以行政调配方式出租的非居住房屋和政府投资建造的公益性非居住房屋。

（2）承租公房征收时，协议签订主体

一般情况下，公房的承租人与征收人签订房屋征收补偿协议。在房屋征收决定做出时，在公房承租人已死亡，尚无法确定新承租人的，公房征收补偿协议应当由承租人的继承人共同签订；如果已经依法确定承租人的，应当由新承租人与征收部门签订协议。

（3）公房征收，确定补偿对象的内容

房屋征收按户进行补偿。以征收决定作出之日合法有效的产权证、租用公房凭证、公有非居住房屋租赁合同计户，按户进行补偿。被征收人以房地产权证所载明的所有人为准，公有房屋承租人以租用公房凭证、公有非居住房屋租赁合同所载明的承租人为准。征收中所涉及的“户”均指产权户或租赁户，与居民户口本记载的“户”是不同概念。

（4）公房承租人户口迁离本市或者死亡的，补偿协议签订主体如何确定

房屋征收范围内的公有居住房屋承租人户口迁离本市的，本处有本市常住户口的共同居住人可以协商变更承租人，变更后的公有房屋承租人作为补偿协议签订主体。

房屋征收范围内的公有居住房屋承租人死亡的，由本处有本市常住户口的共同居住人继续履行租赁合同；无共同居住人的，其生前有本市常住户口的配偶和直系亲属可以继续履行租赁合同。继续履行合同者有多人的，应当自行协商确定承租人。

房屋征收决定作出前，各当事人之间仍未协商一致的，由征收范围内的第三方公信评议机构组织协商。协商一致的主体作为补偿协议签约主体；协商不一致的，由公有房屋出租人依据协商结果按照地方相关规定书面确定公有房屋承租人，确定后的公有房屋承租人作为补偿协议签订主体。

（5）公房的补偿安置方式

征收居住房屋的，被征收人、公有房屋承租人可以选择货币补偿，也可以选择房屋产权调换。

被征收人、公有房屋承租人选择房屋产权调换的，房屋征收部门应当提供用于产权调换的房屋，并与被征收人、公有房屋承租人计算、结清被征收房屋补偿金额与用于产权调换房屋价值的差价。

但上述补偿安置方式依旧取决于公房产权人的实际决定。只有在公房产权人愿意放弃产权的前提下，公房承租人才能够获得产权并单独签署拆迁补偿安置协议书，否则公房承租人仅能与公房产权人协商持续获得公房产权安置后的房屋承租权利。

附：本案一审、二审民事裁定书

福建省福州市仓山区人民法院

民事裁定书

〔2015〕仓民初字第3××2号

原告：江×娟，女，1970年8月11日出生，汉族，住福州市仓山区瑞荣坊×号。

委托代理人：陈×坤、陈×娟，福建知×律师事务所律师。

被告：福州市××医院，住福州市台江区南公园××巷×号。

法定代表人：张×，职务院长。

委托代理人：李×、陈×，福建真×律师事务所律师。

被告：福州 ×× 资产营运有限公司，住所地为福州市仓山区 ×× 路 × 号 ×× 花园 × 座 × 层 × 室。

法定代表人：何 × 强，职务董事长。

委托代理人：谭 ×、李 × 磊，福建世 × 律师事务所律师。

被告：福州市 ×× 征收工程公司，住所地为福州市仓山区 ×× 小区 × 号楼一层西区。

法定代表人：陈 × 旺，职务总经理。

委托代理人：方 × 勇，福建新 ×× 律师事务所律师。

原告江 × 娟与被告福州市 ×× 医院、福州 ×× 资产营运有限公司、福州市 ×× 征收工程公司确认合同无效纠纷一案，本院立案受理后，依法组成合议庭，公开开庭进行了审理。原告江 × 娟及其委托代理人陈 × 坤、陈 × 娟与被告福州市 ×× 医院委托代理人陈 ×、被告福州 ×× 资产营运有限公司委托代理人谭 ×、被告福州市 ×× 征收工程公司委托代理人方 × 勇到庭参加诉讼。本案现已审理终结。

原告江 × 娟诉称，原告的丈夫陈 × 文原为被告福州市 ×× 医院职工，1992 年 9 月 18 日，经被告福州市 ×× 医院（原名“福州市公费医疗 ×× 门诊部”）分房小组会议通过，将该单位坐落于瑞荣坊 × 号（后地址变更为：瑞荣坊 × 号）的宿舍一间分配给原告丈夫居住，此后 15 年来原告一家一直居住在该房屋，并且户口均落户在该处。2007 年，原告居住的讼争房屋因被列入仓山区南江滨朝阳片旧屋改造范围，由被告福州 ×× 资产营运有限公司作为拆迁人、被告福州市 ×× 征收工程公司作为拆迁实施单位，对讼争房屋进行拆迁。在拆迁之时，原告的丈夫陈 × 文罹患重症正在医院住院治疗（原告丈夫于 2008 年 4 月 28 日病逝），被告福州市 ×× 医院趁原告及其丈夫无暇处理拆迁安置补偿事宜，未经原告一家人同意，于 2007 年 11 月 3 日私自与被告福

州 ×× 资产营运有限公司、福州市 ×× 征收工程公司签订“拆迁货币补偿安置协议书”，将原告一家拥有合法使用权的房屋进行拆迁。原告认为，讼争的被拆迁房屋是原告丈夫租住的具有单位福利房性质的公房，原告一家具有合法使用权。《城市房屋拆迁管理条例》第三十条第二款规定：“拆迁租赁房屋的，拆迁人应当与被拆迁人、房屋承租人订立拆迁补偿安置协议，”《朝阳片旧屋区改造地块拆迁补偿安置实施细则》第一条规定：“对被拆除房屋具有合法所有权和使用权的单位和个人均列入安置对象。”根据上述规定，原告一家属于拆迁安置对象，享有获得拆迁安置权利，拆迁人应当与原告一家签订拆迁补偿安置协议，被告福州市 ×× 医院未经房屋实际使用人许可，私自与拆迁人签订的“拆迁货币补偿安置协议书”，属于无权处分行为，且未经权利人追认，该合同依法属于无效合同。由于原告丈夫的父母先于原告丈夫去世，原告与丈夫的婚生子放弃了对讼争拆迁房屋的继承权。因此，原告对坐落于仓山区瑞荣坊 × 号的房屋中陈 × 文租住的单位公房享有拆迁安置权益。现原告诉请判令：一、确认三被告于 2007 年 11 月 3 日签订的“拆迁货币补偿安置协议书”关于陈 × 文租住的单位公房的拆迁补偿安置约定无效；二、确认原告对原坐落于仓山区瑞荣坊 × 号的房屋即陈 × 文租住的单位公房享有拆迁安置权益；三、本案诉讼费用由被告承担。

被告福州市 ×× 医院辩称，本案属于单位分房福利纠纷，不属于法院管辖范围，依法应驳回起诉。同时，本案已经超过诉讼时效。

被告福州 ×× 资产营运有限公司辩称，原告诉请没有法律依据，其对诉争房屋的拆迁没有违反拆迁法律法规的规定，诉争房屋的所有权人为被告福州市 ×× 医院，原告主张拆迁协议无效没有法律依据，也没有事实依据。其在拆迁中均依法拆迁，所签订的协议已履行完毕。

被告福州市 ×× 征收工程公司辩称，其认为原告的主张没有事实和法律依据，根据被告福州市 ×× 医院提供的材料，是依据办公用房拆迁，不是按照住宅拆迁，当时其已调查清楚，是合法有效的。

本院认为，根据《最高人民法院关于房地产案件受理问题的通知》的规定，因单位内部建房、分房等引起的占房、腾房等房地产纠纷，均不属于人民法院主管工作的范围，当事人为此而提起的诉讼，人民法院应依法不予受理或驳回起诉。本案讼争的房屋系被告福州市 ×× 医院分配给原告家属居住的公有福利分配住房，涉及单位公房所引起的纠纷，不属于人民法院受理范围。依照《中华人民共和国民事诉讼法》第一百一十九条第四项的规定，裁定如下：

驳回原告江 × 娟的起诉。

诉讼费 1429 元，予以退还。

如不服本裁定，可以在裁定书送达之日起十日内，向本院递交上诉状，并按对方当事人的人数或者代表人的人数提出副本，上诉于福建省福州市中级人民法院。

审　判　员　陈 × 辉

代理审判员　陈 × 挺

代理审判员　吴 × 婧

二〇一五年十二月二十八日

书　记　员　郑 × 萍

福建省福州市中级人民法院

民事裁定书

〔2016〕闽01民终1××6号

上诉人（原审原告）：江×娟，女，1970年8月11日出生，汉族，住福建省福州市仓山区瑞荣坊×号。

委托诉讼代理人：陈×坤、陈×娟，福建知×律师事务所律师。

被上诉人（原审被告）：福州市××医院，住所地福建省福州市台江区南公园××巷×号。

法定代表人：张×，院长。

委托诉讼代理人：陈×，福建真×律师事务所律师。

被上诉人（原审被告）：福州××资产营运有限公司，住所地为福建省福州市仓山区××路×号××花园×座×层×室。

法定代表人：何×强，董事长。

委托诉讼代理人：李×磊，福建世×律师事务所律师。

被上诉人（原审被告）：福州市××征收工程公司，住所地为福建省福州市仓山区×小区×号楼一层西区。

法定代表人：陈×旺，总经理。

委托诉讼代理人：方×勇，福建新×律师事务所律师。

上诉人江×娟因与被上诉福州××资产营运有限公司，福州市××征收工程公司确认合同无效纠纷一案，不服福州市仓山区人民法院〔2015〕仓民初字第3××2号民事裁定，向本院提起上诉。本院依法组成合议庭对本案进行了审理。

江 × 娟上诉请求：撤销原审裁定，指令福州市仓山区人民法院对本案进行审理。事实和理由：江 × 娟的丈夫陈 × 文原为福州市 ×× 医院的职工，1992 年 9 月 18 日，经福州市 ×× 医院（原名福州市公费医疗 ×× 门诊部）分房小组会议通过，将该单位坐落于瑞荣坊 × 号（后地址变更为瑞荣坊 × 号）的宿舍一间分配给陈 × 文居住，此后 15 年江 × 娟一家一直居住于该房屋，且户口均落于该房屋中。2007 年，江 × 娟居住的涉诉房屋因被列入仓山区南江滨朝阳片旧屋改造范围，由福州 ×× 资产营运有限公司作为拆迁人、福州市 ×× 征收工程公司作为拆迁实施单位，对涉诉房屋进行拆迁。拆迁时，陈 × 文正罹患重症住院治疗（后安于 2008 年 4 月 28 日病逝），福州市 ×× 医院趁江 × 娟及其丈夫陈 × 文无暇处理拆迁安置补偿事宜，未经江 × 娟一家同意于，2007 年 11 月 3 日私自与福州 ×× 资产营运有限公司，福州市 ×× 征收工程公司签订“拆迁货币补偿安置协议书”，将江 × 娟一家拥有合法使用权的房屋进行拆迁。江 × 娟认为，根据《城市房屋拆迁管理条例》第十三条第二款规定：“拆迁租赁房屋的，拆迁人应与被拆迁人，房屋承租人订立拆迁补偿安置协议。”根据《朝阳片旧屋区改造地块拆迁补偿安置实施细则》第一条规定：“对被拆除房屋具有合法所有权和使用权的单位和个人均列入安置对象。”三被上诉人避开享有合法使用权的江 × 娟一家，私自签订拆迁补偿安置协议，违反了行政法规的强制性规定，剥夺了江 × 娟的拆迁安置权益，三被上诉人签订的协议属于无效合同。原审裁定根据《最高人民法院关于房地产案件受理问题的通知》认为，“本案讼争的房屋系被告 ×× 医院分配给原告家属居住的公有福利分配住房，涉及单位公房引起的纠纷，不属于人民法院受理的范围”，属于任意扩大解释，适用法律错误。首先，《最高人民法院关于房地产案件受理问题的通知》规定的“因单位内部建房、分房等而引起的占房、腾房等房地产纠纷，均不属于人民法院主管工作范围”明确表明，不属于法院主管范围的是“因单位内部建房、分房引起的占房、腾房纠纷”，而原审裁定却将其扩大解释为“涉及单位公房引起的纠纷”，该解释大大超过了上述规定包含的文意范围，导致裁判结果不公。其次，涉诉房屋早在1992年就已经分配给陈×文居住，即陈×文与单位之间的分房问题早在拆迁前十五年就已达成一致意见，在拆迁实施细则作出前，福州市××医院也没有任何证据证明因单住内部建房、分房，需要江×娟一家腾房，因此本案争议并非《最高人民法院关于房地产案件受理问题的通知》所规定的“因单位内部建房、分房等引起的占房、腾房等房地产纠纷”，而是因为拆迁单位实施拆迁活动，拆迁福州市××医院享有权利、陈×文享有合法使用权的房屋所引起的纠纷，是拆迁单位未对依法享有拆迁安置权的房屋使用人依法进行补偿而引起的平等主体之间的民事权利纠纷，属于人民法院的管辖范围。

福州市××医院辩称，江×娟主张其一家一直居住在涉诉房屋中，与事实不符。1998年，因涉诉房屋破旧，住在瑞荣坊×号房屋的5位职工陆续搬出，自2004年起，涉诉房屋就已经停水停电，无人居住，原居住在涉诉房屋的3位职工对此也作了书面证明，江×娟原审提交的其一直居住于涉诉房屋的证据涉嫌伪造。江×娟未能提供涉诉房屋水电费清单或收据，也无法证明拆迁时其家人的生活物品放置于涉诉房屋内，故江×娟无法证明其一家一直居住在涉诉房屋中。江×娟主张其家人户籍一直在涉诉房屋处，但据2008年4月28日陈×文的死亡医学证明，陈×文的常住户口地址和住址均为福州市鼓楼区屏西鑫泉1-5××，而不是涉诉房屋的地址，江×娟提供的户口簿的真实性值得怀疑。江×娟没有证据证明其对涉诉房屋享有合法使用权，如江×娟认为是福州市××医院趁其不备，将其享有合法权利的房屋拆除，则此案件应为侵权之诉，已经超过诉讼时效，江×娟不属于拆迁对象，因为其于2011年7月领取了陈×文的住房补贴41880元。原审法院适用《最高人民法院关于房地产案件受理问题的通知》完全正确，本案所涉法律关系，本质上是单位和职工之间的住房纠纷，涉及单位内部的就不属于法院受案范围，且涉诉房屋的性质是医疗用房，不是单位宿舍，也不可能存在所谓的分房问题。

福州××资产营运有限公司和福州市××征收工程公司辩称，原审法院认定事实清楚，适用法律正确。涉诉房屋系福州市××医院分配给江×娟家属居住的公有福利分配房，涉及单位公房引起的纠纷，不属于人民法院的受理范围。涉诉房屋所有权属于福州市××医院，对涉诉房屋的拆迁没有违反拆迁法律法规的规定，所签订的协议已经履行完毕，江×娟主张协议无效，没有事实与法律依据。

江×娟向原审法院起诉请求：1. 确认福州市××医院、福州××资产营运有限公司、福州市××征收工程公司于2007年11月3日签订的“拆迁货币补偿安置协议书”关于陈×文租住的单位公房的拆迁补偿安置约定无效；2. 确认江×娟对原坐落于仓山区瑞荣坊×号的房屋即陈×文租住的单位公房享有拆迁安置权益。

原审法院认为，根据《最高人民法院关于房地产案件受理问题的通知》的规定，因单位内部建房、分房等引起的占房、腾房等房地产纠纷，均不属于人民法院主管工作的范围，当事人为此而提起的诉讼，人民法院应依法不予受理或驳回起诉。本案讼争的房屋兼福州市××医院分配给江×娟家属居住的公有福利分配住房，涉及单位公房所引起的纠纷，不属于人民法院受理范固。依照《中华人民共和国民事诉讼法》第一百一十九条第四项规定，裁定：驳回江×娟的起诉。

本院认为，本案不属于《最高人民法院关于房地产案件受理问题的通知》中规定的“因单位内部建房、分房等而引起的占房、腾房等房地产纠纷”，原审法院依照上述通知规定，裁定驳回江 × 娟的起诉，属适用法律不当。本案属于人民法院受理民事诉讼的范围，应予受理。依照《中华人民共和国民事诉讼法》第一百七十一条、《最高人民法院关于适用〈中华人民共和国民事诉讼法〉的解释》第三百三十二条规定，裁定如下：

一、撤销福州市仓山区人民法院〔2015〕仓民初字第 3× ×2 号民事裁定；

二、本案指令福州市仓山区人民法院审理。

本裁定为终审裁定。

审　判　长　袁 × 伟

代理审判员　民　 ×

代理审判员　陈 × 瑜

二〇一六年九月八日

书　记　员　林　 ×

附相关法律条文：

《合同法》

第二条　本法所称合同是平等主体的自然人、法人、其他组织之间设立、变更、终止民事权利义务关系的协议。

第五十二条　有下列情形之一的，合同无效：（一）一方以欺诈、胁迫的手段订立合同，损害国家利益；（二）恶意串通，损害国家、集体或者第三人利益；（三）以合法形式掩盖非法目的；（四）损害社会公共利益；（五）违反法律、行政法规的强制性规定。

第十九章　抽逃出资的认定标准

一、案件简介

福建广 × 集团股份有限公司（下称：广 × 公司）与福建亘 × 文化传媒有限公司（下称：亘 × 公司）合同纠纷一案，经福州市中级人民法院审理终结并判决生效。生效后广 × 公司向福州市中级人民法院申请强制执行。亘 × 公司并无可供执行的资产，但在执行案件的调查过程中，广 × 公司发现亘 × 公司曾在 2011 年 12 月 25 日作出股东会决议，决议修改公司章程，增资 2000 万。其中林 × 增资 800 万、王 × 林增资 1200 万，均以货币方式出资。2011 年 12 月 29 日，林 ×、王 × 林合计认缴 2000 万元汇入亘 × 公司验资账户。但次日该 2000 万元即以“往来款”名义分 7 笔汇往深圳富 × 祥贸易有限公司。2015 年林 ×、王 × 林将亘 × 公司股权转让给了魏 × 方。广 × 公司认为林 ×、王 × 林存在抽逃出资的行为，且其行为已经导致公司无法清偿债务，遂起诉至福州市中级人民法院，要求在广 × 公司与亘 × 公司合同纠纷案件的执行案件中追加林 ×、王 × 林为被执行人，要求二人在抽逃出资范围内承担法律责任。法院依法举行听证，听证后福州市中级人民法院作出相关裁定，裁定林 ×、王 × 林要在抽逃出资范围内承担赔偿责任。

林 × 不服遂提出案外人执行异议之诉。其起诉的主要理由是：1. 该执行裁定书认定“原股东王 × 林、林 × 未能举证证明其在亘 × 公司的验资次日即将新增资本 2000 万元转出系经营行为，应当认定为林 × 抽逃出资”错误。

作为股东，原告已履行出资义务。且并无证据证明亘 × 公司将新增资本2000万元转出之行为是抽逃出资行为。就原审证据看，不存在亘 × 公司与原告及王 × 林将注册资本转入原告或王 × 林账户的事实，仅凭资金转出即认定这是原告与王 × 林的抽逃出资行为没有事实和法律依据。2. 依照《最高人民法院适用〈中华人民共和国公司法〉若干问题的规定（三）》第二十条规定，举证责任系出资人对自身是否已经履行出资义务承担举证责任，并非出资人对自己是否存在抽逃出资承担举证。该执行裁定认定原告及王 × 林应承担举证责任错误。抽逃出资与原告出售股权的行为之间亦无任何关系，原告是否收取相应对价和本案无关，不属本案审查范围。3. 林 × 现已非亘 × 公司股东，不应成为本案当事人。

王 × 林同样提出起诉。

经过审理，一审法院驳回了林 ×、王 × 林的诉讼请求，以两人存在“虚构债权债务”为由，维持了原判。

林 ×、王 × 林均再次上诉至福建省高级人民法院。

二、本案及同类案件办理中会涉及的主要问题

1. 揭开法人面纱；

2. 抽逃注册资本的认定。

三、对上述问题的分析

1. 揭开法人面纱

揭开公司面纱制度又称“公司人格否认”“公司法人资格否认”“股东有限责任待遇之例外”“股东直索责任”，指控制股东为逃避法律义务或责任而违反

诚实信用原则，滥用法人资格或股东有限责任待遇，致使债权人利益严重受损时，法院或仲裁机构有权责令控制股东直接向公司债权人履行法律义务、承担法律责任。公司法人资格否认制度以公司法人资格之存在为前提。如果某企业自始至终未取得法人资格或法人资格存在瑕疵，就谈不上公司人格之否认。公司人格否认制度与股东有限责任制度一张一合，共同构成了现代公司制度的核心内容。

公司人格独立制度初被提出，曾得到了商界和法律界的广泛赞扬，它像一股神奇的魔力，推动了投资的增长和资本的积累，因为根据该制度，股东不像过去在合伙等经济主体中一样要承担无限连带责任，股东仅以其出资对公司债务负责，这样使股东的经营风险具有了确定性和稳定性，从而有利于鼓励投资，加速资本的积累。但公司的人格独立制度并非毫无缺陷，它的最大弊端在于对债权人有失公正。而且这一点在公司人格独立制度产生的早期就被一些人所关注。英国在1855年有限责任法议案提交讨论时，《法律时报》就将该法案称为“无赖特许状”。同时商业圈也未形成一致的见解，曼彻斯特商会宣称：“该项法案毁灭性地破坏了我们合伙法律中由来已久的高度道德责任感。”这是因为公司人格独立制度往往成为股东规避法律、侵害债权人利益的工具。如一家公司在资不抵债时，股东以原公司的全班人马和主要资产另行设立一家公司，致使原公司成为空壳公司，但债权人却不能要求后一家公司或者股东清偿债务，根据公司人格独立原则，债权人仅能以原公司作为责任主体，要求清偿债务，这样债权人的权利就难以实现。

从法律上看，公司股东作为出资者按投入公司的资本额享有所有者的资产收益、重大决策和选择管理的权利，不管个案的实际情况如何，至少在理论上股东是公司的最终所有者，享有对公司的经营管理权，他还往往能够获得超过其全部投资总额的股息或红利。而公司独立人格——有限责任制的介入则将股东意识到的投资风险限制在其出资额范围内，并可能将其中一部分转嫁给公司外部的债权人，使股东享有的权利与承担的风险失去均衡。相反，债权人作为公司重要外部利害关系人，无权介入公司内部的管理，缺乏保护自己的积极手段。其在股东仅负有限责任的体制下，一旦公司因经营管理不善等原因造成亏损，必将蒙受重大损失。可见，有限责任制注意了对股东的保护，却对债权人有失公正。有限责任公司债权人利益的这种不公正如果长期下去，将会造成道德公害。于是，人们便一直寻找消除公司人格独立制度负面影响的某种理论来防止股东规避法律，侵害债权人的利益。“公司人格否认”适用了这一需要。

公司人格否认制度首先起源于美国，在 19 世纪末至 1910 年前后，美国国内因经济危机市场秩序相当混乱，为在争夺市场和资源的自由竞争中处于有利地位，各公司注重结成合体力量，企业集中和企业结合进程明显加快。在企业合并过程中，许多投资人利用公司的人格独立制度规避法律，损害债权人利益和社会公共利益，美国就针对此类问题创立了“揭开公司面纱”原则，此后这些经济发展中带有的共性问题，也相继在其他国家出现，因此，该原则很快为这些国家所接受，并做了适合国情的改造，遂有了德国的“责任贯彻理论”，日本的“透视理论”。时至今日，该原则已为两大法系所共同认可，理论上统称“公司人格否认”。

我们可以对公司人格否认从以下几个方面把握：（1）公司人格否认仅是一种特殊规则，在公司法人制度中，公司人格独立被作为一种一般规则，是帝王原则，公司人格否认制度仅是对公司人格独立制度的弥补，我们不能因为公司人格否认规则而否认公司具有独立人格。（2）公司人格否认的适用条件具有一定的模糊性，正如表述中所说，它适用于法律实体的概念用于妨害公共利益，使违法行为合法化，保护欺诈或为犯罪行为辩护时，这一陈述极具随意性和抽象性，使人难于把握。而美国法官又进一步总结道：“整个问题（刺破公司面纱）仍在隐喻的迷雾之中，而恰当的标准只能是‘诚实和正义’。”（3）公司被否认人格的后果是视公司为多数人之联合。各股东在公司人格被否认之后，再也不能以公司独立的人格对抗善意债权人，股东的责任也应由有限责任转为无限责任。

具体而言，公司人格否认制度的条件应包括如下内容。

（1）公司必须合法设立并且具有独立的人格。

公司设立合法有效是公司取得独立人格的前提，也是公司人格否认的前提。各国公司法都对公司的合法有效及公司享有独立的人格规定一系列的条件，如要有独立的财产，有章程，有组织机构和场所，能独立承担民事责任，依法成立等。如果公司欠缺以上条件，其设立就被认为无效，公司不能成立，股东也不会享有因公司人格独立而产生的有限责任制度的保护，公司人格否认也就毫无意义。另外，公司被依法撤销或解散后，其法人资格也随之终止，公司不复存在，亦不产生人格否认。因此，公司设立合法有效且有独立人格是公司人格否认的首要条件。公司的成立大多数国家以登记为形式要件，即一般只要公司符合法律规定的要件，经有权机关登记（有的公司成立还要经核准才可以登记），公司就成立并有效存在。公司在设立登记至注销登记之间，具有独立的人格，可以适用人格独立制度，而在这一期间之前或之后，公司不具有独立人格，谁在此时以公司名义进行了活动，就应当个人承担责任。如果几个人进行了活动，那么他们应当作为连带债务人承担责任。

（2）行为上应该以股东实施了某种造成公司形骸化的行为作为前提，即股东的行为造成了公司徒有其表或资本不足。这些行为主要有两种，股东对公司的自损行为和公司资本不足。

股东对公司的自损行为是指股东滥用对公司的控制权，操纵公司实施有损公司自身利益的行为，使公司形骸化，然后利用公司人格独立原则，抗辩债权人的债权，从而达到规避法律的目的。股东对公司的自损行为违背了权利不得滥用原则和诚信原则，因此应被作为公司人格否认的情况之一。公司乃是营利法人，其成立的目的是追求一定的经济利益，避免自己不应有的损失，而在此行为中公司股东却实施了损害公司利益的行为，而其目的在于损害债权人利益和社会公共利益，因此股东在主观上是非善意的，是无诚信的。另外，此种行为也是股东滥用公司控制权的行为。由此看来，公司股东的自损行为主要目的并非是为损害公司及股东的自身利益，而是为了损害债权人和社会公共利益。

公司财产不足是指股东并未滥用对公司的控制权，实施损害公司利益的行为，但公司资产因未达到合理范围，无力承担债权人的债务，损害债权人利益时公司的人格否认问题。公司资产不足要适用人格否认制度，是因为资产是公司赖以生存的血液，公司以资产作为债务的总担保，因此公司资产应达到合理的范围，即使公司资产不足并非股东滥用控制权，损害自身利益的结果，但在此种情况下，公司的股东却以一种消极的方式将商业风险转移给无辜大众，特别是善意债权人。

在认定公司资产是否充足时，一个关键的问题是如何认定公司资产的合理范围，公司如果达不到此范围，就有被否认人格的危险。依美国公司人格否认制度，公司资产“应当依据具体经营的性质和经营的风险而定”。进一步说，公司资产不足是指公司的资产总额与其所经营事业的性质及经营的风险相比明显不足，如甲公司从事汽车经营，但其资产却远小于公司日常经营所需费用，则视为资产不足。在这里我们应当将公司资产不足与未达到最低注册资本额区分开来，并非达到了法定最低注册资本额就可以确认为资产充足，正如前面所讲，公司资本充足与否是以经营的性质和风险而定的，它的确定标准应该是经济方面的，而非法律方面的。

（3）公司人格否认应当以债权人遭受损失为前提。

债权人只有在债权遭受损失即债权得不到实现时，才有权利要求法院适用公司人格否认制度 。如公司虽然资产不足，但仍可以清偿债权人债务，则此时债权人就不能要求法院作出否认公司人格的判决，法院也不宜受理此种诉讼。公司人格否认制度是为了防止公司股东滥用公司独立人格，侵害债权人利益而设，既然债权人并未因股东滥用行为受到损害，法院就没有必要适用公司人格否认制度。这样有利于维护公司法人制度，保障社会经济秩序的稳定。

公司人格否认制度不是独立产生和形成的，它根植于传统公司法人制度，特别是公司人格独立制度。可以说公司人格否认制度充当了公司人格独立理论漏洞填补者的角色，是对传统公司法人制度的一种完善和发展。

但这里应当指出的是，公司人格否认在一定意义上虽然是对公司人格独立制度的否定，但它却永远无法离开公司人格独立而存在，也不能与公司人格独立相提并论。它仅是公司人格独立制度的补充，它的产生是由于公司人格独立制度的不圆满，即在股东与债权人利益选择上，公司人格独立选择了侧重保护股东的利益，因此就必须有一个相应的制度去保护善意债权人的利益，以达到一种衡平。这也正是法律设立公司人格否认制度的价值取向。可以说，公司人格独立和公司人格否认是普遍与特殊的关系，公司人格独立实现的是普遍正义与一般正义，而人格否认则实现的是特殊正义和个别正义。一般来说，公司人格独立产生以来，推动了投资的增长和资本积累，加速了社会经济的发展，获得了一般正义。但是在公司制度的具体运行中会出现个别股东利用公司独立人格损害债权人利益和社会公共利益，若不采取相应措施，必然会丧失个别正义，使法律追求正义的目标难以实现。这样，公司人格否认制度就在一般正义的基础上实现了个别正义。

2. 抽逃注册资本的认定

抽逃注册资本，是指公司依法领取营业执照宣告成立以后，原缴纳出资的股东未经合法程序（如合法减资等）的情况下，私自撤走原依法投入公司的注册资本的行为。

在实践中，股东抽逃出资的表现形式主要有以下几种：一是公司资本验资后，控股股东利用其强势地位，强行将注册资金货币出资的一部分或全部抽走；二是股东通过其控制的其他民事主体与公司之间的关联交易，增加交易成本，变相获得公司财产或伪造虚假的基础交易关系，如公司与股东间的买卖关系，公司将股东注册资金的一部分划入股东个人所有；三是将注册资金的非货币部分，如建筑物、厂房、机器设备、工业产权、专有技术、场地使用权在验资完毕后，将其一部分或全部抽走；四是违反《公司法》第一百六十七条规定，未提取法定公积金和法定公益金或者制作虚假财务会计报表虚增利润，在短期内以分配利润名义提走出资；五是抽走货币出资，以其他未经审计评估且实际价值明显低于其申报价值的非货币部分补账，以达到抽逃出资的目的；六是公司回购股东的股权但未办理减资手续；七是通过对股东提供抵押担保而变相抽回出资等。

股东抽逃出资在财务上主要表现为：

（1）在公司的财务记账凭证上，借方以“银行存款”记录，而贷方以“其他应收款”记载出资的“移转”。这种抽逃出资的行为在“资产负债表”上记载的表现形式就是公司在“资产”项下始终以“其他应收款”方式长期挂账，以达到资产账面上的平衡，而事实上股东并未与公司发生实际的、正常的业务往来。因此对于这种财务挂账方式实质上是否属于抽逃对公司出资的行为，关键是与财务凭证记载的“其他应收款”相对应的，是否有符合市场规则的合理、公平、公正的交易，从而来反映股东与公司之间是否是正常的业务往来。若股东并没有公正、合理地向公司支付所转移资金公平的对价，则可认定为股东抽逃了对公司的出资。

（2）在公司财务记账凭证上，借方以“银行存款”记载，贷方则以“长期投资”反映股东出资的“移转”。这种财务记账形式就是在“资产负债表”上“资产”项下以公司对外“长期投资”的形式将其出资转到股东所有或控制的公司之中，从而实现出资的抽逃。核定这种“长期投资”是否真实，首先在于被公司“长期投资”的公司在形式上是否对公司的这笔“长期投资”开具出资证明或股权证明，其次在实质上公司作为被“长期投资”公司的股东或债权人是否因这笔“长期投资”真正、公平地享有了投资权益。

（3）在公司财务上不记账，即公司“银行存款”项下账面上的公司注册资金并未减少，而实际资金已被划转给股东，因此在“资产负债表”上“资产”项下“流动资产”科目中“银行存款”只是一个虚假的夸大数字。这种情况，只有核对银行对账单才能发现公司资金的实际减少。这种行为在实质上是股东对公司资产的“偷窃”。因为股东出资后，按公司法有关程序注册成立公司，股东出资已不再是股东的财产，而是公司的独立财产，因此股东只是持有公司的股权而享有股东利益，资本由公司享有所有权。

认定股东抽逃出资的关键是对股东出资资金（或相应的资产）的所有权在股东与公司之间发生“移转”时，股东是否向公司支付了公正合理的对价，即股东是否向公司支付了等值的资产或权益。而判断是否支付了公正合理的对价，其主要依据是公司的相关财务资料，比如公司的资产负债表、资产损益表、利润分配表、记账凭证、长期投资账册及银行对账单等。

附：本案执行裁定、一审民事判决书

福建省福州市中级人民法院

执行裁定书

〔2018〕闽01执异1×1号

申请执行人：福建广×集团股份有限公司，住所地为福建省福州市鼓楼区温泉街道××路×号××中心综合楼第四、五层。

法定代表人：张×，董事长。

委托诉讼代理人：叶×芳，国×律师（福州）事务所律师。

委托诉讼代理人：刘×，国×律师（福州）事务所律师。

被执行人：福建亘×文化传媒有限公司，住所地为福建省福州市鼓楼区××街73号楼一层×室。

法定代表人：魏×方。

第三人：王×林，男，汉族，1988年8月15出生，住福建省长乐市鹤上镇大架村×号。

委托诉讼代理人：胡×全，福建海×律师事务所律师。

委托诉讼代理人：张×俏，福建海×律师事务所律师。

第三人：林×，男，汉族，1979年1月25日出生，住福建省福州市台江区×花园×座×室。

委托诉讼代理人：洪×景，福建三×律师事务所律师。

在本院执行申请执行人福建广×集团股份有限公司（以下简称“广×公司”）与被执行人福建亘×文化传媒有限公司（以下简称“亘×公司”）广告

合同纠纷一案中，申请执行人广 × 公司向本院申请追加第三人王 × 林和林 × 为被执行人。本院受理后，依法组成合议庭进行审查，并于 2018 年 8 月 13 日举行听证会，申请执行人的委托诉讼代理人叶 × 芳，第三人王 × 林的委托诉讼代理人胡 × 权、张 × 俏，第三人林 × 的委托诉讼代理人洪 × 景参加了听证。本案现已审查终结。

申请执行人称，经调取亘 × 公司的工商登记信息及银行流水发现：亘 × 公司于 2011 年 12 月 25 日作出股东会决议并修改公司章程，增资人民币 2000 万元，由王 × 林认缴 1200 万元、林 × 认缴 800 万元，出资方式为货币。2011 年 12 月 29 日，王 × 林、林 × 认缴的增资合计 2000 万元汇入亘 × 公司验资账户（浙江稠州商业银行福州分行，账号：……），次日转入亘 × 公司基本户（中国建设银行福州城东行，账号：……），随后即分 7 笔汇给深圳市富 × 祥贸易有限公司，银行流水备注"往来款"。申请执行人认为，王 × 林、林 × 认缴增资时，合计持有亘 × 公司 100% 股权，是亘 × 公司实际控制人。两人将 2000 万元增资款存入亘 × 公司后，次日即以"往来款"方式全部转入第三人账户，至今未归还，当时施行的《最高人民法院关于适用〈中华人民共和国公司法〉若干问题的规定（三）》第十二条规定："公司成立后，公司、股东或者公司债权人以相关股东的行为符合下列情形之一且损害公司权益为由，请求认定该股东抽逃出资的，人民法院应予支持：（一）将出资款项转入公司账户验资后又转出；（二）通过虚构债权债务关系将其出资转出；（三）制作虚假财务会计报表虚增利润进行分配；（四）利用关联交易将出资转出；（五）其他未经法定程序将出资抽回的行为"，已构成抽逃出资。因亘 × 公司无可供执行财产用于清偿本案债务，申请执行人合法权益受损。为此，申请执行人根据《最高人民法院关于适用〈中华人民共和国公司法〉若干问题的规定（三）》第十四条、《最高人民法院关于民事执行中变更、追加当事人若干问题的规定》

第十八条规定，请求依法追加王×林、林×为〔2017〕闽01执1××7号案件的被执行人，在抽逃出资本息范围内对亘×公司不能清偿的债务承担补充赔偿责任。

被执行人未做答辩。

第三人王×林辩称，王×林已经实际完成了全部出资义务，并且也把名下股权转让给案外第三方，申请执行人所提供的证据不足以证明王×林存在抽逃出资的法律事实，也没有证据证明其所谓的抽逃行为损害公司利益，请求法院依法驳回申请执行人的追加申请。

第三人林×辩称，林×并非本案当事人，没有任何生效民事判决确定其需要对〔2015〕榕民初字第1××0号民事裁定承担责任。林×已经完成了对贵公司的出资义务，且不存在抽逃出资的情况，申请执行人提供的证据不足以证明林×存在抽逃出资的行为，恰恰证明林×已经将注册金800万元打入公司账户，已经完成出资义务。故请求法院依法驳回申请执行人的追加申请。

经查，关于广×公司与亘×公司广告合同纠纷一案，本院作出〔2015〕榕民初字第1××0号民事判决书已经发生法律效力。该判决发生法律效力后，由于被执行人未主动履行义务，申请执行人向本院申请强制执行，本院依法立案执行。2018年7月25日本院作出〔2017〕闽01执1××7号执行裁定书，以未查得被执行人有可供执行的财产，且申请执行人未能向本院提供被执行人有可供执行的财产与财产线索为由，终结本次执行程序。

另查明，亘×公司原名福州亘×广告有限公司，系由陈×贞、林×洁共同出资组建的有限公司，于2008年11月12日成立，原注册资本为人民币50万元。2011年12月25日，亘×公司股东会决议通过，陈×贞将所持股权转让给王×林，林×洁将所持股权转让给林×。同时，将注册资本及实收资本由50万元人民币增加到2000万元人民币，具体为王×林增加出资

1200万元人民币，林×增加出资800万元人民币。2011年12月29日，王×林向亘×公司转入投资款1200万元，林×向亘×公司转入投资款800万元。同日，北京中×诚联合会计师事务所福建分所出具验资报告，确认截至2011年12月29日，亘×公司已经收到王×林、林×缴纳的新增注册资本人民币2000万元整。2011年12月30日，亘×公司向深圳市富×祥贸易有限公司汇款7笔共2000万元。同日，公司执行董事兼总经理由陈×贞变更为王×林，监事由林×洁变更为林×。2012年5月7日，福州亘×广告有限公司更名为福建亘×文化传媒有限公司。2014年8月15日，法定代表人、董事及经理由王×林变更为吴×林。2015年3月11日，法定代表人、董事及经理由吴×林变更为魏×方，监事由林×变更为姜×才，公司类型由有限责任公司（自然人投资或控股）变更为有限责任公司（自然人独资）。对于汇转的7笔款项性质用途等问题，林×以其是小股东，并不实际负责公司生产经营为由表示对前述款项汇转事宜不知情。王×林未在法庭限定期限内合理说明。对于法庭要求确认的王×林、林×转让股权是否收取相应对价等问题，二人均未在法庭限定期限内做出说明。

本院认为，根据《最高人民法院关于适用〈中华人民共和国公司法〉若干问题的规定（三）》第二十条“当事人之间对是否已履行出资义务发生争议，原告提供对股东履行出资义务产生合理怀疑证据的，被告股东应当就其已履行出资义务承担举证责任”的规定，原股东王×林、林×未能举证证明其在亘×公司验资次日将新增资本2000万元资本转出系公司经营行为，应当认定为抽逃出资。又根据《最高人民法院关于民事执行中变更、追加当事人若干问题的规定》第十八条“作为被执行人的企业法人，财产不足以清偿生效法律文书确定的债务，申请执行人申请变更、追加抽逃出资的股东、出资人为被执行人，在抽逃出资的范围内承担责任的，人民法院应予支持”的规定。亘×公司作为被执行人，财产不足以清偿生效裁决书确定的债务，申请执行人申请追加抽逃出资的股东王×林、林×为被执行人，本院予以支持。综上，依照《最高人民法院关于民事执行中变更、追加当事人若干问题的规定》第二十八条、第三十二条之规定，裁定如下：

追加王×林、林×为本案被执行人，分别在1200万元、800万元抽逃出资范围内对本院作出的〔2015〕榕民初字第1××0号民事判决书确定的债务承担连带偿还责任。如不服本裁定，可以自本裁定书送达之日起十五日内，向本院提起执行异议之诉。

审　判　长　林　×
审　判　员　张　×
审　判　员　林　×

二〇一八年八月三十日
书　记　员　林×雅

福建省福州市中级人民法院
民事判决书
〔2018〕闽01民初1××8号

原告（被执行人）：林×，男，1979年1月25日出生，汉族，住福建省福州市台江区×花园×座×室。

委托诉讼代理人：陈×、洪×景，福建三×律师事务所律师。

被告（申请执行人）：福建广 × 集团股份有限公司，住所地为福建省福州市鼓楼区温泉街道 ×× 路 × 号 ×× 中心综合楼第四、第五层。

法定代表人：张 ×。

委托诉讼代理人：叶 × 芳、杨 × 颖（实习），福建国 × 律师事务所律师。

第三人（被执行人）：福建亘 × 文化传媒有限公司，住所地为福建省福州市鼓楼区 ×× 街 73 号楼一层 × 室。

法定代表人：魏 × 方。

第三人（被执行人）：王 × 林，男，汉族，1988 年 8 月 15 日出生，住福建省长乐市鹤上镇大架村 × 号。

委托诉讼代理人：胡 × 全、张 × 俏，福建海 × 律师事务所律师。

原告林 × 与被告福建广 × 集团股份有限公司（以下简称“广 × 公司”）、第三人福建亘 × 文化传媒有限公司（以下简称“亘 × 公司”）、王 × 林执行异议之诉一案，本院立案后，依法适用普通程序，公开开庭进行了审理。原告林 × 委托诉讼代理人陈 ×，被告广 × 公司委托诉讼代理人叶 × 芳、杨 × 颖，第三人王 × 林委托诉讼代理人胡 × 全、张 × 俏到庭参加诉讼，第三人亘 × 公司经本院合法传唤未到庭参加诉讼。本案现已审理终结。

原告林 × 向本院提出诉讼请求：1. 撤销〔2018〕闽 01 执异 1×1 号执行裁定书；2. 确认林 × 无须在 800 万出资范围内对〔2015〕榕民初字第 1××0 号民事判决书承担连带责任；3. 诉讼费用由广 × 公司承担。事实和理由：被告在其与亘 × 公司广告纠纷一案中，申请追加原告及第三人王 × 林作为该案件的被执行人，要求原告与王 × 林在其出资范围内承担连带责任。福州市中级人民法院于 2018 年 8 月 30 日作出〔2018〕闽 01 执异 1×1 号执行裁定书，裁定原告及王 × 林需在各自出资范围内对该案承担连带责任。原告认为，该执行裁定书事实不清，证据不足，适用法律错误，依法不应得到执行。1. 该执行裁定书认定“原股东王×林、林×未能举证证明其在亘×公司的验资次日即将新增资本2000万元转出系经营行为，应当认定为林×抽逃出资”错误。作为股东，原告已履行出资义务，且并无证据证明亘×公司将新增资本2000万元转出之行为是抽逃出资行为。就原审证据看，不存在亘×公司与原告及王×林将注册资本转入原告或王×林账户的事实，仅凭资金转出即认定这是原告与王×林的抽逃出资行为没有事实和法律依据。2.《最高人民法院适用〈中华人民共和国公司法〉若干问题的规定（三）》第二十条规定，举证责任系出资人对自身是否已经履行出资义务承担举证责任，并非出资人对自己是否存在抽逃出资承担举证。该执行裁定认定原告及王×林应承担举证责任错误。抽逃出资与原告出售股权的行为之间亦无任何关系，原告是否收取相应对价和本案无关，不属本案审查范围。3. 林×现已非亘×公司股东，不应成为本案当事人。

广×公司辩称，1. 虽然林×和王×林在2011年12月29日向亘×公司汇入增资款2000万元并完成验资，但亘×公司在验资次日就将2000万元增资款全部汇至案外人深圳市富×祥贸易有限公司（以下简称“富×祥公司”），故林×和王×林应对其是否履行出资义务存在举证义务。该款项汇出时，王×林持有亘×公司60%股权并担任执行董事，林×持有亘×公司40%股权并担任监事。如此巨额汇款应由林×和王×林决策，并有相应证据材料（包括合同及相关履行依据等）予以佐证。但林×和王×林未能在法定期限内举证相应材料。依照《最高人民法院关于民事诉讼证据的若干规定》第七十五条“有证据证明一方当事人持有证据无正当理由拒不提供，如果对方当事人主张该证据的内容不利于证据持有人，可以推定该主张成立”的规定，该两人抽逃出资的主张成立，故而〔2018〕闽01执异1×1号执行裁定认定王×林、林×存在抽逃出资情形正确，不存在举证责任分配不当的情形。2. 答辩人已提交林×

和王 × 林抽逃出资的合理证据，即亘 × 公司汇给富 × 祥公司2000万元的银行流水。《最高人民法院关于适用〈中华人民共和国公司法〉若干问题的规定（三）》第二十条关于“对是否已经履行出资义务发生争议”的内容既包括股东是否依约交纳认缴的出资，也包括股东交纳出资后是否抽逃或者变相抽逃，抽逃出资属于未履行出资义务的表现形式。综上，答辩人请求驳回林 × 的诉讼请求。

亘 × 公司未作陈述。

王 × 林述称：1. 对林 × 诉讼请求及诉讼理由没有异议。2.〔2018〕闽01执异1×1号执行裁定书认定事实和适用法律均存在错误，该裁定追加王 × 林在抽逃出资范围内承担连带责任也缺乏相应依据。

当事人围绕诉讼请求依法提交证据，本院组织当事人进行了证据交换和质证。其中，林 × 向本院提交以下证明资料：A1.〔2018〕闽01执异1×1号执行裁定书；A2. 浙江稠州商业银行福州分行支款凭条；A3. 北京中 × 诚联合会计师事务所福建分所验资报告。亘 × 公司向本院提交以下证明资料：B1.〔2015〕榕民初字第1××0号民事判决书及生效证明、〔2017〕闽01执1××7号执行裁定书；B2. 有限责任公司变更登记申请书、福州亘 × 广告有限公司股东会决议、福州亘 × 广告有限公司章程；B3. 浙江稠州商业银行福州分行支款凭条、北京中 × 诚联合会计师事务所福建分所验资报告、中国建设银行福州城东支行流水。王 × 林向本院提交以下证明资料：C1.〔2018〕闽01执异1×1号执行裁定书。亘 × 公司经本院传唤未到庭，视为放弃举证和质证的权利。经审查，当事人对对方提交的证据的真实性均无异议，本院均予以确认并在案佐证。

根据当事人陈述和经审查确认的证据，本院认定事实如下：

关于广 × 公司与亘 × 公司广告合同纠纷一案，本院作出的〔2015〕榕民初字第1××0号民事判决已经发生法律效力。由于亘 × 公司未主动履行义务，广 × 公司向本院申请强制执行，本院依法立案执行。2018年7月25日本院作出〔2017〕闽01执1××7号执行裁定书，以未查得亘×公司有可供执行的财产，以广×公司未能向本院提供亘×公司有可供执行的财产与财产结案为由，终结本次执行程序。

广×公司对终结执行程序提出异议，请求依法追加王×林、林×为〔2017〕闽01执1××7号案件的被执行人，主张在抽逃出资本息范围内对亘×公司不能清偿的债务承担补充赔偿责任。本院于2018年8月13日召集各方举行听证会，于2018年8月30日做出〔2018〕闽01执异1×1号执行裁定书，裁定追加王×林、林×为本案被执行人，分别在1200万元、800万元抽逃出资范围内对本院作出的〔2015〕榕民初字第1××0号民事判决确定的债务承担连带偿还责任。

另查明，亘×公司原名福州亘×广告有限公司，系由陈×贞、林×洁共同出资组建的有限公司，于2008年11月12日成立，原注册资本为50万元。2011年12月25日，亘×公司股东会决议通过，陈×贞将所持股权转让给王×林，林×洁将所持股权转让给林×。同时，将注册资本及实收资本由50万元增加到2000万元，具体为王×林增加出资1200万元，林×增加出资800万元。2011年12月29日，王×林、林×分别向亘×公司账户转入投资款1200万元、800万元。同日，北京中×诚联合会计师事务所福建分所出具验资报告，确认截至2011年12月29日，亘×公司已经收到王×林、林×缴纳的新增注册资本2000万元整。2011年12月30日，亘×公司将20000272.28元转账存入公司基本户，备注为“验资成功转基本户”，并向富×祥贸易有限公司汇款7笔共2000万元，备注为“往来款”，账户余额272.28元。同日，公司执行董事兼总经理由陈×贞变更为王×林，监事由林×洁变更为林×。此后，亘×公司利用前述基本户存入460元，支付了对公开户费200元、对公账户印鉴变更50元、对公账户信息变更20元、对公账户维护费360元、对公账户销户费100元等费用后，于2012年2月14日将该账户销户。2012年5月7日，福州亘×广告有限公司更名为福建亘×文化传媒有限公司。2014年8月15日，法定代表人、董事及经理由王×林变更为吴×林。2015年3月11日，法定代表人、董事及经理由吴×林变更为魏×方，监事由林×变更为姜×才，公司类型由有限责任公司（自然人投资或控股）变更为有限责任公司（自然人独资）。

本案争议焦点在于，林×、王×林作为亘×公司原股东，是否构成抽逃出资，是否应被追加为被执行人。

本院认为，《最高人民法院关于适用〈中华人民共和国公司法〉若干问题的规定（三）》第十二条规定："公司成立后，公司、股东或者公司债权人以相关股东的行为符合下列情形之一且损害公司权益为由，请求认定该股东抽逃出资的，人民法院应予支持：（一）制作虚假财务会计报表虚增利润进行分配；（二）通过虚构债权债务关系将其出资转出；（三）利用关联交易将出资转出；（四）其他未经法定程序将出资抽回的行为。"本案中，林×、王×林虽已分别于2011年11月29日将增加的资本800万元、1200万元总计2000万元转入亘×公司验资账户，但亘×公司次日即将该2000万元转入公司基本户，并以"往来款"形式全部汇至案外人富×祥贸易有限公司账户，此后，亘×公司利用该账户支付了与账户相关的费用后即于2012年2月14日销户。而林×与王×林作为亘×公司当时仅有的两位股东，分别担任公司监事及法定代表人、董事、经理，均对亘×公司与富×祥贸易有限公司之间数额高达2000万元的"往来款"具体情况不能做出合理说明，不符合常理。广×公司已提供对林×与王×林抽逃出资产生合理怀疑的证据，林×与王×林应对前述转账系亘×公司经营行为承担举证责任，否则应承担举证不能的不利后果。结合本案没有证据证明林×与王×林向案外人转让股权后收取相应对价，

本院确认林 × 与王 × 林存在通过虚构债权债务关系将其出资转出的情形，有损公司权益，应认定林 × 与王 × 林抽逃出资。因亘 × 公司作为被执行人，财产不足以清偿生效法律文书确定的债务，本院根据广 × 公司的申请，依据《最高人民法院关于民事执行中变更、追加当事人若干问题的规定》第十八条关于“作为被执行人的企业法人，财产不足以清偿生效法律文书确定的债务，申请执行人申请变更、追加抽逃出资的股东、出资人为被执行人，在抽逃出资的范围内承担责任的，人民法院应予支持”的规定，追加林 × 与王 × 林为被执行人正确。

综上，林 × 的相关诉讼请求没有法律和事实依据，本院不予支持。第三人亘 × 公司经本院合法传唤未到庭参加诉讼，本院依法缺席判决。依照《最高人民法院关于适用〈中华人民共和国公司法〉若干问题的规定（三）》第十二条，《最高人民法院关于民事执行中变更、追加当事人若干问题的规定》，《中华人民共和国民事诉讼法》第一百四十四条规定，判决如下：

驳回原告林 × 的诉讼请求。

案件受理费 100 元，由原告林 × 负担。

如不服本判决，可以在判决书送达之日起十五日内，向本院递交上诉状，并按照对方当事人或者代表人的人数提出副本，上诉于福建省高级人民法院。

审 判 长　陈 × 卓

审 判 员　田 × 凤

审 判 员　林 × 星

二〇一九年三月十五日

法官助理　廖 × 航

书 记 员　陈 × 琦

第二十章　股东承担法人债务的判断

一、案件简介

蓝×喜于2015年1月30日入职润×投资有限责任公司（以下简称润×公司）工作，任职理财顾问，工资由无责任底薪、餐补、业绩提成、奖金、补贴、过节费等构成，蓝×喜多次向公司索要劳动合同文本，润×公司均拒绝提供。润×公司在蓝×喜试用期间没有为蓝×喜缴纳医社保，导致蓝×喜不得不自行补缴2015年1月到4月的社会保险费用。润×公司长期安排蓝×喜加班工作每次超过4个小时以上。2015年9月23日，蓝×喜加班到夜里23点多，下班途中发生交通意外，导致手臂骨折。由于润×公司一直不配合提供工伤申请的相关材料导致蓝×喜无法获得工伤赔偿。2016年润×公司安排蓝×喜到福建大×金融服务公司（以下简称大×公司）工作，随后以业绩不佳为由，要求蓝×喜主动离职。蓝×喜在迫于无奈之下，签署离职申请。事后发现自身权利受损，在和公司协商无果的情况下，将润×公司和大×公司诉至福州市鼓楼区劳动者与人事争议仲裁委员会。仲裁委作出不予受理的裁定后，蓝×喜诉至鼓楼区人民法院，要求润×公司和大×公司连带支付蓝×喜违法解除劳动合同赔偿金共计49173.75元，自2015年1月30日至2016年5月13日期间加班工资共计94162.50元，履行竞业限制业务的2个月报酬共计9834.75元，竞业限制经济补偿金共计49117.38元和未休年假工资补偿；要求润×公司支付补缴社会保险费2015年1月至2015年4

月基本医疗保险费 995.56 元。

在一审审理过程中，润 × 公司突然主动注销公司企业法人，蓝 × 喜遂追加公司股东陈 ×、张 × 作为被告。诉讼中被告否认蓝 × 喜的一切诉请，并拒绝提供蓝 × 喜在公司期间的打卡记录。两家公司主张两家公司之间并没有关联性，蓝 × 喜要求两家一起承担责任没有依据。

法院经过审理，认定两家公司是关联公司，需要一起对蓝 × 喜的诉求承担法律责任。但基于打卡记录证据不足，蓝 × 喜在离职证明上面清楚签署"因个人原因"字样，仅支持了蓝 × 喜部分加班费主张、年休假报酬主张以及竞业禁止补偿和社保补偿。

一审判决后，蓝 × 喜及几个被告均不服原判决，上诉至福州市中级人民法院。中院依法开庭审理本案，并依法改判。但相应判决仅对原审认定的赔偿金额有一定的修改，具体项目和事实认定上没有变化。

二、本案及同类案件办理中会涉及的主要问题

1. 加班工资如何认定;
2. 带薪年休假的认识;
3. 竞业限制义务的履行和补偿;
4. 关联公司的法律责任;
5. 股东滥用法人独立地位的法律责任。

三、对上述问题的分析处理

1. 加班工资如何认定

（1）关于加班

加班，系指除法定或者国家规定的工作时间外，正常工作日延长工作时间或者双休日以及国家法定假期期间延长工作时间。包括了工作日加班、双休日加班以及法定假期加班三种。

同时《劳动法》明确规定，加班每日不得超过 1 ~ 3 个小时，每月不得超过 36 个小时。休息日的加班，用人单位可以安排补休，安排补休的不算加班时间。延长工作时间或者法定休假日加班的，用人单位不得以补休的方式抵扣加班时间。

所以，本案中蓝 × 喜要主张加班，就需要去证明其在正常工作时间之外依旧在公司工作，并需要进一步证明其加班的时间长度。

（2）关于加班时间

《最高人民法院关于审理劳动争议案件适用法律若干问题的解释（三）》第九条规定："劳动者主张加班费的，应当就加班事实的存在承担举证责任。但是劳动者有证据证明用人单位掌握加班事实存在的证据，用人单位不提供的，由用人单位承担不利后果。"换言之，作为加班的事实特别是关于加班的时间这一事实，在诉讼中需要用证据来证明。如果劳动者诉求中包含加班费一项，则需要举证证明这一问题，除非有证据证明用人单位掌握加班事实存在的证据。请注意，这里的法条用语是"劳动者有证据证明用人单位掌握加班事实存在的证据"。也就是说，虽然我们从一般情况来理解这个问题，大家都会说加班的证据在单位，打卡记录都在单位，肯定单位要举证的，劳动者怎么举证，手上又没有资料，单位是不会把证据资料给劳动者的。但是，法条的要求是要有证据证明单位有证据，即要求劳动者最起码要出示单位存有打卡资料的证据，或者劳动者要证明单位平常都有打卡，打卡材料在单位，否则将无法要求单位在这种情况下要承担举证责任。这和证据规则中的“举证责任倒置”有着本质的差别。

在本案中，蓝 × 喜的诉求中对加班费的证据材料就缺乏对加班时间的证明，其诉请仅仅是根据自己对加班时间的平均计算得出来的结果。蓝 × 喜也没有证据证明大 × 公司和润 × 公司存在加班事实的相关证据，法院没有完全支持蓝 × 喜在这一点上的诉求，完全符合法律规定。

（3）加班工资的计算

《劳动法》第四十四条规定：“有下列情形之一的，用人单位应当按照下列标准支付高于劳动者正常工作时间工资的工资报酬：（一）安排劳动者延长时间的，支付不低于工资的百分之一百五十的工资报酬；（二）休息日安排劳动者工作又不能安排补休的，支付不低于工资的百分之二百的工资报酬；（三）法定休假日安排劳动者工作的，支付不低于工资的百分之三百的工资报酬”。

劳动法已经明确规定了加班工资的计算标准，但每一个类似案件都需要确定另外一个关键问题——个人工资的基数是如何构成的。

根据《关于工资总额组成的规定》第四条“工资总额由下列6个部分组成：（一）计时工资；（二）计件工资；（三）奖金；（四）津贴和补贴；（五）加班加点工资；（六）特殊情况下支付的工资。”以及《劳动部关于贯彻执行〈中华人民共和国劳动法〉若干问题的意见》第五十三条“劳动法中的‘工资’是指用人单位依据国家有关规定或劳动合同的约定，以货币形式直接支付给本单位劳动者的劳动报酬，一般包括计时工资、计件工资、奖金、津贴和补贴、延长工作时间的工资报酬以及特殊情况下支付的工资等”的规定，在类似案件对工资进行计算的时候，要注意采用各项目之累加来计算工资，如果部分项目如奖金、津贴并不是按月发放，则需要根据一定时间长度内的综合收入来平均计算。

在本案中，蓝 × 喜的工资应该由在润 × 公司期间的工资加上在大 × 公司的工资总和，十二个月的平均数，应该是 10100 元 / 月。一审法院计算出的工资总额为 108385.29 元，每月工资为 9032.11 元，每小时工资为：9032.11 元 / 月 ÷（21.75 天 / 月）× 8 小时 / 天 =51.91 元。但是根据上述的法律规定，一审法院遗漏了工资明细中 2016 年 5 月工资、个人所得税、代扣个人五险费、已发放的工资和加班费。二审法院对此作出了新的认定，基本符合法律规定。

2. 带薪年休假的认识

带薪年休假是指劳动者连续工作一年以上，就可以享受一定时间的带薪年假。《劳动法》对带薪年休假做了原则性的规定后，2007 年，国务院通过了《职工带薪年休假条例》，2008 年，人力资源和社会保障部公布了《带薪年休假条例实施办法》，都对带薪年休假制度做了明确的规定。

（1）带薪年休假适用于机关、团体、企业、事业单位、民办非企业单位、有雇工的个体工商户等单位的职工连续工作 1 年以上的。可见，我国的带薪年休假制度已经超过了《劳动法》和《劳动合同法》规范的范围。

（2）职工累计工作满 1 年不满 10 年的，年休假 5 天；已满 10 年不满 20 年的，年休假 10 天；已满 20 年的，年休假 15 天。

（3）不享受当年年休假的情况是：职工依法享受寒暑假，其休假天数多于年休假天数的；职工请事假累计 20 天以上且单位按照规定不扣工资的；累计工作满 1 年不满 10 年的职工，请病假累计 2 个月以上的；累计工作满 10 年不满 20 年的职工，请病假累计 3 个月以上的；累计工作满 20 年的职工，请病假累计 4 个月以上的。

（4）用人单位经职工同意不安排年休假或者安排年休假天数少于应休天数的，应按照其日工资收入的 300% 支付工资报酬。

（5）更换单位的职工，其带薪年休假的连续工作时间计算并不中断，应按照法律、行政法规或者国务院规定视同工作期间，应当计为累计工作时间。

（6）员工没有提出年休假申请，不能等同于放弃年休假权利。只有员工因本人原因且书面提出补休年休假的，用人单位才只需要支付其正常工作期间的工资收入。

（7）员工提出解除劳动关系的，未安排年休假或者未足额安排年休假天数的，用人单位依旧需要支付年休假的补偿。

上述相关总结，可普遍适用各类劳动纠纷案件关于带薪年休假的诉请要求。

在本案中，蓝 × 喜提出的带薪年休假要求符合法律规定，依法应当得到支持。案件审理中润 × 公司和大 × 公司希望用两个公司没有关系，发生劳动者连续工作中断的事实来主张蓝 × 喜不具有年休假之权利。一方面法院认定了两个公司有关联，另一方面即便没有关联，依法也需要保证劳动者年休假的权利，所以几个被告的主张是站不住脚的。

3. 竞业限制的履行和补偿

竞业限制是《劳动法》第二十三条、二十四条明确规定的内容，指的是用人单位对负有保守用人单位商业秘密的劳动者，在劳动合同、知识产权权利归属协议或者技术保密协议中约定的竞业限制条款。具体指的是用人单位在和劳动者终止或者解除劳动合同后，要求劳动者一定期限内不得在生产同类产品、经营同类业务或者有其他竞争关系的用人单位任职，也不得自己生产与原单位有竞争关系的同类产品或经营同类业务。限制时间由当事人自行约定，但一般不超过 2 年。

竞业限制因为涉及用人单位的商业秘密或者技术秘密，所以并不是所有劳动者都需要签署该条款。按照《劳动合同法》第二十四条的规定，一般竞业限制限于用人单位的高级管理人员、高级技术人员和其他负有保密义务的人员。

竞业限制的履行和补偿，目前的《劳动合同法》并没有规定相关的标准。《最高人民法院关于审理劳动争议案件适用法律若干问题的解释（四）》第六条规定："当事人在劳动合同或者保密协议中约定了竞业限制，但未约定解除或者终止劳动合同后给予劳动者经济补偿，劳动者履行了竞业限制义务，要求用人单位按照劳动者在劳动合同解除或者终止前十二个月平均工资的 30% 按月支付经济补偿的，人民法院应予支持。"可见，在司法解释中对此已经做出了明确规定。

鉴于本案双方劳动合同关系中明确约定了竞业限制义务，蓝 × 喜的相关诉求符合法律规定。

4. 关联公司人格混同的法律责任

关联公司是指一公司基于特定的经济目的，通过资本渗透、合同联结等方式，而与他公司之间形成的公司联合体。公司法是以单一公司为原型设计的，对关联公司的概念未作规定。但随着规模经济的发展，公司之间出现多种形式的联合，涉及关联公司的法律问题越来越多，这就需要对相关问题进行法律规制。

我国公司法虽然未明确何为关联公司，但《企业所得税法实施条例》第一百零九条规定："企业所得税法第四十一条所称关联方，是指与企业有下列关联关系之一的企业、其他组织或个人：（一）在资金、经营、购销等方面存在直接或间接的控制关系；（二）直接或间接地同为第三者控制；（三）在利益上具有相关联的其他关系。"2012 年修订的《税收征收管理法实施细则》第五十一条也作了类似规定，并且国家税务总局发布的《特别纳税调整实施办法（试行）》第九条列举了八种构成关联关系的情形，对《税法实施条例》中规定的三个方面的关联关系作了细化规定，更具有可操作性。

关联公司人格混同的表征因素如下。

(1)人员混同。这是指关联公司之间在组织机构和人员上存在严重的交叉、重叠。如公司之间董事相互兼任、公司高级管理人员交叉任职，甚至雇员也相同，最典型的情形是“一套人马，多块牌子”。

(2)业务混同。这是指关联公司之间从事相同的业务活动，在经营过程中彼此不分。如同一业务有时以这家公司名义进行，有时又以另一公司名义进行，以至于与之交易的对方当事人无法分清与哪家公司进行交易活动。

(3)财务混同。这是指关联公司之间账簿、账户混同，或者两者之间不当冲账。需要注意的是，关联公司依法合并财税报表，以及在分开记账、支取自由前提下的集中现金管理，不应被视为财务混同。

上述三种情形是关联公司人格混同的典型表征，是人格混同的常见表现形式。实践中，人格混同的情形不限于上述三个方面的表征因素，诸如电话号码一致、宣传内容一致等。在认定人格混同时还需要注意的是，在集团公司、母子公司结构之下，控制公司对其下属公司的人员、业务、财务进行统一管理是一种经常性的状态。如，在人员方面，集团公司会向下属公司派遣管理人员；在业务方面，集团公司会对下属公司制定统一的业务规范，下达统一的生产经营计划，进行统一考核；在财务方面，集团公司会建立统一的财务管理制度等。而这种统一的管理，只要是在合法的范围内，在控制公司没有滥用权利、侵犯下属公司独立人格的前提下，不属于人格混同。

关联公司人格混同的结果因素是指人格混同的程度必须达到严重损害侵权人利益的后果时，法院才否认关联公司的法人人格，让关联公司之间承担连带责任。该结果因素实际上包含了两方面的内容：其一，债权人的利益因为关联公司人格混同而受到了严重的侵害。其二，如果不是用法人人格否认，将无从保障债权人的利益。

就本案而言，蓝 × 喜与润 × 公司、大 × 公司陆续签订劳动合同，但润 × 公司没有解除和蓝 × 喜劳动关系的证据，大 × 公司也没有招聘蓝 × 喜的相关证据，不能认定蓝 × 喜系自愿从润 × 公司离职到大 × 公司上班的。其次，蓝 × 喜与大 × 公司 2015 年 11 月 30 日建立劳动关系后，润 × 公司依旧为蓝 × 喜缴纳了一个月的社会保险并且在2016年多次向蓝 × 喜发放工资。再次，润 × 公司和大 × 公司的经营地址一致，提供劳动合同诸多相似之处，庭审时两家公司委托的是同一代理人，所以本案中将两家公司认定为关联公司，完全符合相关法律规则和法律理论。

5. 股东滥用法人独立地位的法律责任

《公司法》第二十条“公司股东应当遵守法律、行政法规和公司章程，依法行使股东权利，不得滥用股东权利损害公司或者其他股东的利益；不得滥用公司法人独立地位和股东有限责任损害公司债权人的利益。公司股东滥用股东权利给公司或者其他股东造成损失的，应当依法承担赔偿责任。公司股东滥用公司法人独立地位和股东有限责任，逃避债务，严重损害公司债权人利益的，应当对公司债务承担连带责任。”明确规定了我国股东滥用法人独立地位的法律责任。具体包括：

（1）公司的形骸化。指公司有名无实，徒有躯壳，实质上已经沦为股东个人的工具或化身。

（2）公司资本显著不足。股东有可能不按照公司章程规定履行出资义务，也有可能在公司经营过程中利用对公司的控制管理，将公司资产转移，这都会造成公司的资产不足。

（3）利用公司形式规避法律义务、合同义务、侵权债务等。规避法律义务是指当事人以迂回方法规避、直接违反法律规定，但却足以使某项强行法立法目的落空的行为。利用公司独立人格规避法律主要表现为，当事人利用既存的公司或新设的公司为工具，以实现其自身无法达成的行为。

（4）股东以公司名义承担公司本身并未因此受益的债务或与公司本身极为不相称的风险，造成债权债务关系中的股东与公司错位，导致股东仅享有权益，而公司独立承担风险的不公正状况，并最终损害债权人的利益。

这几种情况都会在司法实践中被认为滥用法人独立地位，并直接要求股东承担法律责任。

本案中，润×公司在进入司法诉讼程序后并没有完成诉讼程序，而是在第一次开庭后第二次开庭前直接注销，且注销行为均未向法院报告。根据《公司法》第二十条之规定，显属滥用法人独立地位之情况，润×公司的股东理应对润×公司的债务承担连带法律责任。同时依据《最高人民法院关于适用〈中华人民共和国民事诉讼法〉的解释》第六十四条的规定，企业法人解散的，依法清算并注销前，以该企业法人为当事人；未依法清算即被注销的，以该企业法人的股东、发起人或者出资人为当事人。故法院认定润×公司股东作为本案被告，对润×公司的债务承担连带责任完全符合法律规定。

附：本案一审、二审民事判决书

福建省福州市鼓楼区人民法院

民事判决书

〔2016〕闽0102民初5××8号

原告：蓝×喜，男，畲族，1985年×月×日出生，住福建省上杭县官庄畲族乡×屋×号。

被告1：福建大 × 金融服务公司，住所地为福建省福州市鼓楼区五凤街道 ×× 大道 × 号 ×× 科技大楼 × 层整层。

法定代表人：游 ×，公司总经理。

委托诉讼代理人：林 ×，福建至 × 律师事务所律师。

委托诉讼代理人：许 × 云，福建至 × 律师事务所律师。

被告2：张 ×，男，汉族，1979年 × 月 × 日出生，住福建省福州市鼓楼区 ×× 路 × 号 × 新村 × 座 × 单元。

被告3：陈 ×，男，汉族，1983年 × 月 × 日出生，住河南省平顶山市湛河区 × 路 × 号院 × 号楼 × 单元 × 号。

被告2、被告3委托诉讼代理人：蔡 × 文，福建至 × 律师事务所律师。

被告2、被告3委托诉讼代理人：郑 ×，福建至 × 律师事务所律师。

原告蓝 × 喜与被告福建润 × 投资有限公司（以下简称“润 × 公司”）、福建大 × 金融服务公司（以下简称“大 × 公司”）劳动争议纠纷一案，本院于2016年8月1日立案受理后，依法适用简易程序，公开开庭进行了审理。因被告润 × 公司被工商注销登记，本院依法追加该公司股东陈 ×、张 × 参加诉讼，并转为普通程序组成合议庭公开开庭进行了审理。原告蓝 × 喜、被告1、被告2和被告3法定代理人均到庭参加诉讼。本案现已审理终结。

原告蓝 × 喜向本院提出诉讼请求：1. 判令两被告向原告连带支付自2015年1月30日至2016年5月13日期间的加班工资共计9062.50元；2. 判令两被告向原告连带支付违法解除劳动合同赔偿金共计49173.75元；3. 判令被告润 × 公司向原告支付原告补缴的2015年1月至2015年4月被告润 × 公司应承担的基本医疗保险费995.56元；4. 判令两被告向原告连带支付原告履行了竞业限制业务的2个月报酬共计9834.75元，要求被告在竞业限制期限内每月按时支付经济补偿金共计 4917.38 元。原告增加诉请：1. 判令被告向原告另外支付在 2016 年 5 月依法必须赔偿所有款项至 2017 年 2 月期间发生的人民币贬值 5.30% 和银行利息 1.21%，共计 12812 元；2. 判令被告向申请人支付被告未依法足额缴纳社会保险费的停工留薪期补偿 66400.8 元，护理费 4045 元，营养费 5880 元；3. 判令被告向申请人支付自 2016 年 5 月 13 日至法院判决支付之日由于被告拒绝支付经济赔偿金等费用，非法伪造虚假证据的所有经济损失费 170469 元；4. 请求法院对被告及代表律师在案件中伪造、毁灭重要证据，妨碍人民法院审理案件的行为予以重罚，并依法追究刑事责任。

事实和理由：原告于 2015 年 1 月 30 日入职福建润 × 公司工作，任职理财顾问，工资构成由无责任底薪 + 餐补 + 奖金 + 业绩提成 + 补贴 + 过节费等。双方签订劳动合同，原告多次向被告索要合同原本，被告润 × 公司拒绝提供。福建润 × 投资有限公司在试用期未依法为原告缴纳社会保险费，原告自已补缴 2015 年 1 月至 2015 年 4 月的基本医疗保险费，包括应该由福建润 × 公司承担的基本医疗保险费。福建润 × 公司强行要求原告每天延长工作时间 4 小时以上，平均每个月延长加班时间 72 小时以上，福建润 × 公司没有支付过任何加班费。2015 年 9 月 2 日，原告被福建润 × 公司要求加班到 23 点 57 分，下班途中发生交通事故，导致脑震荡和右手骨折。由于福建润 × 公司拒绝提供部分工伤认定材料，导致原告的工伤申请一直不能认定。2016 年 1 月，福建润 × 公司安排原告到被告大 × 公司处工作，任职理财顾问，签订劳动合同，原告多次向被告大 × 公司索要劳动合同，被告大 × 公司拒绝提供。2016 年 5 月 13 日下午 4 点左右，王 × 雷叫原告直接走人，他已经和公司说好把原告的工资算到晚上 6 点下班。原告不同意，找李 × 商量，公司单方面解除原告的劳动关系，按照劳动法有关规定，公司要支付原告 1 年半的经济补偿和未提前 30 天通知原告解除劳动关系的代通金，还有公司必须提供工伤认定证明材料。

李 × 说，公司没有支付经济补偿和代通金的规定，只要是签订原告主动离职，不向公司要经济补偿的协议，公司就会提供工伤认定的证明材料。原告拒绝签订，李 × 就和王 × 雷、周 × 轮番轰炸，说如果原告签订了离职协议，5月16日周一他们会和公司领导说经济补偿的事情，不然工资不发。原告被逼无奈，要求李 × 更改成是被告大 × 公司因个人不能胜任工作，单方面解除原告的劳动关系。没等原告看清楚离职证明内容，李 × 就叫原告签原件已收到的内容。2016年5月17日，原告没有收到被告大 × 公司支付的原告经济补偿金和代通金，于是向有关部门投诉被告违法解除劳动关系，要求劳动行政部门责令被告支付原告经济赔偿金、延长工作时间加班费、补缴社会保险费、竞业限制经济补偿金和未休年假工资补偿，维护弱势劳动者的合法权益。2016年5月30日，原告到鼓楼区劳动监察部门登记投诉事实。后来，劳动监察部门说双方有劳动争议让原告直接去仲裁。福州市鼓楼区仲裁委收下原告的仲裁申请书和相关证明材料，在2016年7月12日下午5点30分，给原告发送不予处理通知书。原告不服福州市鼓楼区劳动争议仲裁委员会鼓劳保案字〔2016〕1×1号不予受理通知书，现向法院提起诉讼。被告润 × 公司、大 × 公司的委托代理人知晓润 × 公司即将注销的事实，却未告知法庭，请法庭依法惩罚两位律师。

被告福建大 × 公司辩称，一、本案系劳争议案件，依法应先经过劳动仲裁程序。本案中，被告大 × 公司并未收到过劳动争议仲裁委员会发出的要求其参加本案劳动仲裁的相关材料，且原告提交的劳动争议仲裁委员会不予受理通知书明确表明，不符合劳动仲裁受理条件的原因是原告未能按照规定在期限内补正材料，导致劳动仲裁委员会不予受理。本案系劳动争议纠纷，依法应该经过劳动仲裁程序的仲裁审理，尽管劳动仲裁委员会作出了不予受理通知，但本案并未进入劳动仲裁审理程序，故并不能认定本案已经过劳动仲裁程序。二、被告大 × 公司并不存在违法解除劳动关系及其他违反法律规定或合同约定的情形。1.2015年11月30日，原告入职被告大×公司，并签订劳动合同。在工作期间，因原告无法胜任工作，销售业绩不佳，原告对其薪资收入并不满意，遂于2016年5月13日向被告大×公司提出离职。鉴于原告的工作业绩一直不理想，被告大×公司准许了原告的离职申请，并依法为其办理了离职手续。根据相关法律规定，被告大×公司并不存在向原告支付经济补偿金的法定情形，原告在离职后向被告大×公司要求支付违法解除劳动合同赔偿金并无事实和法律依据。2.有关原告要求被告大×公司支付加班工资的诉请，原告并未提供相关的证据证明其在2015年11月30日至2016年5月13日在职期间的加班情况。事实上，根据被告大×公司的考勤记录显示，原告在任职期间并未有加班的情形，故其要求被告大×公司支付加班工资并无事实和法律依据。3.有关原告要求被告大×公司支付竞业限制义务报酬的诉请并无事实和法律依据。首先，尽管在双方签订的劳动合同第十二条中涉及竞业限制条款，但因该合同文本系公司采用的通用格式文本，事实上该条款并非适用于公司所有员工。因原告所任职的岗位并不涉及竞业限制，故在劳动合同中第十二条第二款中并未具体填写竞业期间。合同中对竞业限制的期间、竞业限制经济补偿金均未作出明确的规定，该竞业禁止条款对劳动者是不具有约束力的。也就是说，双方不存在竞业限制条款相关权利义务，原告无竞业禁止义务，被告无支付相关经济补偿金的义务。其次，原告并未提交任何证据证明其履行了竞业限制义务，故其该诉请并无任何证据予以支持。4.有关原告要求被告大×公司支付其未休的年休假1天的补偿工资并无事实和法律依据。原告于2015年11月30日入职，2016年5月13日离职，其在职期间并未满1年，也就不存在年休假一说，故其要求被告大×公司支付年休假补偿工资无事实和法律依据。三、被告大×公司与被告润×公司系不同的公司，双方无任何关系，原告要求大×公司承担连带支付及合并计算工作年限的请求，并无事实和法律的依据。2015年11月19日，被告大×公司依法成立，因工作需要招聘员工，原告到被告大×公司应聘，鉴于原告此前在被告润×公司就职，具有相关的从业经验，被告大×公司与其建立劳动关系。被告大×公司与被告润×公司并无任何关系，也不存在法律意义上的合并、分立、关联企业，公司间也不存在委派或任命形式的调动。因此，原告要求承担连带责任及合并计算工作年限的请求，并无事实和法律的依据。综上所述，原告与被告大×公司之间系2015年11月30日形成劳动关系，2016年5月13日，原告因个人无法胜任工作，主动向被告大×公司提出解除劳动关系，被告大×公司予以准许，并为其办理了离职手续。被告大×公司并未存在违法、违约的行为，故请求法院依法驳回对原告蓝×喜的诉请。增加的诉请一没有事实和法律依据。诉请二与大×公司无关。诉请三没有证据证明，无事实和法律依据。诉请四没有事实和法律依据。

被告陈×、张×辩称，1. 本案系劳动争议案件，依法应先经过劳动仲裁程序，因此，请求贵院依法驳回原告的起诉。2. 原告诉讼请求第一项没有事实及证据依据，原告所谓的加班时长是根据其在润×公司的签退时间累加所得。但事实上，员工超过下班时间滞留公司并不一定是加班，也可能是处理个人事宜，且加班事实的举证责任在于原告，因此，根据考勤记录显示的原告在任职期间加班时长总共为27小时46分钟是否属原告加班时间，依据不足。3. 诉讼请求第二项，公司不存在违法解除劳动合同，无须向原告支付赔偿金。4. 诉讼请求第三项关于补缴社医保的诉求，该诉求不属于法院受理案件范围，应予以驳回。5. 诉讼请求第四项，本案未履行竞业限制义务的是原告，原告从润×公司离职后到大×公司任职相同岗位，已违反竞业限制，被告保留追诉的权利。6. 诉讼请求第五项，有关原告要求被告润×公司支付其未休的年休假1天的补偿工资并无事实和法律依据。原告于2015年1月30日入职，2015年11月28日离职，其在职期间并未满1年，也就不存在年休假一说，故其要求被告润×公司支付年休假补偿工资无事实和法律依据。即便员工有年休假未休也不存在补偿工资这一说法。7.增加的诉讼请求第一项没有任何依据，首先润×公司不存在赔偿义务，其次赔偿款亦不能依据人民币升贬值及加减息计算增减额。8.增加的诉讼请求第二项没有任何依据。9.增加的诉讼请求第三项没有任何证据证明。10.增加的诉讼请求第四项，没有任何证据证明，且该项诉求不属于民事诉讼受案范围。综上，请求贵院依法驳回原告的起诉或者依法驳回原告诉讼请求。

本案审理过程中原告向本院提交如下证据：A1.原告身份信息，证明原告的身份。A2.企业信息登记情况表，证明润×公司的主体资格。A3.企业信息登记情况表，证明大×公司的主体资格。A4.劳动仲裁不予受理通知书，证明诉讼请求已经仲裁。A5.劳动合同，证明润×公司与原告的劳动关系。A6.离职证明，证明被告润×公司违法解除原告劳动关系。A7.银行交易明细，证明被告与原告的劳动关系，原告的实际工资。A8.医保缴费记录，证明原告补缴润×公司承担的医保费用。A9.收款收据，证明原告补缴医保费用。A10.考勤记录，证明被告掌握原告考勤记录，被告强迫原告加班的事实。A11.请假条，证明二被告强迫原告加班。A12.劳动仲裁送达回证，证明不予受理通知单送达时间。A13.工资明细，证明工资情况。A14.个税情况，证明缴税工资情况。A15.工伤诊断证明，证明工伤医疗情况。A16.认定工伤决定书，证明工伤情况。A17.社会保险缴费明细，证明原被告劳动关系。A18.工伤认定申报登记表，证明润×公司在2015年1月8日提交了部分工伤材料，公司以不申报工伤要挟要开除原告。A19.社保公告，证明公司拒绝接受社保的材料。A20.三个视频情况说明，证明原告在两家公司加班的时间，与两家公司的关系。A21.润×公司工商登记信息，证明润×公司在立案后蓄意注销公司，故意不支付劳动报酬。

被告大×公司质证：A1. 对真实性、合法性、证明对象均无异议。A2. 对真实性、合法性、证明对象均无异议。A3. 对真实性、合法性、证明对象均无异议。A4. 对真实性、合法性无异议，但对证明对象有异议；不予受理通知书明确表明，不符合劳动仲裁受理条件的原因是原告未能按照规定在期限内补正材料导致劳动仲裁委员会不予受理。本案系劳动争议纠纷，依法应该经过劳动仲裁程序的仲裁审理，尽管劳动仲裁委员会作出了不予受理通知书，但本案并未进入劳动仲裁审理程序，故证据四并不能认定本案已经过劳动仲裁程序。A5. 对真实性、合法性无法确定，但对证明对象无异议。A6. 对真实性、合法性无异议，但对证明对象有异议；离职证明表明原告系因个人无法胜任工作，被告大×公司依法于2016年5月13日为原告办理了离职手续，并出具了离职证明，双方正式解除劳动关系。在本案中，被告大×公司与原告之间解除劳动关系并非被告大×公司主动提出，而是原告自行向被告大×公司申请解除的，且原告提出申请解除的原因并非被告大×公司存在违法或者违约的行为，而是因原告无法胜任工作，要求自动离职，被告福建大×公司同意了原告的申请并为原告办理了相关离职手续，并不存在原告诉称的违法解除劳动关系的行为。A7. 对真实性、合法性无异议，但对证明对象有异议；银行交易明细明确表明被告大×公司已按约支付了原告的薪资，并根据原告的薪资标准向税务部门办理相关个人所得税的代扣代缴手续。A8. 医保缴费记录。A9. 收款收据。A10. 考勤记录。A11. 请假条。A13. 工资明细。A15. 工伤诊断证明。A16. 认定工伤决定书。因证据八、九、十、十一、十三、十五、十六的内容均系原告与被告润×公司之间劳动纠纷内容，与被告大×公司无关，被告大×公司对此不予质证。A12. 对真实性、合法性无异议，但对证明对象有异议；劳动仲裁送达回证明确表明，不符合劳动仲裁受理条件的原因是原告未能按照规定在期限内补正材料导致劳动仲裁委员会不予受理。本案系劳动争议纠纷，依法应该经过劳动仲裁程序的仲裁审理，尽管劳动仲裁委员会作出了不予受理通知书，但本案并未进入劳动仲裁审理程序，故并不能认定本案已经过劳动仲裁程序。A14，A17，对其真实性、合法性、证明对象均无异议；A18-A21 已经过举证期限，依法不予质证。该证据是发生在润 × 公司期间，与大 × 公司无关。

被告陈 ×、张 × 质证认为：A1. 对证据真实性、合法性、证明对象均无异议。A2. 对证据真实性、合法性、证明对象均无异议。A3. 对真实性、合法性、证明对象均无异议。A4. 对真实性、合法性无异议，但对证明对象有异议；不予受理通知书明确表明，不符合劳动仲裁受理条件的原因是原告未能按照规定在期限内补正材料导致劳动仲裁委员会不予受理。本案系劳动争议纠纷，依法应该经过劳动仲裁程序的仲裁审理，尽管劳动仲裁委员会作出了不予受理通知书，但本案并未进入劳动仲裁审理程序，故证据四并不能认定本案已经过劳动仲裁程序。A5. 对真实性、合法性无异议，但对证明对象有异议；双方虽然签订的劳动合同期限系 2015 年 1 月 30 日起至 2018 年 12 月 31 日止，但事实上，2015 年 11 月 28 日起，原告已从被告润 × 公司离职。A6 系原告与被告大 × 公司之间劳动纠纷内容，与润 × 公司无关，对此不予质证。A7. 对真实性、合法性无异议，但对证明对象有异议；银行交易明细明确表明润 × 公司已按约支付了原告的薪资，并根据原告的薪资标准向税务部门办理相关个人所得税的代扣代缴手续。A8. 医保缴费记录。A9. 收款收据，对真实性、合法性、证明对象均无异议。A10. 考勤记录。A11. 请假条，对证据的真实性、合法性无异议，对证明对象有异议；因工作需要安排员工加班系公司的合法、合理的工作安排，并不存在强迫加班一说。且公司并非长时间持续要求员工加班，更不存在原告所称的平均每个月延长加班时间 12 小时以上。A12. 对真实性、合法性无异议，但对证明对象有异议；劳动仲裁送达回证明确表明，不符合劳动仲裁受理条件的原因是原告未能按照规定在期限内补正材料导致劳动仲裁委员会不予受理。本案系劳动争议纠纷，依法应当经过劳动仲裁程序的仲裁审理，尽管劳动仲裁委员会作出了不予受理通知书，但本案并未进入劳动仲裁审理程序，故并不能认定本案已经过劳动仲裁程序。A13. 对真实性、合法性、证明对象均有异议；并未有润 × 公司加盖公章，无法确认其真实性、合法性，原告的工资收入可根据其缴纳的个人所得税予以确定。A14. 个税证明。A15. 工伤诊断证明。A16. 认定工伤决定书，对真实性、合法性、证明对象均无异议。A17. 对真实性、证明对象均无异议。A18–A21 已过举证期限，公告仅能证明有通知润 × 公司领取工伤认定决定书，不能证明拒绝接受社保材料。A18. 工伤认定申报登记表不能证明原告主张的事实，只能证明原告有登记工伤。

被告大 × 公司提交证据：B1. 劳动合同复印件，证明原告于 2015 年 11 月 30 日入职被告大 × 公司。B2. 2–1 销售部离职申请表、2–2 离职证明，证明原告因个人无法胜任工作，主动向公司提出离职申请。B3. 员工签到表，证明原告在职期间的工作时间情况。B4. 3–1 税收完税证明、3–2 工资明细表，证明原告在职期间的工资收入情况。补充提交 B5. 考勤记录导出流程，证明员工签到表的真实性。

原告质证：B1. 没有原件，内容除了第一页、最后一页是原告签字以外，其他内容可以随意更改，原告不予认同。对 11 月 3 日劳动合同期限的起算点有异议，原告实际上是 2016 年才进入被告大 × 公司的。2015 年 1 月 30 日是原告签的时间，原告是被被告润 × 公司要求到被告大 × 公司上班的。部分内容不予采纳。合同没有填日期。B2. 申请人处是原告的签名，原告是 9 月 30 日受伤时要求经济赔偿的，当时被告以不办理工伤、不发放工资来胁迫原告写不能胜任工作离职申请表。离职证明原件原告领了，被告说原告是主动离职，实际上原告是被胁迫的。当时公司还出具了一个离职保证书，原告没有签字，所以被告公司就出具了这个离职证明。B3. 12 月份原告是在润 × 公司上班，不可能在大 × 公司上班，所以签到表是伪造的。请求法庭不予采纳。B4. 完税证明真实性无异议。工资明细表发放的金额没有异议，12 月份原告没有在大 × 公司上班而是在润 × 公司上班。正好证明了两被告是有关联的。B5. 电脑由被告控制，不能证明其真实性，相关时间与请假条有冲突，是伪造的，请求法庭不予采纳。

被告陈 ×、张 × 对被告大 × 公司证据均无异议。

被告陈 ×、张 × 向法庭提交证据：C1. 劳动合同，证明原告于 2015 年 1 月 30 日入职被告润 × 公司。C2. 员工签到表，证明 1. 原告在职期间的工作时间情况；2. 原告于 2015 年 11 月 27 日之后未再到被告润 × 公司上班。C3. 3-1 税收完税证明、3-2 工资明细表，证明原告在职期间的工资收入情况。

原告质证：C1. 内容是真实的，原告只拿到合同的复印件，被告拒不提交原件。C2. 签到表是伪造的。C3. 完税证明真实性无异议。工资明细有异议，根据银行交易明细产生冲突，2015 年 5 月 16 日支付了 300 元是润 × 公司支付的，没有体现在工资表里，所以是伪造的。请求法庭不予采纳。

被告大 × 公司：对该证据无异议。

本院认证如下：上述证据，被告对原告提交对的证据：A1—A12，A14—A17 的真实性均无异议，本院确认其真实性。

根据上述有效证据，本院查明如下事实：福建润 × 公司于 2013 年 1 月 17 日成立，公司注册地址为鼓楼区五凤街道 ×× 大道 × 号 ×× 科技大楼一层 × 号。福州市工商行政管理局于 2017 年 2 月 4 日出具（榕）登记内注核字〔2017〕第 1××1 号“准予注销登记通知书”，准予福建润 × 公司注销登记。福建润 × 公司股东为被告陈 ×、张 ×。2015 年 1 月 30 日，福建润 × 公司与原告蓝 × 喜签订“劳动合同书”，约定：润 × 公司聘任蓝 × 喜从事理财顾问工作，地点为福州市，期限自 2015 年 1 月 30 日始至 2018 年 12 月 31 日止，试用期工资为 2500 元（基本工资 1200 元、岗位工资 300 元、综合补贴 500 元、满勤奖 200 元、竞业限制补偿费 300 元）。

2015 年 4 月 17 日，润 × 公司向被告出具收款收据，载明收蓝 × 喜医保补款 4044.3 元。润 × 公司自 2015 年 5 月起为原告从 2014 年 4 月起补缴医疗保险至 2015 年 9 月，其中 2014 年 4 月至 2015 年 6 月每月个人缴费 62.22 元、单位缴费 248.89 元。而润 × 公司提供的工资单中 2015 年 1 月、2 月未有社保扣款。

2015 年 9 月 3 日凌晨 0 ∶ 23 分，蓝 × 喜晚班下班后骑电动车回家途中，行经软件大道水木年华小区路段时，因路面有沙坑导致电动车摔倒。鼓楼交警大队认定蓝 × 喜不负事故责任。蓝 × 喜经诊断为颅脑外伤，头皮血肿，右肘部外伤。2016 年 5 月 22 日，福州市人力资源和社会保障局作出榕人社伤险（决）字〔2016〕0× ×5 号“认定工伤决定书”，认定蓝 × 喜受到的上述事故伤害，属于工伤。

蓝 × 喜另与福建大 × 金融服务公司签订“劳动合同书”，约定大 × 公司聘任蓝 × 喜从事理财顾问工作，地点为福州，期限自 2015 年 11 月 30 日至 2016 年 12 月 31 日，试用期工资为 3000 元（基本工资 1200 元、综合补贴 800 元、全勤奖 200 元、绩效浮动工资 300 元、岗位工资 500 元）；试用期满继续保持劳动关系的，月工资为 3500 元（基本工资 1200 元，综合补贴 800 元，餐补 200 元，全勤奖 300 元，绩效浮动工资 500 元，岗位工资 500 元。）该合同落款处日期为空。

关于竞业限制，润 × 公司、大 × 公司分别与原告签订“劳动合同书”的第十二条均约定“1. 乙方未经甲方同意，在职期间不得自营或者为他人经营与甲方同类的行业……4. 从乙方入职之日起，甲方已按照竞业限制期限在每月工资中通过竞业限制补偿费项目向乙方支付竞业限制补偿费，不同岗位金额不同。”第十一条亦约定保密义务条款，约定“本合同期限内以及本合同终止或解除后，乙方均应保守甲方的商业秘密和遵守与知识产权相关的保密事项。”润 × 公司的合同另约定“……若乙方不违反上述所列内容情况下，乙方在公司的未发放款项于离职三个月后由公司安排发放”。对竞业限制的期限，润 × 公司的合同约定离职后一个月内不得到与甲方有竞争关系的单位就职，不自办与甲方有竞争关系的企业或者从事与甲方商业秘密有关的产品的经营；而大 × 公司的合同相应条款部分时间为空。

2016年5月13日，蓝 × 喜填写“销售部离职申请表”，其中申请事由为“不能胜任工作”，大 × 公司部门主管、部门经理、销售总监等均签字确认。当日，双方办理了离职交接手续。大 × 公司于 2016 年 5 月 13 日出具“离职证明”，证明蓝 × 喜系公司理财顾问，因个人无法胜任工作，经公司同意已于 2016 年 5 月 13 日办理离职手续，与公司正式解除劳动关系。

福建润 × 公司为蓝 × 喜缴纳 2015 年 4 月至 12 月的社会保险，福建大 × 金融服务有限公司为蓝 × 喜缴纳 2016 年 1 月至 5 月的社会保险。

根据蓝 × 喜提交的银行交易明细，其工资情况如下：2015 年 5 月 15 日 2785.16 元……以上为福建润 × 公司向蓝 × 喜发放工资的情况，总计 43313.98 元。2016 年 1 月 15 日 4055.03 元……以上为福建大 × 金融服务有限公司向蓝 × 喜发放工资的情况，总计 20313.95 元。上述交易明细与润 × 公司和大 × 公司提供的工资明细表能够相互印证，但工资明细表中并无加班费的发放项目。

林 × 虹于 2015 年 8 月 14 日向蓝 × 喜转账 23743.16 元……原告认为系润 × 公司发放的工资，润 × 公司则认为与其无关。但上述款项金额与原告提供的工资条能够相互印证，且如系个人汇款不可能精确到小数点后两位，故本院推定上款项为润 × 公司向原告发放的工资。

根据上述事实，原告离职前十二个月的工资总额为 43313.98-2785.16+20313.95+47542.52=108385.29 元，每月工资为：9032.11 元，每小时工资为：9032.11 元 / 月 ÷（21.75 天 / 月 ×8 小时 / 天）=51.91 元。

根据原告提交的视频，结合润 X 公司出具给原告的签到记录以及原告的工作 QQ 体现的在润银公司的工作最迟的时间为：2015 年 03 月 17 日，21 ：43；3 ：43；2015 年 3 月 30 日，21：45；3 ：45；2015 年 04 月 01 日，22 ：03；4 ：03；2015 半年 04 月 06 日，21 ：23；3 ：23；2015 年 04 月 07 日，21 ：01；3 ：01；2015 年 04 月 08 日，19 ：57；1 ：57；2015 年 04 月 09 日，19 ：09；1 ：09；2015 年 04 月 13 日，20 ：37；2 ：37；2015 年 04 月 20 日，20 ：41；2 ：41；2015 年 04 月 22 日，23 ：07；5 ：07；2015 年 04 月 23 日，21 ：48；3 ：48；2015 年 04 月 27 日，19 ：27；1 ：27；2015 年 04 月 29 日，22 ：32；4 ：32；2015 年 04 月 30 日，21 ：56；3 ：56；2015 年 05 月 05 日，21 ：11；3 ：11；2015 年 05 月 08 日，19 ：24；1 ：24；2015 年 05 月 12 日，20 ：31；2 ：32；2015 年 05 月 19 日，00 ：54；6 ：54；2015 年 05 月 22 日，19 ：51；1 ：51；2015 年 05 月 25 日，20 ：45；2 ：45；2015 年 05 月 26 日，21 ：27；3 ：27；2015 年 05 月 28 日，21 ：02；3 ：02；2015 年 05 月 29 日，19 ：46；1 ：46；2015 年 06 月 02 日，21 ：23；3 ：23；2015 年 06 月 03 日，22 ：05；4 ：05, 2015 年 06 月 05 日，23 ：20；5 ：20；2015 年 06 月 08 日，21 ：02；3 ：02；2015 年 06 月 23 日，22 ：40；4 ：40；2015 年 07 月 01 日，23 ：31；5 ：31；2015 年 07 月 02 日，19 ：33；1 ：33；2015 年 07 月 03 日，19 ：20；1 ：20；2015 年 07 月 06 日，23 ：07；5 ：07；2015 年 07 月 10 日，19 ：24；1 ：24；2015 年 07 月 12 日，19 ：06；1 ：06；2015 年 07 月 20 日，21 ：54；3 ：54；2015 年 08 月 18 日，20 ：09；2 ：09；2015 年 08 月 28 日，18 ：48；0 ：48；2015 年 09 月 1 日，22 ：35；4 ：35；2015 年 09 月 02 日，23 ：57；5 ：57；

2015年09月10日，19：59；1：59；2015年09月16日，21：17；3：17；2015年09月18日，18：23；0：23；2015年09月22日，21：44；3：44；2015年09月23日，22：38；4：38；2015年09月24日，21：35；3：35；2015年10月13日，21：35；3：35；2015年10月14日，212：18；4：18；2015年10月15日，22：25；4：25；2015年10月16日，18：42；0：42；2015年11月01日，22：33；4：33；2015年11月13日，19：48；1：48；2015年11月20日，19：42；1：42；2015年11月22日，22：25；4：25；2015年12月03日，22：34；4：34；2015年12月04日，22：19；4：19；2015年12月22日，23：20；5：20；2015年12月25日，22：13；4：13；……上述延长工作时间总计约为188个小时。

根据原告提供的视频，其中原告的工作QQ体现在润X公司的工作最迟的时间为：2016年1月8日，21：12；3：12；2016年内01月15日，00：21；6：21；2016年01月15日，18：44；0：44；2016年01月20日，21：08；3：08；2016年01月27日，20：00；2：00；2016年02月19日，18：46；0：46；2016年02月23日，22：39；4：39；2016年02月25日，20：43；2：43；2016年02月26日，19：09；1：09；2016年03月09日，21：16；3：16；2016年内03月11日，19：13；1：13；2016年03月31日，20：02；2：02；2016年04月12日，22：47；4：47；2016年04月18日，20：10；2：10；2016年04月22日，19：19；1：19；2016年05月06日，19：31；1：31；2016年05月10日，20：37；2：37；2016年05月12日，19：23；1：23；上述延长工作时间总计约为45个小时。”蓝×喜于2016年7月1日，向福州市鼓楼区劳动争议仲裁委员会申请对福建大×金融服务有限公司、福建润×公司的劳动仲裁，要求支付加班费、赔偿金、医保费、禁业限制报酬等，该委员会于2016年7月8日作出鼓劳仲案字〔2016〕

1×1号“不予受理通知书”，蓝 × 喜不服该决定，于2016年8月1日向本院提起诉讼。

本院认为，原告与润 × 公司、大 × 公司陆续签订了劳动合同，需首先考察三方的关系，本院分析如下：首先，本案未有润 × 公司如何解除与原告劳动关系的相关证据，亦无大 × 公司如何招聘原告的相关证据，故不能认定原告系其自愿从润 × 公司转到大 × 公司工作。其次，原告与大 × 公司2015年11月30日建立劳动关系后，润 × 公司仍然为原告缴纳了一个月的社会保险且在2016年也多次向原告发放工资。再次，润 × 公司与大 × 公司的经营地址均在福州市鼓楼区五凤街道软件大道89号网讯科技大楼；两家公司提供的劳动合同有较多相似性；两家公司在第一次庭审时均委托同一代理人参加诉讼。因此，根据上述分析，即使润 × 公司与大 × 公司之间不存在股权方面的关联，上述存在关联的事实仍然可以认定两家公司在聘用原告蓝 × 喜的事宜上同时存在管理行为并存在关联关系，两家公司应对原告承担连带责任。关于原告的多项诉讼请求，本院分析如下：

一、关于原告第一项2015年1月30日至2016年5月13日期间94162.5元加班工资的诉请，润 × 公司与大 × 公司均不同意支付。本院分析如下：其一，根据《最高人民法院关于审理劳动争议案件适用法律若干问题的解释(三)》第九条之规定，劳动者主张加班费的，应当就加班事实的存在承担举证责任；但劳动者有证据证明用人单位掌握加班事实存在的证据，用人单位不提供的，由用人单位承担不利后果。其二，本案原告提供的视频证据，结合润 × 公司向原告出具的签到签退记录，可以证明原告部分加班工作时间的事实；润 × 公司、大 × 公司虽向本院提供了签到签退记录，但系其自行制作，其提供的视频操作亦无法体现蓝 × 喜签退的真实情况，故两家公司提交的证据无法证明原告蓝 × 喜不存在加班的事实。其三，根据原告提交的视频证据整理出的原告最后工作时间，经计算，蓝 × 喜的延长工作时间为 188 小时 45 小时。根据视频中 QQ 聊天记录，润 × 公司与大 × 公司存在紧密的关联性，两家公司应连带向原告蓝 × 喜支付延长工作时间的加班工资。经计算为：51.91 元 / 小时 ×（188 小时 +45 小时）× 150%=18142.55 元。

二、关于原告第二项违法解除劳动合同赔偿金 49173.75 元的诉请，被告大 × 公司辩称不存在违法解除。本院认为，被告大 × 公司提交的 2016 年 5 月 13 日的“销售部离职申请表”可以证明原告蓝 × 喜系以不能胜任工作为由申请离职，原告无证据证明并非其自愿填写了申请表。故对于 2016 年 5 月 13 日的离职，系原告主动离职，不属于《中华人民共和国劳动合同法》第八十七条规定的违法解除应支付赔偿金的情形。故对于该项诉请本院不予支持。

三、关于原告第三项补缴 2015 年 1 月至 4 月医保费用 995.56 元的诉请。本院认为，根据本案查明的事实，润 × 公司收取原告 4044.3 元医保补款，应扣除原告自行承担未有劳动关系的 2014 年 4 月至 2015 年 1 月期间的全部医保缴纳款项，以及 2015 年 2 月原告应缴纳的医保款项。故润 × 公司应退还原告：4044.3 元 -311.11 元 ×10 个月 -62.22 元 =870.98 元。

四、关于原告第四项竞业限制的报酬及经济补偿金的诉请，被告均认为无需支付。本院分析如下：其一，根据《最高人民法院关于审理劳动争议案件适用法律若干问题的解释（四）》第六条之规定，用人单位与劳动者在劳动合同或者保密协议中约定了竞业限制条款，但未约定解除或者终止劳动合同后给予劳动者经济补偿，劳动者履行了竞业限制义务，要求用人单位按照劳动者在劳动合同解除或者终止前十二个月平均工资的 30% 按月支付经济补偿的，用人单位应当支付。其二，本案原告在与润 × 公司和大 × 公司签订的劳动合同中，不仅有保密条款，更有明确的竞业限制条款。但其中约定竞业限制补偿费在工资中予以支付的条款，与竞业限制补偿金应在解除或终止劳动合同后支付的规定相违背，属于无效条款。其三，润 × 公司的合同约定如果原告未违反保密义务，“在公司的未发放款项于离职三个月后由公司安排发放”，亦约定离职一个月后不得到有竞争关系的单位就职。因润 × 公司与大 × 公司的关联关系，上述条款同样适用于原告与大 × 公司解除关系后。因此，根据原告与两公司的合同约定和《中华人民共和国劳动合同法》第二十三条对竞业限制期限不得超过二年的规定，本院认定被告应按离职前十二个月工资 30% 的标准支付六个月。故该项经济补偿数额为：9032.11 元 / 月 ×30%×6 个月 =16257.8 元。

五、关于原告第五项年休假补偿工资的诉请，本院认为，原告 2015 年 1 月 30 日到润 × 公司工作，至 2016 年 5 月 13 日从关联的大 × 公司离职，已经工作一年三个多月，依法有享受年休假的权利。而两家公司均未提交证据证明已安排原告享受了相应的年休假待遇。因此，原告主张 1 天的未休年休假待遇符合法律规定，应按原告日工资收入的 200% 支付年休假工资报酬，工作时的工资已支付，故应向原告再支付 9032.11 元 / 月 ÷21.75 天 / 月 ×200%=830.54 元。

六、关于原告增加的第一项要求赔偿款项自 2016 年 5 月至 2017 年 2 月人民币贬值 5.30% 和银行利息 1.21% 的诉请，并无法律依据，本院不予支持。

七、关于原告增加的第二项要求赔偿未足额缴纳社会保险费的停工留薪补偿、护理费、医药费等诉请，该项诉请涉及工伤赔偿，但原告并未在劳动仲裁时提出，亦不属于《最高人民法院关于审理劳动争议案件适用法律若干问题的解释》第六条规定的不可分的劳动争议。故对于该项诉讼请求应先经劳动仲裁前置程序，本案中本院不予处理。

八、关于原告增加的第三项被告非法伪造虚假证据的所有经济损失的诉请，以及原告增加的第四项要求法院对被告伪造、毁灭重要证据妨碍案件审理的行为予以重罚并追究刑事责任的诉请，与本案劳动争议无关，本院在本案中不予处理。

由于润 × 公司已经注销登记。根据《最高人民法院关于适用〈中华人民共和国民事诉讼法〉的解释》第六十四条之规定，企业法人解散的，依法清算并注销前，以该企业法人为当事人；未依法清算即被注销的，以该企业法人的股东、发起人或者出资人为当事人。故被告陈 ×、张 × 作为已被注销的润 × 公司的股东，应列为本案被告参加诉讼。在润 × 公司作为被告的本案诉讼过程中，陈 ×、张 × 均未向法院报告润 × 公司已进入清算，并在本案第二次开庭前就注销润 × 公司。根据《中华人民共和国公司法》第二十条第三款“公司股东滥用公司法人独立地位和股东有限责任，逃避债务，严重损害公司债权人利益的，应对公司债务承担连带责任”之规定，被告陈 ×、张 × 的上述行为属于滥用公司法人独立地位逃避公司债务损害原告利益之行为，应对所欠原告上述款项承担连带责任。

综上，依照《中华人民共和国劳动合同法》第十条、第二十三条、第八十七条，《中华人民共和国公司法》第二十条，《最高人民法院关于审理劳动争议案件适用法律若干问题的解释》第六条，《最高人民法院关于审理劳动争议案件适用法律若干问题的解释（三）》第九条，《最高人民法院关于审理劳动争议案件适用法律若干问题的解释（四）》第六条，《最高人民法院关于适用〈中华人民共和国民事诉讼法〉的解释》第六十四条，《中华人民共和国劳动合同法实施条例》第十条，《职工带薪年休假条例》第三条、第五条之规定，判决如下：

一、被告福建大 × 金融服务有限公司、被告陈 ×、张 × 于本判决生效之日起十日内连带向原告蓝 × 喜支付加班工资 18142.55 元、竞业限制经济补偿 16257.8 元、未休年休假的工资报酬 830.54 元；

二、被告陈 ×、张 × 于本判决生效之日起十日内连带向原告蓝 × 喜退还多付的医保款 870.98 元；

三、驳回原告蓝 × 喜的其他诉讼请求。

如果未按本判决指定的期间履行给付金钱义务，应当依照《中华人民共和国民事诉讼法》第二百五十三条的规定，加倍支付迟延履行期间的债务利息。

如不服本判决，可在判决书送达之日起十五日内向本院递交上诉状，并按对方当事人的人数提出副本，上诉于福建省福州市中级人民法院。

审 判 长 黄×生

人民陪审员 林×旺

人民陪审员 李××

二〇一七年五月十六日

书 记 员 施××

福建省福州市中级人民法院

民事判决书

〔2017〕闽01民终4755号

上诉人（原审原告）：蓝×喜，男，1985年×月×日出生，畲族，住福建省上杭县官庄畲族乡××村蓝屋×号。

委托诉讼代理人：陈×，福建真×律师事务所律师。

委托诉讼代理人：孙××，福建真×律师事务所律师。

上诉人（原审被告）：福建大×金融服务有限公司，住所地为福建省福州市鼓楼区五凤街道××大道×号××科技大楼×层整层。

法定代表人：游××，总经理。

上诉人（原审被告）：张×，男，1979年×月×日出生，汉族，住福

建省福州市鼓楼区 ×× 路 × 号 × 新村 × 座 × 单元。

上诉人（原审被告）：陈 ×，男，1983 年 × 月 × 日出生，汉族，住河南省平顶山市湛河区 ×× 路 × 号院 × 号楼 × 单元 × 号。

委托诉讼代理人：陈 ×，男，1979 年 × 月 × 日出生，汉族，住福建省福州市鼓楼区 ×× 路 × 号 × 新村 × 座 × 单元。

上诉人蓝 × 喜因与上诉人福建大 × 金融服务有限公司（以下简称大 × 公司）、陈 ×、张 × 劳动争议一案，不服福建省福州市鼓楼区人民法院〔2016〕闽 0102 民初 5××8 号民事判决，向本院提起上诉。本院依法组成合议庭进行了审理。本案现已审理终结。

蓝 × 喜上诉请求：撤销一审判决，改判大 × 公司、陈 ×、张 × 连带向蓝 × 喜支付延时加班工资 94041 元、违法解除劳动合同赔偿金 49108.2 元、竞业限制经济补偿 44197.38 元、未休年休假的工资报酬 928.74 元，陈 ×、张 × 向蓝 × 喜退还多付的医保费 870.98 元；大 × 公司、陈 ×、张 × 连带承担一审、二审全部诉讼费用。

事实与理由：一、一审认定的加班时间只是蓝 × 喜实际加班时间的一部分，蓝 × 喜平均每月加班 72 小时，加班工资应为 58.05 元 / 小时 × 72 小时 / 月 ×15 个月 ×150%=94041 元。大 × 公司、陈 ×、张 × 拒绝提供加班事实的原始证据，还蓄意伪造虚假证据干扰法院审理，并承认已经毁灭证明蓝 × 喜加班事实的考勤记录等重要证据，应承担不利后果。二、大 × 公司、陈 ×、张 × 未及时足额支付劳动报酬，强迫蓝 × 喜在工伤治疗期间平均每月加班 72 小时，并以扣发工资和不办理工伤认定威胁蓝 × 喜在离职证明上签字，属于违法解除劳动合同，应按法律规定的经济补偿金标准的两倍向蓝 × 喜支付赔偿金。1. 蓝 × 喜提交的 2016 年 5 月 13 日“销售部离职申请表”，实质是大 × 公司将工作交接表伪造成离职申请表使用，表中并没有离职类型、申请离职日期、批准离职日期、离职原因等信息，蓝 × 喜没有提交离职确认表，也没有提交实质的离职申请表。2. 大 × 公司、陈 ×、张 × 捏造蓝 × 喜在 2015 年 11 月从润 × 公司主动离职到大 × 公司的事实，伪造蓝 × 喜与润 × 公司、大 × 公司的劳动合同、考勤记录，还蓄意注销润 × 公司，逃避债务。3. 大 × 公司认为蓝 × 喜业绩不理想，不能胜任工作，但未提供证据证明。三、一审判决在计算蓝 × 喜平均工资时，遗漏了 2016 年 5 月工资、个人所得税、代扣个人五险费、已发奖金和加班劳动报酬。蓝 × 喜每月工资为 10100 元，每小时工资为 10100 元 / 月 ÷（21.75 天 / 月 ×8 小时 / 天）=58.05 元，每月加班工资为 58.05 元 / 小时 ×72 小时 / 月 /150%=6269.4 元，每月总工资应为 10100 元 +6269.4 元 =16369.4 元。故大 × 公司、陈 ×、张 × 应向蓝 × 喜支付的违法解除劳动合同经济赔偿金应为 16369.4 元 / 月 ×1.5 个月 ×2=49108.2 元，未休年休假一天的工资为 10100 元 / 月 /21.75 天 / 月 ×200%=928.74 元。四、大 × 公司、陈 ×、张 × 应支付蓝 × 喜解除劳动关系前十二个月工资 30% 标准九个月的竞业限制补偿金 16369.4 元 / 月 ×30%×9 个月 =44197.38 元。

陈 ×、张 × 上诉请求，一、撤销一审判决，改判驳回蓝 × 喜的诉讼请求，二审诉讼费用由蓝 × 喜负担。事实与理由：1. 润 × 公司与大 × 公司并无任何关系，也不存在法律上的合并、分立、关联企业，亦不存在委派或任命形式的调动。2015 年底，润 × 公司因经营问题，已经无力承担网讯科技大楼 5 层的高额租金，由于润 × 公司股东陈 × 与大 × 公司的股东有私交，大 × 公司承租了该场所。社保系润 × 公司每月固定代扣代缴项目，须按时报送相关部门，虽然蓝 × 喜 11 月底开始未到润 × 公司上班，但人事部门不确定蓝 × 喜是否已辞职，财务部门只好依惯例报送。在蓝 × 喜离职后对其发放的款项也是支付此前未与蓝 × 喜结清的款项，并非一审所认定的同时存在管理行为并存在关联关系。2. 林 × 虹与润 × 公司之间并无关联，一审法院仅凭蓝 × 喜提供的一张未加盖任何公章及负责人签字的工资单，就认定林 × 虹对蓝 × 喜的个人汇款为蓝 × 喜的工资收入，与事实不符。3. 根据润 × 公司的考勤记录，蓝 × 喜在任职期间的加班时长为 27 小时 46 分钟，且该时间还包括蓝 × 喜因在公司处理个人事务而迟延下班的情形。蓝 × 喜一审时虽提交了视频材料，但未提交证据证明该 QQ 系其本人在职期间使用的工作 QQ，一审根据该视频材料计算加班时长，与事实不符。4. 蓝 × 喜在润 × 公司离职后即入职从事同类型业务的大 × 公司，违反了双方约定的竞业限制义务，其要求陈 ×、张 × 支付竞业限制经济补偿金，缺乏依据。5. 蓝 × 喜并未在劳动争议仲裁委员会要求的期限内提交材料，导致劳动争议仲裁委员会作出不予受理决定，进而导致本案未经仲裁程序，一审法院未裁定驳回起诉，程序错误。6. 润 × 公司系因经营问题进行清算、注销，且陈 × 未违反法律规定，陈 × 主观上并无逃避公司债务的故意，在收到法院口头通知后即主动应诉，并未损害蓝 × 喜任何权益。

大 × 公司上诉请求：撤销一审判决，改判驳回蓝 × 喜的诉讼请求，一、二审诉讼费用由蓝 × 喜负担。事实与理由：1. 蓝 × 喜并未在劳动争议仲裁委员会要求的期限内提交材料，导致劳动争议仲裁委员会作出不予受理决定，进而导致本案未经仲裁程序，一审法院未裁定驳回起诉，程序错误。2. 润 × 公司与大 × 公司并无任何关系，也不存在法律意义上的合并、分立、关联企业，亦不存在委派或任命形式的调动。2015 年底，润 × 公司因经营问题，已无力承担网讯科技大楼 5 层的高额租金，由于润 × 公司股东陈 × 与大 × 公司的股东有私交，故大 × 公司承租了该场所。基于股东之间的私交，在诉讼过程中介绍同一代理人参加诉讼，亦合情合理，润 × 公司在庭审后也对其 2015 年 12 月仍为蓝 × 喜缴纳社保做了说明，并不能因此认定润 × 公司与大 × 公司之间存在关联关系。3. 蓝 × 喜一审时虽提交了视频材料，但未提交证据证明该QQ系其本人在职期间使用的工作QQ，一审根据该视频材料计算加班时长，与事实不符。4. 虽然大 × 公司与蓝 × 喜签订的劳动合同中涉及竞业限制条款，但因该合同系公司采用的通用格式文本，该条款并非适用于所有员工。蓝 × 喜所任职的岗位并不涉及竞业限制，故合同中对竞业限制的期间及竞业限制经济补偿金均未作出明确规定，该条款对蓝 × 喜不具有约束力，蓝 × 喜无竞业限制义务，大 × 公司无支付竞业限制经济补偿金的义务。至于蓝 × 喜与润 × 公司之间签订的竞业限制条款因大 × 公司与润 × 公司无法律意义上的关联关系，大 × 公司无需对此承担义务。

陈 ×、张 × 针对蓝 × 喜的上诉辩称，不同意蓝 × 喜的上诉意见。

蓝 × 喜针对陈 ×、张 ×、大 × 公司的上述辩称：1. 润 × 公司和大 × 公司是关联公司。2. 林 × 虹给蓝 × 喜的汇款应为工资收入，连小数点都是吻合的。3. 蓝 × 喜尽到了对加班的举证义务，但考勤记录属于用人单位掌握应由用人单位提交证据，该部分举证不利的后果也应由对方承担。4. 蓝 × 喜未违反竞业限制补偿协议的约定。5. 本案已经过劳动仲裁前置程序，符合法律规定。6. 由于润 × 公司注销，一审法院追加陈 ×、张 × 两名股东参加诉讼，符合法律规定。

陈 ×、张 × 针对大 × 公司的上诉辩称，对大 × 公司的上诉没有异议。

大 × 公司对蓝 × 喜、陈 ×、张 × 的上诉未作答辩。

蓝 × 喜向一审法院起诉请求：1. 判令福建润 × 公司（以下简称润 × 公司）、大 × 公司向蓝 × 喜连带支付自2015年1月30日至2016年5月13日期间的加班工资共计94162.50元；2. 判令润 × 公司、大 × 公司向蓝 × 喜连带支付违法解除劳动合同赔偿金共计49173.75元；3. 判令润 × 公司向蓝 × 喜支付蓝 × 喜补缴的2015年1月至2015年4月由润 × 公司承担的基本医疗保险费995.56元；4. 判令润×公司、大×公司向蓝×喜连带支付蓝×喜履行了竞业限制业务的2个月报酬共计9834.75元，要求润×公司、大×公司在竞业限制期限内每月按时支付经济补偿金共计4917.38元。蓝×喜增加诉请：1. 判令润×公司、大×公司向蓝×喜另支付在2016年5月依法必须赔偿所有款项至2017年2月期间发生的人民币贬值5.30%和银行利息1.21%，共计12812元；2. 判令润×公司、大×公司向蓝×喜支付润×公司、大×公司未依法足额缴纳社会保险费的停工留薪期补偿66400.8元、护理费4045元、营养费5880元；3. 判令润×公司、大×公司向蓝×喜支付自2016年5月13日至法院判决支付之日由于润×公司、大×公司拒绝支付经济赔偿金等费用，非法伪造虚假证据的所有经济损失费170469元；4. 请求法院对润×公司、大×公司及代表律师在案件中伪造、毁灭重要证据，妨碍人民法院审理案件的行为予以重罚，并依法追究刑事责任。

一审法院认定事实：福建润×公司于2013年1月17日成立，公司注册地址为福州市鼓楼区五凤街道××大道×号××科技大楼一层×号。福州市工商行政管理局于2017年2月4日出具（榕）登记内注核字〔2017〕第1××1号"准予注销登记通知书"，准予福建润×公司注销登记。福建润×公司股东为陈×、张×。

2015年1月30日，福建润×公司与蓝×喜签订"劳动合同书"，约定：润×公司聘任蓝×喜从事理财顾问工作，地点为福州，期限自2015年1月30日起至2016年12月31日止，试用期工资为2500元（基本工资1200元、岗位工资300元、综合补贴500元、满勤奖200元、竞业限制补偿300元）。

2015年4月17日，润×公司向蓝×喜出具收款收据，载明收蓝×喜医保补款4044.3元。润×公司自2015年5月起为蓝×喜从2014年4月起补缴医疗保险至2015年9月，其中2014年4月至2015年6月每月个人缴费

62.22 元、单位缴费 248.89 元。而润 × 公司提供的工资单中 2015 年 1 月、2 月未有社保扣款。

2015 年 9 月 3 日零时 23 分，蓝 × 喜晚班下班后骑电动车回家途中，行经软件大道水木年华小区路段时，因路面有沙坑导致电动车摔倒。鼓楼交警大队认定蓝 × 喜不负事故责任。蓝 × 喜经诊断为颅脑外伤，头皮血肿，右肘部外伤。2016 年 8 月 22 日，福州市人力资源和社会保障局作出榕人社伤险（决）字〔2016〕0× ×5 号“认定工伤决定书”，认定蓝 × 喜受到的上述事故伤害，属于工伤。

蓝 × 喜另与福建大 × 金融服务有限公司签订“劳动合同书”，约定大 × 公司聘任蓝 × 喜从事理财顾问工作，地点为福州，期限自 2015 年 11 月 30 日起至 2016 年 12 月 31 日止，试用期工资为 3000 元（基本工资 1200 元、综合补贴 800 元、全勤奖 200 元、绩效浮动工资 300 元、岗位工资 500 元）；试用期满继续保持劳动关系，月工资为 3500 元（基本工资 1200 元，综合补贴 800 元，餐补 200 元，全勤奖 300 元，绩效浮动工资 500 元，岗位工资 500 元）。该合同落款处日期为空。

关于竞业禁止，润 × 公司、大 × 公司分别于蓝 × 喜签订的“劳动合同书”的第十二条均约定：“1. 乙方未经甲方同意，在职期间不得自营或者为他人经营与甲方同类的行业……4. 从乙方入职之日起，甲方已按照竞业限制期限在每月工资中通过竞业限制补偿费项目向乙方支付竞业限制补偿费，不同岗位金额不同。”第十一条亦约定保密义务条款，约定：“本合同期限内以及本合同终止或解除后，乙方均应保守甲方的商业秘密和遵守与知识产权相关的保密事项。”润 × 公司的合同另约定：“…若乙方不违反上述所列内容情况下，乙方在公司的未发放款项于离职三个月后由公司安排发放。”对于竞业限制的期限，润 × 公司的合同约定离职后一个月内不得到与甲方有竞争关系的单位就职，不自办与甲方有竞争关系的企业或者从事与甲方商业秘密有关的产品的经营；而大 × 公司的合同相应条款部分时间为空。

2016年5月13日，蓝 × 喜填写“销售部离职申请表”，其中申请事由为“不能胜任工作”，大 × 公司部门主管、部门经理、销售总监等均签字确认。当日，双方办理了离职交接手续。大 × 公司于2016年5月13日出具“离职证明”，证明蓝 × 喜系其公司理财顾问，因个人无法胜任工作，经公司同意已于2016年5月13日办理离职手续，与公司正式解除劳动关系。

福建润 × 公司为蓝 × 喜缴纳2015年4月至12月的社会保险，福建大 × 金融服务有限公司为蓝 × 喜缴纳2016年1月至5月的社会保险。

根据蓝 × 喜提交的银行交易明细，其工资情况如下：2015年5月15日2785.16元……以上为福建润 × 公司向蓝 × 喜发放工资的情况，总计43313.98元。2016年1月15日4055.03元……以上为福建大 × 金融服务有限公司向蓝 × 喜发放工资的情况，总计20313.95元。上述交易明细与润 × 公司和大 × 公司提供的工资明细表能够相互印证，但工资明细表中并无加班费的发放项目。

林 × 虹于2015年8月14日向蓝 × 喜转账23743.16元，于2015年9月15日转账451.45元，于2015年11月25日转账11849.65元，于2015年12月15日转账7630.51元，于2016年3月25日转账3867.75元，上述转账款项总计47542.52元，蓝 × 喜认为系润 × 公司发放的工资，润 × 公司则认为与工资无关。但上述款项金额与蓝 × 喜提供的工资条能够相互印证，且如系个人汇款不可能精确到小数点后两位，故一审法院推定上述款项为润 × 公司向蓝 × 喜发放的工资。

根据上述事实，原告离职前十二个月的工资总额为43313.98-2785.16+20313.95+47542.52=108385.29元，每月工资为：9032.11元，每小时工资为：9032.11元/月÷（21.75天/月×8小时/天）=51.91元。

根据蓝×喜提交的视频，结合润×公司出具给蓝X喜的签到记录以及蓝×喜的工作QQ体现的在润银公司的工作最迟的时间为：2015年03月17日，21：43；3：43；2015年3月30日，21: 45；3：45；2015年04月01日，22：03；4：03；2015半年04月06日，21：23；3：23；2015年04月07日，21：01；3：01；2015年04月08日，19：57；1：57；2015年04月09日，19：09；1：09；2015年04月13日，20：37；2：37；2015年04月20日，20：41；2：41；2015年04月22日，23：07；5：07；2015年04月23日，21：48；3：48；2015年04月27日，19：27；1：27；2015年04月29日，22：32；4：32；2015年04月30日，21：56；3：56；2015年05月05日，21：11；3：11；2015年05月08日，19：24；1：24；2015年05月12日，20：31；2：32；2015年05月19日，00：54；6：54；2015年05月22日，19：51；1：51；2015年05月25日，20：45；2：45；2015年05月26日，21：27；3：27；2015年05月28日，21：02；3：02；2015年05月29日，19：46；1：46；2015年06月02日，21：23；3：23；2015年06月03日，22：05；4：05,2015年06月05日，23：20；5：20；2015年06月08日，21：02；3：02；2015年06月23日，22：40；4：40；2015年07月01日，23：31；5：31；2015年07月02日，19：33；1：33；2015年07月03日，19：20；1：20；2015年07月06日，23：07；5：07；2015年07月10日，19：24；1：24；2015年07月12日，19：06；1：06；2015年07月20日，21：54；3: 54；2015年08月18日，20：09；2：09；2015年08月28日，18：48；0：48；2015年09月1日，22：35；4：35；2015年09月02日，23：57；5：57；2015年09月10日，19：59；1：59；2015年09月16日，21：17；3：17；2015年09月18日，18：23；0：23；

2015年09月22日，21：44；3：44；2015年09月23日，22：38；4：38；2015年09月24日，21：35；3：35；2015年10月13日，21：35；3：35；2015年10月14日，212：18；4：18；2015年10月15日，22：25；4：25；2015年10月16日，18：42；0：42；2015年11月01日，22：33；4：33；2015年11月13日，19：48；1：48；2015年11月20日，19：42；1：42；2015年11月22日，22：25；4：25；2015年12月03日，22：34；4：34；2015年12月04日，22：19；4：19；2015年12月22日，23：20；5：20；2015年12月25日，22：13；4：13……上述延长工作时间总计约为188个小时。

根据蓝×喜提供的视频，其中蓝×喜的工作QQ体现在润×公司的工作最迟的时间为：2016年1月8日，21：12；3：12；2016年内01月15日，00：21；6：21；2016年01月15日，18：44；0：44；2016年01月20日，21：08；3：08；2016年01月27日，20：00；2：00；2016年02月19日，18：46；0：46；2016年02月23日，22：39；4：39；2016年02月25日，20：43；2：43；2016年02月26日，19：09；1：09；2016年03月09日，21：16；3：16；2016年内03月11日，19：13；1：13；2016年03月31日，20：02；2：02；2016年04月12日，22：47；4：47；2016年04月18日，20：10；2：10；2016年04月22日，19：19；1：19；2016年05月06日，19：31；1：31；2016年05月10日，20：37；2：37；2016年05月12日，19：23；1：23；上述延长工作时间总计约为45个小时。

蓝×喜于2016年7月1日，向福州市鼓楼区劳动争议仲裁委员会申请对福建大×金融服务有限公司、福建润×公司的劳动仲裁，要求支付加班费、赔偿金、医保费、禁业限制报酬等，该委员会于2016年7月8日作出鼓劳仲案字〔2016〕1×1号“不予受理通知书”。蓝×喜不服该决定，于2016年8

月 1 日向一审法院提起本案诉讼。

一审法院认为，蓝 × 喜与润 × 公司、大 × 公司陆续签订了劳动合同，需首先考察三方的关系，一审法院分析如下：首先本案未有润 × 公司如何解除与蓝 × 喜劳动关系的相关证据，亦无大 × 公司如何招聘蓝 × 喜的相关证据，故不能认定蓝 × 喜系自愿从润 × 公司转到大 × 公司工作。其次，蓝 × 喜与大 × 公司 2015 年 11 月 30 日建立劳动关系后，润 × 公司仍然为蓝 × 喜缴纳了一个月的社会保险且在 2016 年也多次向蓝 × 喜发放工资。再次，润 × 公司与大 × 公司的经营地址均在福州市鼓楼区五凤街道 × × 大道 × 号 × × 科技大楼，两家公司提供的劳动合同有较多的相似性；两家公司在第一次庭审时均委托同一代理人参加诉一讼。因此，根据以上分析，即使润 × 公司与大 × 公司之间不存在股权方面的关联，上述存在关联的事实仍然可以认定两家公司在聘用蓝 × 喜的事宜上同时存在管理行为并存在关联关系，两家公司应对蓝 × 喜承担连带责任。关于蓝 × 喜的多项诉讼请求，一审法院分析如下：

一、关于蓝 × 喜第一项 2015 年 1 月 30 日至 2016 年 5 月 13 日期间 94162.5 元加班工资的诉请，润 × 公司与大 × 公司均不同意支付。一审法院分析如下：其一，根据《最高人民法院关于审理劳动争议案件适用法律若干问题的解释（三）》第九条之规定，劳动者主张加班费的，应当就加班事实的存在承担举证责任；但劳动者有证据证明用人单位掌握加班事实存在的证据，用人单位不提供的，由用人单位承担不利后果。其二，本案蓝 × 喜提供的视频证据，结合润 × 公司向蓝 × 喜出具的签到签退记录，可以证明蓝 × 喜部分加班工作时间的事实；润 × 公司、大 × 公司虽向一审法院提供了签到签退记录，但系其自行制作，其提供的视频操作亦无法体现蓝 × 喜签到签退的真实情况，故两家公司提交的证据无法证明蓝 × 喜不存在加班的事实。其三，根据蓝 × 喜提交的视频证据整理出的蓝 × 喜最后工作时间，经计算，

蓝 × 喜的延长工作时间为188小时与45小时。根据视频中QQ聊天记录，润 × 公司与大 × 公司存在紧密的关联性，两家公司应连带向蓝 × 喜支付延长工作时间的加班工资。经计算为：51.91元/小时 ×（188小时+45小时）× 150%=18142.55元。

二、关于蓝 × 喜第二项违法解除劳动合同赔偿金49173.75元的诉请，大 × 公司辩称不存在违法解除。一审法院认为，大 × 公司提交的2016年5月13日的“销售部离职申请表”可以证明蓝 × 喜系以不能胜任工作为由申请离职，蓝 × 喜并无证据证明非自愿填写了申请表。故对于2016年5月13日的离职，系蓝 × 喜主动离职，不属于《中华人民共和国劳动合同法》第八十七条规定的违法解除应支付赔偿金的情形。故对于该项诉请一审法院不予支持。

三、关于蓝 × 喜第三项补缴2015年1月至4月医保费用995.56元的诉请，一审法院认为，根据本案查明的事实，润 × 公司收取蓝 × 喜4044.3元医保补款，应扣除蓝 × 喜自行承担未有劳动关系的2014年4月至2015年1月期间的全部医保缴纳款项，以及2015年2月蓝 × 喜应缴纳的医保款项。故润 × 公司应退还蓝 × 喜4044.3元−311.11元 ×10个月−62.22元=870.98元。

四、关于蓝 × 喜第四项竞业限制的报酬及经济补偿金诉请，润 × 公司、大 × 公司均认为无需支付。一审法院分析如下：其一，根据《最高人民法院关于审理劳动争议案件适用法律若干问题的解释（四）》第六条之规定，用人单位与劳动者在劳动合同或者保密协议中约定了竞业限制条款，但未约定解除或者终止劳动合同后给予劳动者经济补偿，劳动者履行了竞业限制义务，要求用人单位按照劳动者在劳动合同解除或者终止前十二个月平均工资的30%按月支付经济补偿的，用人单位应当支付。其二，本案蓝 × 喜在与润 × 公司和大 × 公司签订的劳动合同中，不仅有保密条款，更有明确的竞业限制条款。

但其中约定竞业限制补偿费在工资中予以支付的条款，与竞业限制补偿金应在解除或终止劳动合同后支付的规定相违背，属于无效条款。其三，润 × 公司的合同约定如果蓝 × 喜未违反保密义务的，“在公司的未发放款项于离职三个月后由公司安排发放”，亦约定离职一个月后不得到有竞争关系的单位就职。因润 × 公司与大 × 公司的关联关系，上述条款同样适用于蓝 × 喜与大 × 公司解除关系后。因此，根据蓝 × 喜与润 × 公司、大 × 公司的合同约定和《中华人民共和国劳动合同法》第二十三条对竞业限制期限不得超过二年的规定，一审法院认定润 × 公司、大 × 公司应按离职前十二个月工资 30% 的标准支付六个月。故该项经济补偿数额为：9032.11 元 / 月 ×30%×6 个月 =16257.8 元。

五、关于蓝 × 喜第五项年休假补偿工资的诉请，一审法院认为，蓝 × 喜 2015年1月30日到润 × 公司工作，至2016年5月13日从关联的大 × 公司离职，已经连续工作一年又三个月，依法有享受年休假的权利。而润 × 公司、大 × 公司均未提交证据证明已安排蓝 × 喜享受了相应的年休假待遇。因此，蓝 × 喜主张 1 天的未休年休假待遇符合法律规定，应按蓝 × 喜日工资收入的 200% 支付年休假工资报酬，工作时的工资已支付，故应向蓝 × 喜再支付：9032.11 元 / 月 ÷21.75 天 / 月 ×200%=830.54 元。

六、关于蓝 × 喜增加的第一项要求赔偿款项自 2016 年 5 月至 2017 年 2 月人民币贬值 5.3% 和银行利息 1.21% 的诉请，并无法律依据，一审法院不予支持。

七、关于蓝 × 喜增加的第二项要求赔偿未足额缴纳社会保险费的停工留薪期补偿、护理费、医药费等诉请，该项诉请涉及工伤赔偿，但蓝 × 喜并未在劳动仲裁时提出，亦不属于《最高人民法院关于审理劳动争议案件适用法律若干问题的解释》第六条规定的不可分的劳动争议，故对于该项诉讼请求应先经劳动仲裁前置程序，本案中一审法院不予处理。

八、关于蓝 × 喜增加的第三项润 × 公司、大 × 公司非法伪造虚假证据的所有经济损失的诉请，以及蓝 × 喜增加的第四项要求法院对润 × 公司、大 × 公司伪造、毁灭重要证据妨碍案件审理的行为予以重罚并追究刑事责任的诉请，与本案劳动争议无关，一审法院在本案中不予处理。

由于润 × 公司已经注销登记，根据《最高人民法院关于适用〈中华人民共和国民事诉讼法〉的解释》第六十四条之规定，企业法人解散的，依法清算并注销前，以该企业法人为当事人；未依法清算即被注销的，以该企业法人的股东、发起人或者出资人为当事人。故陈 ×、张 × 作为已被注销的润 × 公司的股东，应列为本案被告参加诉讼。在润 × 公司作为被告的本案诉讼过程中，陈 ×、张 × 均未向法院报告润 × 公司已进入清算，并在本案第二次开庭前就注销润 × 公司。根据《中华人民共和国公司法》第二十条第三款“公司股东滥用公司法人独立地位和股东有限责任，逃避债务，严重损害公司债权人利益的，应当对公司债务承担连带责任”之规定，陈 ×、张 × 的上述行为属于滥用公司法人独立地位逃避公司债务损害蓝 × 喜利益之行为，应对所欠蓝 × 喜的上述款项承担连带责任。

综上，依照《中华人民共和国劳动合同法》第十条、第二十三条、第八十七条，《中华人民共和国公司法》第二十条，《最高人民法院关于审理劳动争议案件适用法律若干问题的解释》第六条，《最高人民法院关于审理劳动争议案件适用法律若干问题的解释（三）》第九条，《最高人民法院关于审理劳动争议案件适用法律若干问题的解释（四）》第六条，《最高人民法院关于适用〈中华人民共和国民事诉讼法〉的解释》第六十四条，《中华人民共和国劳动合同法实施条例》第十条，《职工带薪年休假条例》第三条、第五条之规定，判决：一、福建大 × 金融服务有限公司、陈 ×、张 × 于本判决生效之日起十日内连带向蓝 × 喜支付加班工资 18142.55 元、竞业限制经济补偿 16257.8 元、未休年休假的工资报酬830.54元；二、陈×、张×于本判决生效之日起十日内连带向蓝×喜退还多付的医保款870.98元；三、驳回蓝×喜的其他诉讼请求。

根据现有证据，本院对一审法院认定的事实予以确认。

另查明，福建大×金融服务有限公司于2017年7月25日进行了简易注销，股东为游×华，宋×卫。2018年8月6日，福州市市场监督管理局作出榕市场监管企管处字〔2018〕××号行政处理决定书，撤销福建大×金融服务有限公司的简易注销登记。

本院认为，《中华人民共和国劳动争议调解仲裁法》第二十九条规定："对劳动争议仲裁委员会不予受理或者逾期未作出决定的，申请人可以就该劳动争议事项向人民法院提起诉讼。"蓝×喜在其仲裁申请被劳动争议仲裁委员会不予受理的情况下，可直接提起诉讼。陈×、张×、大×公司认为本案未经仲裁前置程序，故应驳回起诉的主张，于法相悖，本院不予支持。

关于大×公司、润×公司之间是否存在关联关系的问题。首先，本案并无蓝×喜与润×公司解除劳动合同或蓝×喜入职大×公司的证据，无法得出蓝×喜自愿从润×公司转到大×公司工作的结论；其次，蓝×喜与大×公司2015年11月30日建立劳动关系后，润×公司仍然为蓝×喜缴纳了一个月的社会保险且在2016年也多次向蓝×喜发放工资，故大×公司、润×公司均存在变更劳动合同后用人单位仍延续蓝×喜在润×公司的劳动条件和劳动利益的意思表示；最后，润×公司与大×公司的经营场所一致，两家公司提供的劳动合同有较多的相似性，双方在一审中曾委托同一诉讼代理人参与本案诉讼。故一审法院根据上述事实认定大×公司、润×公司存在关联关系，应对蓝×喜承担连带责任并无不当。

关于蓝×喜主张2015年1月30日至2016年5月13日期间的加班工资问题，《最高人民法院关于审理劳动争议案件适用法律若干问题的解释（三）》

第九条规定:“劳动者主张加班费的,应当就加班事实的存在承担举证责任。但劳动者有证据证明用人单位掌握加班事实存在的证据,但拒不提供的,用人单位承担不利后果。”本案中,一审法院根据蓝 × 喜提供的视频证据,结合润 × 公司向蓝 × 喜出具的签到签退记录等认定蓝 × 喜的延长工作时间为 188 小时与 45 小时,并认定蓝 × 喜的加班工资为 18145.55 元并无不妥。陈 ×、张 ×、大 × 公司对视频证据虽有异议,但并未提出证据反驳,对其异议不予支持。蓝 × 喜在没有证据证明用人单位掌握其加班事实存在的证据的情况下,主张应由陈 ×、张 ×、大 × 公司承担加班时间的举证责任,并主张其每月加班 72 个小时,显然缺乏法律依据,对蓝 × 喜主张的 94041 元加班工资,不予支持。

关于蓝 × 喜主张润 × 公司、大 × 公司应支付其双倍的经济补偿金。本院认为,依照《中华人民共和国劳动合同法》第八十七条之规定,用人单位违法解除或者终止劳动合同的,应当按照经济补偿标准的二倍向劳动者支付赔偿金。本案中,2016 年 5 月 13 日的“销售部离职申请表”载明蓝 × 喜系以不能胜任工作为由申请离职,蓝 × 喜对该证据虽有异议,但并未提出证据反驳,也未提供证据证明其是在违背其意志的情况下被迫填写了“销售部离职申请表”的。故一审法院认定 2016 年 5 月 13 日,蓝 × 喜自行离职,不属于用人单位未按照劳动合同的约定提供劳动条件,劳动者可以解除劳动合同的情形或者用人单位向劳动者提出解除劳动合同并与劳动者协商一致解除劳动合同的情形。蓝 × 喜请求润 × 公司、大 × 公司支付解除劳动关系经济补偿金及额外经济补偿金,不符合《中华人民共和国劳动合同法》规定用人单位应当向劳动者支付经济补偿金的情形,本院不予支持。

关于蓝 × 喜主张的竞业限制经济补偿金。本院认为用人单位可以与知悉其商业秘密的劳动者在劳动合同中约定,在劳动合同终止或者解除后的一定期限内,劳动者不得到生产与本单位同类产品或者经营同类业务的有竞争关系的其他单位任职，也不得自己开业生产或者经营与用人单位有竞争关系的同类产品或者业务。但是，竞业限制的实施，客观上限制了劳动者的就业权，用人单位须支付一定数额的经济补偿，并以协议的方式确立。在竞业限制期限内，用人单位享有单方解除竞业限制协议的权利，但该权利须以劳动者知道或者应当知道的方式行使。本案润×公司、大×公司在劳动合同中约定蓝×喜履行竞业限制的义务，如蓝×喜在该期限内未从事违反竞业限制规定行为的情况下，润×公司、大×公司应按照约定向蓝×喜支付竞业限制补偿金。大×公司主张蓝×喜不属于竞业限制人员，不要求蓝×喜在劳动合同解除后履行竞业限制的义务，但大×公司未向蓝×喜表达单方解除竞业限制协议的意思表示，故对大×公司的此项主张，本院不予采信。关于陈×、张×认为蓝×喜在润×公司离职后即入职从事同类型业务的大×公司，违反了双方约定的竞业限制义务，但如前所述，大×公司、润×公司存在一定的关联关系，故陈×、张×主张蓝×喜违反竞业限制义务的主张，本院不予采信。一审法院已经根据蓝×喜与润×公司、大×公司的合同约定和《中华人民共和国劳动合同法》第二十三条对竞业限制期限不得超过二年的规定，判决润×公司、大×公司应按离职前十二个月工资30%的标准支付六个月的竞业限制补偿金。现蓝×喜依照《最高人民法院关于审理劳动争议案件适用法律若干问题的解释（四）》第九条“在竞业限制期限内，用人单位请求解除竞业限制协议时，人民法院应予支持。在解除竞业限制协议时，劳动者请求用人单位额外支付劳动者三个月的竞业限制经济补偿的，人民法院应予支持”之规定，请求润×公司、大×公司应额外支付其三个月的竞业限制补偿金，但本案中，润×公司、大×公司未提出解除竞业限制协议，故蓝×喜的该项主张缺乏合同和法律依据，本院对其主张不予支持。关于蓝×喜的平均工资，陈×、张×、大×公司对润×公司和大×公司提供的工资明细表上蓝×

喜的工资并无异议，但对林×虹转账给蓝×喜的47542.52元，陈×、张×认为不是润×公司支付给蓝×喜的工资，不应计入工资范围。依照《工资支付暂行规定》第六条规定，用人单位必须书面记录支付劳动者工资的数额、时间、领取者的姓名以及签字，并保存两年以上备查。故用人单位应承担两年内支付工资的举证责任，润×公司、大×公司应就双方发生争议之日（即申请仲裁之日）2016年7月1日之前两年的工资支付情况进行举证。对此，陈×、张×仅提供了润×公司自行制作的工资明细表，一审法院推定林×虹转账给蓝×喜的款项为润×公司向蓝×喜发放的工资并无不当。一审法院根据转账记录确定蓝×喜离职前十二个月的平均工资，但蓝×喜主张应将2016年5月工资、个人所得税、代扣个人已发奖金和加班劳动报酬纳入工资计算基数，并主张其每月的工资为10100元/月+加班工资6269.4元/月，对此蓝×喜未举证证明其依据，对其主张本院不予采信。但依照劳动部《关于贯彻执行〈中华人民共和国劳动法〉若干问题的意见》第五十三条规定，劳动法中的“工资”是指用人单位与国家有关规定或者劳动合同的约定，以货币形式直接支付给本单位劳动者的劳动报酬，一般包括计时工资、计件工资、奖金、津贴、补贴、延长工作时间的工资报酬以及特殊情况下支付的工资等，故计算平均工资时应同时计算加班工资，蓝×喜离职前十二个月的工资总额为43313.98-2785.16+20313.95+47542.52=108385.29元，其2015年1月30日至2016年5月13日期间的加班工资为18145.55元，故蓝×喜离职前十二个月的平均工资为10544.24元/月〔(108385.29元+18145.55元)/12个月〕，其竞业限制经济补偿金应为10544.24元/月×30%×6个月=18979.63元。

关于蓝×喜未休年休假补偿工资的诉请，因蓝×喜未举证证明按10100元/月计算其每个月工资的依据，故对其要求按照10100元/月计算未休年休假一天的工资的诉请，本院不予支持。

关于蓝 × 喜要求陈 ×、张 × 向其退还多付的医保费870.98元，双方对此并无异议，本院依法予以维持。

综上，蓝 × 喜的上诉请求部分成立。依照《中华人民共和国民事诉讼法》第一百七十条第一款第二项的规定，判决如下:

一、维持福建省福州市鼓楼区人民法院〔2016〕闽0102 民初5× ×8号民事判决第二项;

二、撤销福建省福州鼓楼区人民法院〔2016〕闽0102 民初5× ×8号民事判决第一、三项;

三、福建大 × 金融服务有限公司、陈 ×、张 ×、于本判决生效之日起十日内连带向蓝 × 喜支付加班工资18142.55元、竞业限制经济补偿18979.63元、未休年假的工资报酬830.54元;

四、驳回蓝 × 喜的其他诉讼请求;

五、驳回福建大 × 金融服务有限公司、陈 ×、张 × 的上诉请求。

一、二审案件受理费10元，均由福建大 × 金融服务有限公司、陈 ×、张 × 负担。

本判决为终审判决。

审 判 长　林×
审 判 员　黄×
审 判 员　吴×
二〇一八年八月十四日

法官助理　龚×
书 记 员　郑××

后 记

本书的完成应该感谢一次机遇。

我在 2019 年 2 月访学。访学期间的生活平静安宁，让我不自觉地慢下自己的脚步，去学习去思考，去做很多之前在纷纷扰扰的工作中没有去认真思考的事情。每天我都会去反思自己这些年的工作，反思作为一名老师和一名兼职律师的工作。

我一直认为研究要有成果不外两种情况。一是需要有大量的阅读、比较、思辨，最终形成自己的思考，得出自己的结论。二是通过大量的实践，来检验理论的可行性并通过理论和实践的比较得出自己的结论。本书即是通过理论和实践结合而出的成果。作为一名老师我需要把理论应用到实践中，并通过实践来反复检验理论在实务中的诸多应用难题；作为一名律师我需要理论支撑，通过理论研究开拓实践中的新思路、新想法，两者互相支持互相补充。这本书就是这些年我从教学、研究和实务操作中的相互印证、思考所得，是结合法律规则、法律理论和法律事务的法理思考。

希望这本书能够让我的学生看到，引导他们从书本到社会的法理思考。

另外，还要特别感谢陈雄老师对我的帮助和对本书作出的贡献。

2019 年端午前夕